MICHEL FRIEDMAN
HARALD WELZER

ZEITEN WENDE

Der Angriff auf
Demokratie und
Mensch

Kiepenheuer & Witsch

Aus Verantwortung für die Umwelt hat sich der *Verlag Kiepenheuer & Witsch* zu einer nachhaltigen Buchproduktion verpflichtet. Der bewusste Umgang mit unseren Ressourcen, der Schutz unseres Klimas und der Natur gehören zu unseren obersten Unternehmenszielen.

Gemeinsam mit unseren Partnern und Lieferanten setzen wir uns für eine klimaneutrale Buchproduktion ein, die den Erwerb von Klimazertifikaten zur Kompensation des CO_2-Ausstoßes einschließt.

Weitere Informationen finden Sie unter:
www.klimaneutralerverlag.de

FSC
www.fsc.org
MIX
Papier aus verantwortungsvollen Quellen
FSC® C083411

Verlag Kiepenheuer & Witsch, FSC® N001512

1. Auflage 2020

Covergestaltung Werner Marschall | LINIENLAND
Gesetzt aus der FreightText Pro und der FreightSans Pro
Satz Buch-Werkstatt GmbH, Bad Aibling
Druck und Bindung CPI books GmbH, Leck
ISBN 978-3-462-00089-4

INHALT

P

ZEITENWENDE. EIN PROLOG

Es gibt vielleicht kein aussichtsloseres Unterfangen als den Versuch, seine eigene Gegenwart zu verstehen. Wir sind Teilnehmer eines Geschehens, und Teilnehmer sind schlechte Beobachter. Das gilt umso mehr, als ziemlich viel von dem, was im Jahr 2020 geschieht, nach Erosion aussieht – nicht nur von Erwartbarem und Gewohntem, sondern auch von politischen und sozialen Sicherheiten.

Als wir dieses Buch zu schreiben begannen, im März 2020, befanden wir uns gerade am Anfang der Corona-Krise, die uns da noch kaum einschlägig für unsere Beschreibung einer »Zeitenwende« erschien. Uns ging es um Prozesse der Entdemokratisierung, den Antisemitismus, die Umfiguration der geopolitischen Lage, die Rückkehr der scheinbar Wahnsinnigen in die Weltpolitik – und die alles überwölbende Frage, wie unsere Gesellschaft so zu stärken sei, dass sie den neuen Herausforderungen begegnen kann. Und sich als Demokratie, als Offene Gesellschaft modernisieren kann.

Fragen der Demokratie, ihrer Bewahrung und Modernisierung, der Stärkung der Menschenrechte und des Schutzes der Menschenwürde hatten uns beide auf unterschiedliche Weise und auch aus unterschiedlichen Gründen seit vielen Jahrzehnten beschäftigt. Gerade weil wir, wie wir aus unseren vorherigen Gesprächen wussten, keineswegs in jeder Hinsicht übereinstimmten, schien es uns wichtig, gemeinsam über die Gefährdungen der Demokratie nachzudenken, zu streiten und, wenn es gut liefe, zu Gedanken zu kommen, auf die man allein nicht käme. Dialog und Streit sind der

Sauerstoff der Demokratie, also trafen wir uns für ein paar Tage im März, um die Grundzüge dieses Buches zu entwickeln.

Knapp zwei Monate später, als wir uns erneut zu Gesprächen trafen, war alles anders. Zu allen Erosionsfaktoren, die wir im Begriff der »Zeitenwende« zusammenzufassen versuchten, kam es mit dem Coronavirus im Frühjahr 2020 zum Ende aller Gewissheiten, die zuvor den selbstverständlichen Hintergrund unserer Existenz bildeten.

Tatsächlich war der ungewöhnlichste Erwartungsbruch für fast alle Menschen, sich plötzlich in einer Situation zu finden, in der man keine Erwartungen ausbilden konnte. Von jetzt auf gleich war komplett unabsehbar geworden, wie nachhaltig sich eine Pandemie ausbreiten würde, wie man sie eindämmen könnte, was die ökonomischen, die sozialen, die psychologischen Folgen sein würden und wie sie sich, je nach Dauer der Krise, ausprägen würden. Die Ereignisse überschlugen sich und verdichteten sich zu einem Nicht-Ereignis, genannt Lockdown. Nicht nur unserer Gesellschaft wurde radikal klar, wie schnell Pläne, die politische Statik, die ökonomische Basis, die alltäglichen Gewohnheiten blitzschnell der Vergangenheit angehören können.

Eine Vollbremsung der wirtschaftlichen, sozialen und kulturellen Aktivitäten – das kannte man nicht, jedenfalls wenn man das Glück hatte, irgendwann in den letzten Jahrzehnten in Deutschland geboren und aufgewachsen zu sein. Eine vollständige Entleerung des öffentlichen Raumes. Eine physische Kontaktsperre. Und das Ganze unter der Dominanz der Wissenschaft, die unmittelbar das politische Entscheidungshandeln zu bestimmen begann, bis hin zu der Konsequenz, Grundrechte auf eine Weise zu beschränken, wie wir das noch bei unserem ersten Treffen im März für unmöglich gehalten hätten.

Die getroffenen Maßnahmen fruchteten erstaunlich gut – ablesbar an Statistiken zu Infektions-, Genesungs- und Sterberaten. Die Bundesrepublik erwies sich einmal mehr als unglaublich gut funktionierendes Land mit einem – trotz aller Sparexzesse, die auch vor den Krankenhäusern nicht haltmachten – hervorragenden Gesundheitssystem. Allerdings zeigten sich im Verlauf der Krise eine ganze Reihe von Faktoren, die direkt auch für unser gemeinsames Buch wichtig sind:

1. Wie unglaublich schnell unter Bedingungen des (durch ein eilends reformiertes Infektionsschutzgesetz begründeten) Ausnahmezustands Grundrechte widerspruchslos eingeschränkt und
2. radikal veränderte Lebens-, Sozial- und Teilhabeverhältnisse etabliert werden können. Das mochte in einer stabilen liberalen Demokratie wie der deutschen noch hingehen, führte
3. aber in den die demokratischen Standards abbauenden Staaten in der EU, namentlich in Ungarn und in Polen, zur sofortigen Instrumentalisierung der Krise, um autoritäre Systeme zu formen.
4. Die Europäische Union zeigte sich in der Krise als unfähig zu koordiniertem Handeln – es gab weder orchestrierte Beschlusslagen zu Bewegungseinschränkungen noch zu Aufhebungen derselben. Im Abflauen der Krise gab es nicht einmal den Versuch, den Zeitpunkt der Grenzöffnungen und der Wiederaufnahme des Reiseverkehrs abzustimmen. Der Zerbröselungszustand der Europäischen Union erhielt während der Corona-Krise einen weiteren Schub. Nationale Rassismen bekamen in den Argumentationen der Politik einen deutlich größeren Raum.
5. Es wurde schlagend deutlich, wie sich unter Krisenbedingungen soziale Ungleichheiten verschärften – vom sofortigen Stopp der Flüchtlingsaufnahme über die Bildungsungleichheit bis hin zur Geschlechterungleichheit inklusive Steigerung häuslicher Gewalt.

6. Das Systemvertrauen hingegen nahm in ganz erstaunlichem Umfang zu, ablesbar an den Zustimmungswerten für die Maßnahmen, besonders aber auch für die Regierungspartei CDU und die Kanzlerin. Die AfD sackte auf einen einstelligen Wert. Trotz ganz erheblicher wirtschaftlicher Belastungen und Freiheitsbeschränkungen kam es zu keinerlei Aufständen oder Revolten, nicht einmal zu Protest in relevanten Größenordnungen.
7. Die gesellschaftlichen Interessengruppen begannen nach kürzester Zeit, sich zu artikulieren, wobei sich die Autoindustrie und der Bundesverband der Deutschen Industrie mit Forderungen nach Kaufprämien für ihre Produkte hervortaten. Schon zuvor hatten sich viele Unternehmen als Krisenprofiteure versucht, etwa durch Stopp von Mietzahlungen, nachdem die Bundesregierung ein eigentlich für den privaten Mieterschutz gedachtes Kündigungsschutzgesetz verabschiedet hatte. Wie stark das Lobbysystem in Deutschland funktioniert, konnte man an dem eher überraschenden Beschluss erkennen, dass die Fußball-Bundesliga ihre Spiele – wenn auch ohne Zuschauer – wieder aufnehmen durfte.
8. Während sich hier Akteure schnell zur Gewinnung von Vorteilen aufstellten, versuchte man aufseiten der ökologisch und klimapolitisch orientierten Interessengruppen in Richtung einer *green recovery* zu argumentieren, also den Post-Corona-Reset der Wirtschaft als Schub für eine postfossile Restrukturierung der Wirtschaft zu nutzen. Der Erfolg war begrenzt.
9. Die Digitalisierung lässt sich als eindeutiger Gewinner der Krise identifizieren, da viele Arbeits- und Kommunikationsprozesse ohne digitale Technologien nicht aufrechtzuerhalten gewesen wären. Nichtsdestotrotz entlarvte die Corona-Krise, dass die digitale Infrastruktur in einer der

mächtigsten und erfolgreichsten Volkswirtschaften der Welt um mindestens ein Jahrzehnt hinterherhinkt. Für die Unterstützung der Pandemiebekämpfung wurde mit einiger Verzögerung eine »Corona-App« entwickelt und der erstaunliche Begriff der »Datenspende« erfunden.

10. Insgesamt war eine deutliche Vakuumierung des politischen Raumes zu verzeichnen. Das Monothema war über viele Wochen hinweg die Bekämpfung der Pandemie. Da diese unter virologischen und epidemiologischen Auspizien stattfand, machte das Politische buchstäblich Pause. Und mit ihm die Demokratie. Trotzdem: Sechs Wochen nach dem Beginn des Einfrierens der Normalität zeigte sich, wie unverzichtbar gerade in solchen extremen politischen Situationen ein funktionierender demokratischer Rechtsstaat ist. Die ersten Gerichte korrigierten Regierungsbeschlüsse. Der Rechtsstaat funktionierte.

Insgesamt lässt sich die Krise als eine gigantische Versuchsanordnung beschreiben. In der Bundesrepublik wurde eine Demokratie im Ausnahmezustand getestet. Für unser Gespräch bedeutete das eine notwendige Erweiterung unserer Fragestellung. Hatten wir uns zunächst auf Fragen von Demokratie und Menschenrechten, von Rechtsextremismus und -terrorismus, auf die Latenz antisemitischer und rassistischer Einstellungen, die Erinnerungskultur und die politische Bildung in Deutschland konzentriert, öffnete sich uns nun ein viel breiteres Spektrum von Phänomenen, in denen sich eine Zeitenwende abspielt.

Zum Erscheinen des Buches wird längst noch nicht endgültig absehbar sein, wie nachhaltig die Krise die moderne Demokratie verändern wird – dazu ist unser Beobachtungszeitraum zu kurz. Aber immerhin wissen wir, dass Grundrechtseinschränkungen, wenn sie einleuchtend begründet werden, von großen Teilen der Bevölkerung ohne Murren akzeptiert werden. Das Prinzip, dass der Zweck die Mittel heilige, war insofern erfolgreich, als die Bekämpfung eines Virus für die Begründung des Aussetzens demokratischer Grundrechte ausreicht.

Vielleicht muss man darauf hinweisen, dass es ein Glücksfall ist, dass demokratische Parteien dieses Land regieren. Stellen wir uns die Bundesrepublik Deutschland vor, wenn Parteien wie die AfD Exekutivgewalt gehabt hätten und es sich um einen »Zweck« gehandelt hätte, der nicht objektiv die Frage des kurzfristigen Abbaus von Demokratie und Freiheitsrechten ergeben hätte, sondern ein populistisches Thema, das maximal aufgeheizt worden wäre. Deswegen ist die Frage umso dringlicher: Wie steht es um die gesellschaftliche Verankerung der Werte, die dem Grundgesetz zugrunde liegen? Diese Frage ist für uns zentral, geht es doch letztlich um die Stabilität und Verlässlichkeit freiheitlicher und demokratischer Haltungen bei der Mehrheit der Bürgerinnen und Bürger. Und wie steht es um die Stabilität und Verlässlichkeit der Errungenschaften des zivilisatorischen Prozesses – von Institutionen wie der EU bis hin zu Standards der Ächtung von Gewalt und Unantastbarkeit der Menschenwürde? Und weiter: Wie rapide verändern sich Standards der politischen Entscheidungsbildung und welche Wissensformen und Technologien gewinnen dynamisch an Bedeutung? Im Fall der Corona-Krise waren es die medizinischen Teildisziplinen Virologie und Epidemiologie – Fächer, die zuvor keinerlei Bedeutung im alltäglichen Leben der Menschen und im Handeln der Politik hatten. Und es war in überragendem Maße die digitale Technologie, die das *social distancing* zu kompensieren half, Arbeitsprozesse ermöglichte und, nicht zuletzt, neue Standards gesellschaftlich akzeptierter Überwachung setzte.

Gehen wir mit Herfried und Marina Münkler (*Abschied vom Abstieg. Eine Agenda für Deutschland*) davon aus, dass eine funktionierende Demokratie der »komplementären Rationalitätsanforderungen von Faktizität und Narrativität« bedarf. Faktizität ist nötig, um die Machbarkeit, Kosten und Folgen von Plänen und Maßnahmen abzuschätzen; Narrativität – also die Fähigkeit, eine Geschichte über sich selbst erzählen zu können – braucht es, um »Möglichkeitsräume zu erkunden, Alternativen zum Bestehenden zu entwerfen und dafür in einem offenen Diskussionsprozess die Bürger des Gemeinwesens zu mobilisieren. Komplementarität beider Rationalitäten heißt: Expertenwissen und Narrative konkurrieren so miteinander, dass sie sich wechselseitig ergänzen und ausbalancieren.« Man sieht schnell, was geschieht, wenn die Balance sich verschiebt: Rechtspopulismus in den unterschiedlichen Versionen von Trump bis Orbán ist fast reine Narrativität mit einem nicht zufälligen Hass auf die Faktizität; Krisenpolitik im Fall von Corona fast reine Faktizität, Expertenherrschaft ohne Berücksichtigung aller jenseits der »Fakten« liegenden Geschichten – etwa solchen über Gerechtigkeit, Gleichheit, Menschenwürde.

Während prä-coronastisch sich die Balance seit der »Flüchtlingskrise« ab 2015 zugunsten der Narrativität verschoben hatte und ungute Folgen für das demokratische Gemeinwesen entfaltete (in den meisten europäischen Gesellschaften noch mehr als in der Bundesrepublik), wirkte die Corona-Krise wie ein Relais, das politische Entscheidungen vom Modus der Aushandlung und Begründung in den Modus der (naturwissenschaftlich legitimierten) Maßnahme schaltete. Das funktionierte erstaunlich reibungslos, obwohl wissenschaftliches Wissen nie als abschließend gesichert gelten kann und sich folgerichtig auch die Angehörigen der neuen Expertokratie gern widersprachen. Unbeschadet dessen erlebte nicht nur die Bundesrepublik, sondern ein Teil der Welt eine Phase der Herrschaft der Faktizität, in der Politik gewissermaßen nur noch ausführend, nicht aber mehr autonom zum Ausdruck kam. Ein anderer Teil der Welt erlebte die gefährliche, zynische Clownerie der Leugnung der Gefährlichkeit von Tatsachen und wissenschaftlichen Erkenntnissen. An der Spitze die amerikanischen und brasilianischen Präsidenten Donald Trump und Jair Bolsonaro. Bis zu seiner eigenen Infektion setzte der britische Premierminister

Boris Johnson die schon im Brexit-Verfahren geübte Methodik der erratischen Unberechenbarkeit fort, kaum genesen, nahm er sie wieder auf. Während die autokratische chinesische Führung ihre Überwachung radikalisierte und Leute mit Gewalt einsperrte, erprobte Schweden eine Strategie der beschleunigten Herstellung von »Herdenimmunität« – aber unabhängig von solchen extremen Ausprägungen orientierten fast alle Staaten der Welt ihre Entscheidungskriterien an einer letztlich statistischen Wissenschaft.

Aus Sicht der Demokratie und der Menschenwürde ist das nicht nur überraschend, sondern auch fragwürdig und allenfalls nur für kurze Zeiträume akzeptabel. Auch wenn wir die Rationalität der Grundrechtseinschränkungen für den Beginn der manifesten Krise unterstreichen würden, haben wir es doch mit einem Realexperiment darauf zu tun, wie im Prozess eines Krisengeschehens die Komplementarität der *beiden* Rationalitäten – also Faktizität und Narrativität – erst mal gar nicht so schnell zurückkehrt. Insofern ist die Corona-Krise für uns und für dieses Buch eine Lerngeschichte mit offenem Ausgang, die wir genau betrachten müssen, wenn wir unsere Gegenwart verstehen wollen, und zwar so, dass wir zum Weiterbau am zivilisatorischen Projekt und zur Verteidigung von Demokratie und Menschenwürde beitragen können.

1

BILDUNG.
ODER: WIE ALLES ANFÄNGT

MF: Die Bildungsungerechtigkeit ist für mich die ungerechteste aller Ungerechtigkeiten, weil sie Kinder und junge Menschen für etwas bestraft, wofür sie nichts können: ihre Herkunft. Das Bildungsversprechen hat nicht nur eine ethisch-moralische Komponente, sondern auch eine sozial-ökonomische. Gut ausgebildete Menschen sind eher in der Lage, eine berufliche Existenz aufzubauen, vom Staat unabhängig zu sein und für ihr Leben selbst zu sorgen. Gut ausgebildete Menschen können im Rahmen des Demokratiediskurses die Verführung der politischen Rhetorik besser entlarven und die Argumente der unterschiedlichen politischen Konzepte besser bewerten. Das Versprechen eines humanistisch-liberalen Staates ist es, ungleiche Ausgangsbedingungen, erst recht bei Kindern und Jugendlichen, durch formale Bildung zu kompensieren.

Ich konnte meine Bildungsbiografie dank dieses Versprechens verwirklichen. Meine Mutter und mein Vater konnten die Schule nicht beenden – das Ghetto und Hitler hatten ihre letzten Schuljahre zerstört. Die Muttersprachen meiner Eltern waren Polnisch und Jiddisch. Ich bin in Paris geboren, lernte Französisch und hatte mit dem Ende der Grundschule eine bessere Sprachkompetenz als meine Eltern. Wir zogen dann nach Deutschland, wo ich mit zehn Jahren aufs Gymnasium ging. Wieder musste ich eine Sprache von Grund auf erlernen. Meine Eltern konnten Deutsch nur rudimentär, ein paar Worte, die sie im Ghetto von den Nazis gehört hatten. Ich kann mich sehr gut identifizieren, wenn es um die Sprach- und Integrationsförderung von Kindern und Jugendlichen geht. Ich verstehe die Frustration, wenn einem nicht ausreichend beigestanden wird, weil ich selbst erlebt habe, wie notwendig, ja unverzichtbar der

Spracherwerb ist, um ein selbstbewusstes autonomes Leben führen zu können. Ich erinnere mich, wie hilflos ich mich als Zehnjähriger gefühlt habe. Ich erinnere mich, wie schmerzhaft es für meine Eltern war, mir nicht helfen zu können. Dass ich sehr bald sowohl Französisch als auch Deutsch besser sprechen konnte als sie, erfüllte mich mit widersprüchlichen Gefühlen. Einerseits Stolz. Und auch sie waren stolz, wie weit ich es gebracht hatte. Andererseits Überforderung. Den Eltern als »Übersetzer« zu dienen, hat etwas Beschämendes. Für alle Beteiligten. Es war, ist und bleibt in der Zukunft erst recht unverzichtbar, dass Kindern und jungen Menschen die Gesellschaft zur Seite steht, um die Defizite, für die sie nichts können, durch Bildungsangebote auszugleichen. Das Versprechen der sechziger und siebziger Jahre, in denen ich meine Bildungsbiografie erlebt habe, war das Versprechen: »Bildung für alle.« Bis heute wird es nicht erfüllt. Bis heute konnten und können Millionen Menschen ihr Potenzial deshalb nicht ausschöpfen. Kinder und Jugendliche werden immer noch zu oft alleingelassen.

Den Eltern als Übersetzer zu dienen, hat etwas Beschämendes.

HW: Genau. Dabei prägte der Theologe und Pädagoge Georg Picht schon 1964 den Begriff der »Bildungskatastrophe«, Ralf Dahrendorf folgte ein Jahr später mit seinem Buch *Bildung ist Bürgerrecht. Plädoyer für eine aktive Bildungspolitik*. Und in der Ära Brandt wurden die Bildungsreformen umgesetzt. Zum Glück für dich und mich.

Dieses Versprechen war für mich die Chance, das war das Fenster, das geöffnet wurde, mein Ausweg in eine andere Zukunft, die Chance, sich zu emanzipieren.

Das Bildungsversprechen muss erfüllt werden, unabhängig davon, ob die Eltern bildungsfördernd wirken oder nicht. Deutschland ist ein Einwanderungsland. Seit den fünfziger Jahren wandern Millionen als Arbeitnehmer ein. In der Regel beherrschen weder die Eltern noch ihre Kinder die deutsche Sprache. Obwohl es in unserem Interesse wäre, diese Sprachdefizite, besonders bei den jungen Menschen, durch Nachhilfeunterricht und Zusatzunterricht zu kompensieren, erfüllen wir diese Aufgabe nicht. Wir nehmen diese »Sprachwüste« hin. Ein paar Jahre später beschweren wir uns dann über die misslungene Integration. Was für eine Heuchelei! Wir waren doch diejenigen, die diese Menschen alleingelassen haben. In den Debatten der letzten zwanzig Jahre wird das Sprachdefizit immer wieder als Pseudoargument verwendet, um zu beweisen, dass Einwanderer und Migranten integrationsunwillig sind. Dabei hätten sie bloß ein bisschen mehr Hilfe gebraucht. Doch Bildungsungerechtigkeit zeigt sich auch bei deutschsprachigen Familien, in denen Kinder aufgrund von Vernachlässigung und Gleichgültigkeit oder weil auch die Eltern nicht in der Lage sind, ihre Kinder zu begleiten, mit einem Anfangsrückstand in das System kommen. Wenn das System ihnen nicht mehr Unterstützung anbietet, mehr Förderung, mehr Aufmerksamkeit, können auch sie nicht mehr aufholen. Die Gesellschaft scheitert bei einer nicht mehr unerheblichen Anzahl von Kindern und Jugendlichen, die deswegen in ihren gesamten Lebens- und Berufsbiografien an eine Grenze stoßen. Aber viele der Privilegierten haben gar kein Interesse daran, diese Grenzen abzubauen. Damit würde für ihre Kinder Konkurrenz und Druck entstehen.

Viele der Privilegierten haben gar kein Interesse daran, diese Grenzen abzubauen.

Ich stimme da jedem einzelnen Aspekt zu und kann das durch meine eigene Bildungsbiografie ergänzen, weil ich unter den Bedingungen von heute auch nicht den Weg hätte gehen können, den ich gegangen bin. Ich bin – generationell ist es ja eh dasselbe – ein absoluter Profiteur der Öffnung des Bildungssystems. Zwei Sachen dazu: Das eine ist – das betrifft unser Thema unmittelbar –, dass eine moderne Demokratie, die sich von der Grundierung her als universalistisch versteht, gar nicht anders kann, als ein egalitäres Bildungssystem zu schaffen oder zu gewährleisten. Doch das tut sie seit der ersten rot-grünen Bundesregierung nicht mehr. Wir kennen alle die Daten, die zeigen, wie die Bildungsgerechtigkeit durch die unterschiedlichsten Faktoren angewachsen ist. Aber auch wenn keine totale soziale Gleichheit herstellbar ist, sollten wir alle den Anspruch auf gleiche Bildungschancen haben. Das ist der entscheidende Punkt. Jetzt den Bogen zurück zur Gegenwart, zur Corona-Krise: Ich finde es so extrem auffällig, wie durch die Notwendigkeit des Homeschoolings unter anderem auf der Ebene der vorhandenen technischen Geräte erst mal vorausgesetzt wird, dass überall Mittelstand herrscht, dass jeder über iPads und sonst was verfügt. Ganz zu schweigen von der Unterstützungsleistung der Eltern. Die Realität ist eine vollkommen andere, denn natürlich hat Schule zum Beispiel auch die Funktion, Kinder vor ihren Familien zu retten, ihnen die Möglichkeit zu geben, da rauskommen zu können – es gibt ja Kinder, die vor ihren Eltern geschützt werden müssen.

Wenn wir die real existierenden Schulen vor Corona betrachteten, dann wussten wir, dass die Ausstattung – sowohl die Gebäude als auch die Lehrmittel – eine Frage des Geldes ist, dass es völlig unterschiedliche Qualitätsstandards gibt.

So ist es nicht überraschend festzustellen, dass, zum Beispiel in weniger privilegierten Wohngegenden, Kinder über ungenügende Ausstattung verfügen oder Lehrer nicht in der Lage sind, Homeschooling adäquat zu begleiten. Und dass die Eltern nicht in der Lage sind, diese Missstände auszugleichen. Manchmal sind sie eben selbst der Missstand.

Die Frage, die sich nun stellt, ist: Was bedeutet das soziologisch und gesellschaftspolitisch, wenn bereits mehrere Generationen diese Erfahrung der sozialen Ausgrenzung im Bildungssystem gemacht haben? Wenn Kinder und Jugendliche gelernt haben, dass sie der Gesellschaft nicht so viel bedeuten wie andere Kinder und Jugendliche? Wenn sie gelernt haben, dass der soziale Status ihrer Eltern zu einer Zementierung ihres eigenen sozialen Status werden kann? Dass sie von den Institutionen im Stich gelassen werden? Dass sie aufgrund ihrer Herkunft von anderen Kindern oder auch Lehrern gehänselt und stereotypisiert behandelt werden? Dass sie in ihren Bildungsghettos unweigerlich stecken bleiben? Was bedeutet das für ihr Verhältnis zum Staat, für ihr Verhältnis zur Demokratie? Ihnen wird erzählt: Alle Menschen sind gleich. Und doch bietet der Staat ihnen nicht die Instrumente an, die Ungleichheit, für die sie nichts können, durch Bildungsimpulse zu verändern. Die Würde des Menschen beinhaltet für mich in einer modernen Gesellschaft unverzichtbar die Bildungsgerechtigkeit. Eine Gesellschaft, die von Würde spricht, muss dem Menschen die jeweils beste Bildung ermöglichen. Bildung bedeutet Wissen. Wissen ist die Voraussetzung für Verstehen. Wissen und Verstehen sind die Voraussetzungen für ein Mehr an Autonomie. Meinen Eltern war es sehr wichtig, dass ich ein gebildeter Mensch werde. Mein Vater wollte, dass ich lerne. Nicht nur für die Schule. Er sagte zu mir: »Wenn du eines Tages – und ich erwarte, dass dir das eines Tages passieren wird, weil so die Welt ist – flüchten musst, wegziehen musst, Armut erleben musst, in einer Diktatur leben musst, können dir andere Menschen alles wegnehmen, nur nicht das, was du in deinem Kopf hast. Das kann dir keiner wegnehmen.« Meine Eltern wollten, dass es mir eines Tages besser geht als ihnen. Das war nicht nur materiell gemeint. Sie waren davon überzeugt, dass Menschen mit Bildung eine bessere Lebensperspektive haben.

Jetzt muss ich noch zwei Bemerkungen machen: Die eine Bemerkung ist kurz und bezieht sich auf diesen wirklich infamen Begriff »bildungsferne Schichten«. In dem steckt schon das ganze Problem. Er unterstellt, dass Leute, die kein Abitur haben, vielleicht nicht mal einen Hauptschulabschluss, bildungsfern seien. Die Geschichte deines Vaters erzählt das exakte Gegenteil.

»Bildungsferne Schichten« ist eine zynische Metapher.

Das ist einfach infam, weil das die Perspektive der »gehobenen Stände« auf »die da unten« ist. In Wirklichkeit sind sie nur arm und legen großen Wert darauf, dass ihre Kinder tatsächlich Bildung bekommen. Jetzt kommt der zweite Teil der Geschichte. Ich komme auch aus so einer ungebildeten, relativ armen Familie. Mein Vater war das, was man heute einen »unbegleiteten minderjährigen Flüchtling« nennen würde, meine Mutter Waise. Sie haben sich sehr jung kennengelernt und hatten durch den Krieg und ihre Lebensumstände nur rudimentär Bildung abbekommen. Jetzt kommt aber noch ein interessanter Aspekt dazu: die unterschiedlichen Geschlechterrollen. Mein Vater, im Unterschied zu deinem, legte überhaupt keinen Wert darauf, dass seine Söhne irgendeine Form von höherer Bildung genießen. Warum nicht? Weil er, nicht zu Unrecht, vermutet hat: Das bringt Schwierigkeiten, was seine eigene Rolle angeht, das stellt seine Allmacht infrage. In solchen Familien sind es in der Regel die Frauen, die Mütter, die dann sagen: Aber der Junge soll, weil er kann. Dann gibt es auch, nicht zu unterschätzen, in einer bildungsoffenen Kultur entsprechende Lehrerinnen oder auch Lehrer, die das Mandat übernehmen und sagen: Der ist aber gut, der muss auf die weiterführende Schule. Obwohl der Vater sagt: Nee, der bleibt auf der Hauptschule. Da hat man Glück, wenn die Mutter und die Lehrerinnen sich durchsetzen.

Wenn du allerdings in dem kritischen Bereich lebst, den wir gerade diskutieren, dann ist das Zufall, ob du Unterstützung bekommst; so eine Lehrerin ist ein Glücksfall. Ein demokratischer Staat darf aber, was die Bildungsfrage angeht, Kinder nicht dem Glücks- und Zufall überlassen. Es muss eine strukturelle Garantie geben. Wenn das System an dieser Stelle versagt, gefährdet es den Frieden in der Gesellschaft. An diesem Punkt bin ich radikal. Bildung ist ein Menschenrecht. Damit kein Missverständnis entsteht: Mir geht es nicht zwangsläufig um akademische Bildung. Jedes Kind, jeder Jugendliche sollte dort gefördert werden, wo seine Talente liegen. Die entscheidenden Grundlagen, die allen in einer freien Gesellschaft zustehen, müssen aber für jeden zugänglich sein. Im 21. Jahrhundert gehört neben den Grundfächern dazu auch die Vermittlung einer digitalen Kompetenz, ein Verständnis der ökonomischen Welt, das Lernen, was Diktatur und was Demokratie ausmacht, die Fähigkeit, eine Streitkultur zu entwickeln, und die Vermittlung von Menschenrechten. Dieses Mindestmaß an Bildung ist die Voraussetzung dafür, dass eine zivilisierte Gesellschaft eine Zukunft entwickelt. Vernachlässigen wir die Bildung, zerstören wir die Demokratie.

Es zerstört eigentlich die notwendige Beziehung des künftigen Bürgers oder der künftigen Bürgerin zu ihrer Gesellschaft. Ich möchte dazu noch einen Punkt ergänzen. Man muss sich nur die Schulgebäude, die Klassenräume und die Toiletten ansehen. Ingo Schulze hat mal gesagt: Wenn Sie ein verwahrlostes Gebäude in einer Straße sehen, können Sie sicher sein, dass es die Schule ist. Mich als Sozialpsychologe interessiert dabei der Mitteilungscharakter. Ich habe mir damals noch an der Uni in Hannover einen Wolf gearbeitet, um unser Institut renovieren zu lassen. Denn ich fand es infam, dass Erstsemesterstudierende so ein Gebäude betreten und von der ganzen Situation her erst mal die Mitteilung bekommen: Ihr seid uns scheißegal, deshalb können wir euch so eine Schrottbude offerieren, deshalb können wir euch solche Seminarräume offerieren. Das ist die Mitteilung, genauso wie zum Beispiel abgerockte Toilettenanlagen den Schülern sagen: Ihr seid uns egal. Das ist natürlich etwas, was für eine Gesellschaft unseres Anspruches, auch unseres idealen Anspruches, absolut tödlich ist. Gerade den nachkommenden Gesellschaftsmitgliedern darf man nicht die Mitteilung machen, dass es auf sie nicht ankommt. Es muss ja exakt die gegenteilige Mitteilung sein.

Gerade den nachkommenden Gesellschaftsmitgliedern darf man nicht die Mitteilung machen, dass es auf sie nicht ankommt.

Noch etwas: Bis Anfang dieses Jahrtausends kamen Gymnasiastinnen und Gymnasiasten aus vielen sozialen Schichten. Bürgertum, Großbürgertum, aber auch junge Menschen aus der Arbeiterschicht bereiteten sich auf das Abitur vor. In den letzten Jahren ist ein starkes Anwachsen von privaten Gymnasien zu beobachten, was die soziale Vielschichtigkeit der staatlichen Gymnasien verändert. Eltern entscheiden sich, ihre Kinder nicht in die staatlichen Bildungsinstitutionen zu schicken, sondern vermehrt, mit der Grundschule beginnend, in private Bildungseinrichtungen. Diese Privilegierung führt dazu, dass die »Übriggebliebenen« irritiert und verunsichert zurückbleiben. Bildung wird immer mehr zu einer ökonomischen Kategorie.

Das Thema »Bildung« ist in einem strikt materiellen Sinne essenziell für die Art von Gesellschaft, wie sie uns vorschwebt und wie wir sie verteidigen wollen. Unbedingt. Ich möchte noch eine Beobachtung ergänzen, die ich oft in öffentlichen Diskussionen mache. Sei es, dass es um das Thema Klimawandel geht, um die Digitalisierung oder andere Themen, es melden sich mit naturwissenschaftlicher Gesetzmäßigkeit Leute, die dann sagen: Ja, das ist aber eine Frage der Bildung. Wir müssen dafür sorgen, dass die Kinder etwas anderes lernen. Dann antworte ich immer: Nein, mir reicht es schon, wenn Sie jetzt etwas gelernt haben, wir müssen das nicht delegieren. Das ist nämlich noch ein anderes Entwicklungsdefizit unserer Gegenwartsgesellschaft, dass Probleme gerne nicht bearbeitet werden, weil man sie fiktionalerweise delegiert an eine nachrückende Generation und dann entsprechend an die Lehrer. Und man selbst irgendeinen total nebulösen Begriff von Bildung pflegt, mittels dessen dann Probleme gelöst werden sollen, die von den Erwachsenen nicht gelöst werden. Insofern kriege ich eigentlich immer Pickel, wenn ich das Wort »Bildung« höre.

Für uns ist das Thema »Bildung« von Bedeutung, da wir versuchen, zu verstehen, wie Diskriminierungstatbestände in den jeweils nächsten Generationen wirken.

Kinder erleben, dass dieses »Wir«-Versprechen nicht eingelöst wird und dass aufgrund ihrer sozialen Herkunft, auch ihrer Bildungsherkunft, zwischen privilegierten und weniger privilegierten Menschen unterschieden wird. Sie fühlen sich diskriminiert, ausgegrenzt. »Ihr – wir« ist markiert. Aus ihrer Perspektive hatten sie nie wirklich eine Chance. Aus ihrer Perspektive sind sie im Stich gelassen worden. Ihr Bildungsdefizit wird ihnen immer wieder ausgerechnet von denjenigen vorgehalten, die dafür verantwortlich wären, dieses Defizit zu beheben. Segmentierungen und Kränkungsprozesse setzen sich fort. Aus der Perspektive der Privilegierten ergibt sich kein Zweifel daran, dass es ein legitimer Prozess sei, Bildungsinstitutionen zu privatisieren und ihre Kinder damit zu optimieren. Aus ihrer Sicht sind sie nicht mitverantwortlich für Bildungsungerechtigkeit, sondern Opfer, die sich aus den staatlichen Bildungsinstitutionen, die aus ihrer Sicht immer schlechter wurden, entfernt haben.

Populistische Parteien missbrauchen das Thema, indem sie Kindern mit Migrationshintergrund und ihren Eltern vorwerfen, dass sie »zu faul« sind oder den Wert von Bildung gar nicht schätzen. Richtig ist, dass es gerade in Großstädten viele Klassen mit Kindern gibt, deren Muttersprache nicht Deutsch ist. Die Lösung heißt aber nicht, rassistische Narrative gegen diese Kinder aufzubauen, sondern aktive Bildungsnetzwerke zu etablieren, um die Defizite zu kompensieren. Unsere Fähigkeit, die entscheidenden Werte – wie Gleichheit, Gerechtigkeit und die Unantastbarkeit der Würde des Menschen – im eigenen Bildungssystem widerzuspiegeln, ist äußerst verbesserungsfähig.

Absolut, das ist mehr als ausbaufähig. Aber das, was wir hier sagen, darf nie Gegenstand von Sonntagsreden werden. Dieses Bildungs-Geseiere kann ich nicht ertragen, besonders dann nicht, wenn es gesellschaftlich nicht eingelöst wird, und das wird es eben seit sehr langer Zeit nicht. Das könnte man auch als eine Verwahrlosung politischer Verantwortung bezeichnen, die können wir uns nicht leisten. Und noch mal eine Ergänzung zu dem, was du vorher gesagt hast, zum Rassismus oder zu der Form, wie Ungleichheiten mitgeteilt und gelernt werden. Mir ist die Ebene unterhalb des Kognitiven immer wichtig, wie sich also etwas durch gelebte Praxis mitteilt. Als eigene autobiografische Erfahrung werde ich niemals vergessen, wie furchtbar es gewesen ist, als in der sechsten Klasse Gymnasium der Klassenlehrer reinkommt und sagt: »Es gibt hier die Möglichkeit, Unterstützung zu beantragen für die Leute, deren Eltern nur ein geringes Einkommen haben.« Das war noch nicht BAfög, sondern es gab irgend so eine, wahrscheinlich spezifisch niedersächsische Maßnahme. »Wer braucht so ein Formular?« Dann sitzt du in dieser Klasse, du bist das einzige arme Schwein, das dieses Formular braucht, und du hast blitzartig das Gefühl, dass du dich outest, wenn du dich meldest, dass du so ein Formular brauchst, weil du ...

... eine stigmatisierte Minderheit bist.

Brutal! Ich kann mich nach Jahrzehnten noch genau an dieses Gefühl erinnern: Du bist in einer doppelten Falle. Du kannst dich gegenüber den bessergestellten Mitschülern nicht outen als die arme Sau, die du bist. Du darfst aber auch deine Eltern nicht verraten, weil die das Geld ja brauchen. Da hängst du in diesem Zwiespalt: Welche Schuldgefühle nimmst du auf dich, wenn du das Formular nicht nimmst? Oder wie stehst du vor den anderen da, wenn du das Formular nimmst? Meine Lösung war, nach dem Unterricht ins Lehrerzimmer zu gehen und dem Lehrer zu sagen: »Ich habe vorhin nicht aufgepasst, ich brauche aber dieses Formular.« Solche Erlebnisse hast du in so einer inferioren Position ohne Ende. Das passiert dauernd. Und das ist etwas, wo du ganz praktisch durch die Verhältnisse deine gesellschaftliche Position lernst und mitgeteilt bekommst – immer auch in einer Dialektik, vielleicht entwickelt sich so auch Stärke? So geht es eben an anderer Stelle auch. Hier ging es um soziale Ungleichheit. Aber es geht bei Rassismus ganz genau auf diese Art und Weise.

Besonders schlimm ist es, wenn beides zusammenfällt, was auf Millionen Biografien in unserem Land zutrifft. Diskriminierung auf sozialer Ebene hat ähnliche Phänomenologien wie auf anderen Ebenen. Zwar wissen wir, dass sich viele dieser Umstände verändert, sich verbessert oder sich angepasst haben. Andererseits wissen wir aber auch, dass dies noch lange nicht ausreichend ist. Wenn junge Menschen markiert werden und sich markiert fühlen, wenn Wir-Identitäten aufgrund von Kränkung entwickelt werden, wenn Minderwertigkeitsgefühle durch »Nicht-Kümmern« entstehen, dann sind die gesellschaftspolitischen Konsequenzen weitreichend, langfristig und schmerzhaft. Zwar stimmt es, dass noch nie so viele junge Menschen studiert haben wie heute. Aber was sagt uns das? Das grundsätzliche Thema hat sich nicht verändert und verbessert. Die, die es aus verschiedenen Gründen nicht weiter geschafft haben, haben auch heute kaum Chancen. Sie sind fest zementiert in ihren Bildungsbiografien. Die Frage bleibt: Wer hat sie hängen lassen? Wer hat sie vergessen? Und warum? Ein demokratischer Staat, der der Würde des Menschen verpflichtet ist, muss das Versprechen erfüllen, dass jedes Kind die bestmögliche Chance bekommt. Das hat nichts mit Gönnerhaftigkeit zu tun, sondern es ist ein Grundrecht, es ist konstitutiv für unser demokratisches Selbstverständnis. Es sind immer noch viel zu viele, die aufgrund ihrer Herkunft zurückgelassen werden.

Es sind immer noch viel zu viele, die aufgrund ihrer Herkunft zurückgelassen werden.

Ich würde es sogar verschärfen. Ich würde sagen, es zählt nicht mehr zu den Kernintentionen der etablierten Parteien, sonst würde es irgendwo vorne auf der Agenda stehen. Da steht es aber nicht, sondern es ist ein irgendwie befriedeter, einverständiger gesellschaftlicher Zustand, dass die Verhältnisse nun mal so sind, wie sie sind, bis hin zu den Toiletten.

Allerdings gibt es bei der Bildungspolitik ein Problem, das man nicht unterschätzen darf. Wer ist in bildungspolitischen Fragen als Wähler und Wählerin aktiv? Wer macht Druck auf die Politik? Während die eigenen Kinder in Kita, Kindergarten und Schule sind, interessieren sich die Familien für bildungspolitische Fragen. Kaum verlassen ihre Kinder das System, lässt das Interesse nach. Kinder haben immer noch die schwächste Lobby in Deutschland.

Ja, und dann hast du natürlich die Korrelation zur Demografie. Da waren natürlich wir als Babyboomer-Generation unglaublich privilegiert, weil es rein zahlenmäßig ein großes gesellschaftliches Interesse gegeben hat. Als wir Kinder waren, wurden Schule, Bildung, das Bildungssystem an sich zu einem wichtigen Thema. Eine Initialzündung für die Förderung der »bildungsfernen Schichten«

war auch der sogenannte Sputnikschock, als es ab den 1960er-Jahren darum ging, die technische Überlegenheit der UdSSR zu stoppen, den Wettlauf ins All zu gewinnen. Hinzu kam, wie gesagt, die Diskussion um den »Bildungsnotstand«, der die Wirtschaftskraft gefährde und Deutschlands Stellung im internationalen Vergleich in Gefahr bringe. Heute gibt es viel weniger Kinder und viel mehr ältere Menschen, damit ist auch die Lobby der Kinder nicht stark genug. Aber trotzdem, glaube ich, ist unser Thema in dieser wirklich knallhart materiellen Dimension essenziell wichtig.

Die Pandemie zeigt ein weiteres Mal auf, was schon vorher immer deutlicher sichtbar wurde: Bildung, Wissen und Verstehen sind unverzichtbare Voraussetzungen für gesellschaftliche Diskurse. Die digitale Welt verstärkte in den letzten Jahren den Versuch, Wissen durch Glauben, Fakten durch Fake News, Wissenschaft durch Verachtung zu ersetzen. Demokratischer Diskurs, Streitkultur, Konfliktbewältigung sind aber so nicht umsetzbar. Es braucht die Bildung. Es braucht das Wissen. Ohne diese gemeinsame Basis kann eine kreative, plurale Reflexion nicht stattfinden. Das Netz ist geprägt von anonymisierten Fehlinformationen, emotionalisierter Radikalität, rassistischer, antisemitischer, menschenverachtender geistiger Brandstiftung. Bei den Corona-Demonstrationen erleben wir den Hass-Bürger aus dem Netz zum ersten Mal real und physisch. Seine hässliche digitale Fratze bekommt eine körperliche Wirklichkeit. Es sind also doch Menschen »wie du und ich«, mitten unter uns. Erschreckend ist, wie erfolgreich Verschwörungs-»Theoretiker« sichtbar werden. Sie repräsentieren die ältesten und stereotypisiertesten Formen des Judenhasses. Sichtbar wird aber auch, dass diese physisch gewordenen »Zombie-Wutbürger« aus allen Bildungs- und Einkommensschichten stammen. Die AfD lässt grüßen. Es hat mich immer irritiert, dass gebildete Menschen zu Esoterikern werden, irrationalen und unbegründeten Thesen hinterherlaufen. Auch nach 1945 spiegelte sich dieses Dilemma in der Frage: Wie kommt es, dass das Volk der Dichter und Denker das Volk der Mörder und Henker geworden ist? Kognitive Bildung, so wichtig sie ist, reicht nicht aus. Emotionale Bildung ist genauso unverzichtbar. Davon ist im deutschen Bildungssystem kaum etwas zu finden.

Da stimme ich total zu, ergänze nur noch aus meiner eigenen Arbeit deinen letzten Punkt. Es ist ein Missverständnis zu glauben, dass Bildung automatisch vor Gegenmenschlichkeit schützt. Dafür ist der Nationalsozialismus das kardinale Gegenbeispiel; aus dem höchsten Bildungsfundus heraus kannst du die Entscheidung zum Massenmord fällen und Eugenik kann als *state of the art* an den Universitäten unterrichtet werden. Und sogar ein Gesellschaftssystem kann entwickelt werden, das beansprucht, naturwissenschaftliche Gesetze zu exekutieren – »Nationalsozialismus ist angewandte Biologie«, wie Rudolf Heß gesagt hat. Deshalb nervt mich ja auch immer die Art und Weise, wie dieses sogenannte Dritte Reich im Nachgang betrachtet wird, als seien die alle ungebildet gewesen.

Bildung schützt vor gar nichts. Man muss sich nicht versprechen, dass mit ihr automatisch schon eine humanitäre Grundhaltung oder die Menschenrechte verinnerlicht sind. Aber das ist dann tatsächlich eine Frage der Ausgestaltung nicht nur des Bildungssystems, sondern auch der politischen Kultur einer Gesellschaft. Genau deswegen ist mir dieses Bildungsthema, das mir ansonsten nie wichtig ist, weil es überbewertet ist, in unserem Zusammenhang als Anspruch einer Gesellschaft an sich selbst elementar wichtig.

Bildung schützt vor gar nichts.

Noch ein anderer Punkt zur Bildung: Wir mussten uns in den letzten Wochen auch mit existenziellen Fragen auseinandersetzen. Es ging um Leben und Tod. Wie viel Wahrheit konnten wir uns zumuten? Wie sehr erschütterte es Menschen, dass sie dem absoluten Kontrollverlust ins Auge schauen mussten? Dass ein unsichtbares Virus die Statik ihres persönlichen wie auch ihres gesellschaftlichen Gemeinwesens gefährdete? Dass ihre Allmachtfantasien, sie seien als Menschen unverwundbar, durch die brutale Wahrheit ihrer Verwundbarkeit und Endlichkeit erschüttert wurden? Autoritäre Politiker in Ungarn, in Amerika, in Brasilien wollten diese Wahrheiten ignorieren und verdrängen. Sie verweigerten das Nachdenken, das Zweifeln, das Sichinfragestellen und gefährdeten damit ihre Be-

völkerung. Die Unsicherheit radikalisiert noch mal das Autoritäre und banalisiert ihre Argumentationen und Begründungen. Sie unterschätzen die Menschen und unterstellen, dass die Wahrheit den Menschen nicht zumutbar sei. Sie weigern sich, die Verantwortung auf sich zu nehmen, und projizieren die Schuld auf andere. Für Menschen ist das Vertrauen, dass sie sich nicht anlügen, dass Tatsachen nicht verdreht werden, dass sie sich vertrauen können, elementar. Liberale Gesellschaften basieren auf diesem Vertrauen und setzen sich mit den Herausforderungen auseinander. Sie wissen, dass sie sich diesen früher oder später stellen müssen. Während der Corona-Krise konnten wir in Echtzeit erleben, wie unverzichtbar Bildung und Wissenschaft sind. Die Wissenschaft hat uns demonstriert, dass das Akzeptieren eines Irrtums Voraussetzung für Fortschritt ist und dass das Ausrufezeichen des Wissenden immer durch das Fragezeichen des Noch-mehr-Wissenden ersetzt werden muss.

Liberale Gesellschaften basieren auf diesem Vertrauen und setzen sich mit den Herausforderungen auseinander.

Ja, sicher. Und es würde ja dann in noch größeren Worten bedeuten, Bildung ist nicht das Erlernen instrumentell nutzbaren Wissens oder von Fähigkeiten, sondern es ist letztlich so etwas wie das Einleben in eine bestimmte Form von Kultur. Das ist, glaube ich, der springende Punkt an der Sache. Die Diskussion müssen wir jetzt nicht führen, in welcher Weise es Entwicklungen gegeben hat in den letzten Jahrzehnten, die immer weiter in die instrumentelle Richtung gegangen sind. Auch da möchte ich nicht in dieses Sonntagsgerede kommen mit der humanistischen Bildung, bla, bla, bla. Aber es ist aus einer gesellschaftstheoretischen Perspektive genau der wichtige Punkt, dass eben ein Bildungssystem sich verpflichtet fühlen muss, diesen Zielen, wie sie im Grundgesetz und in der Allgemeinen Erklärung der Menschenrechte formuliert sind, zu folgen. Und nicht zu sagen: »Wir müssen die MINT-Fächer fördern, weil die Industrie das braucht« oder so was in der Art.

2

ÜBERALL IST DIGITALIEN

HW: Wenn es einen Profiteur der Corona-Krise gibt, dann ist es die Digitalwirtschaft und ihre rasant beschleunigte gesellschaftliche Durchdringung im Lockdown. Das, was wir vor Kurzem noch »die große Transformation« genannt hätten, hat innerhalb weniger Wochen stattgefunden – in den Büros, in den Schulen, in den Universitäten. Eigentlich geschieht gerade eine Bildungsreform, eine Universitätsreform, über die niemand befunden hat. Das ganze Semester findet nur noch virtuell statt. Die Vorlesungen sind virtuell, die Prüfungen sind virtuell. Ich habe in zwei Wochen eine Disputation, virtuell. Aber auch die Homeoffice-Geschichten, Zoom-Konferenzen sind Reformen, die wahrscheinlich die ohnehin hauptsächlich in Deutschland intensiv diskutierten kritischen Fragen der Digitalisierung noch mal ganz weit nach hinten schieben. Es gibt zwei Aspekte, die daran sehr interessant sind: Wie funktionieren überhaupt gesellschaftliche Reformen? Was sind denn die Trigger dafür? Ist die Vorstellung womöglich völlig falsch, dass man sie intentional anstoßen und steuern könnte? Und was macht die digitale Technologie mit der Demokratie, wie beeinflusst sie die Offene Gesellschaft?

Wie funktionieren überhaupt gesellschaftliche Reformen?

MF: Die digitale Revolution ist in ihren tief greifenden Folgen vergleichbar mit der industriellen Revolution. Nur dass die Veränderungen noch viel schneller und noch viel radikaler sind. Innerhalb von nicht einmal 15 Jahren mussten Menschen ihre Beziehung zu Raum und Zeit neu konfigurieren. Heute können wir in der Istzeit 15000 oder 20000 Kilometer überwinden. Per FaceTime oder per Zoom oder per Skype kommunizieren wir mit Menschen, die sich zeitgleich auf anderen Kontinenten befinden. Wir können innerhalb von Sekunden Unmengen an Informationen weltweit abrufen. Algorithmen und künstliche Intelligenz bieten uns in Höchstgeschwindigkeit Problemlösungen an. Unsere Wahrnehmung des Menschseins verändert sich. Unsere kulturellen Verhaltensweisen ebenfalls. Unser Nachdenken darüber hinkt dieser Geschwindigkeit disproportional hinterher. Unser Denken kann nicht in Echtzeit die Alltags-, Lebens-, Wirtschafts-, sozialen und politischen Veränderungen der digitalen Welt verinnerlichen. Grundsätzliche Vorstellungen des Menschseins wie Privatsphäre und Privatheit, die sich über Jahrhunderte entwickelt haben, werden neu formatiert. Freiheitsräume, die geschützt sind, vor dem Staat und seinen Institutionen abgeschirmt sind, gehören zu den großen Freiheitsprivilegien der Moderne, für die Menschen Hunderte Jahre gekämpft haben. Privatsphäre ist, erst recht in Diktaturen, immer bedroht. Die digitale Welt verändert unsere kulturelle Beziehung zum Intimen. Die kulturelle und philosophische Interpretation der Begriffe Privatheit, Intimität, Privatsphäre dynamisiert sich in Höchstgeschwindigkeit. Das Private wird radikal öffentlich. Die Exhibitionisten und die Voyeure bedienen sich gegenseitig. Alle schauen zu. Alle wissen zu viel voneinander. Auch der Staat. Das Individuum gibt viel zu viel von sich preis, ohne den Empfänger der Informationen wirklich zu kennen. Das Private, eigentlich das Wertvolle, eigentlich der Kern des Menschseins, eigentlich die Identität des Ichs, das Intime, das Besondere, das nur mit anderen, die man für besonders hält, geteilt wurde, vervielfacht sich ins Unendliche und wird dadurch banalisiert.

Eine Demokratie in unserem Sinne ist ohne Privatheit nicht denkbar. Das kannst du auch historisch herleiten. Die Differenzierung zwischen privat und öffentlich geht mit der Entstehung der modernen Marktgesellschaften, insbesondere der bürgerlichen Gesellschaft, einher. Warum es viele Gründe gibt, dass es in dieser

Form von Gesellschaft Geheimnisse geben muss, brauche ich einem Anwalt nicht erzählen. Schweigepflichten und Geschäftsgeheimnisse gehören zu einer Demokratie genauso wie die Trennung von privat und öffentlich. Ich kann mich nur dann als Bürger für die öffentlichen Angelegenheiten einsetzen, wenn ich einen geschützten, unzugänglichen Raum habe, in dem ich Pläne machen und Strategien entwerfen kann. Inzwischen hat aber eine Entwicklung eingesetzt, die diese Privatheit sukzessive ausgehöhlt hat.

Dieser Gedanke ist sehr wichtig. Der geschützte Raum ermöglicht das freie Denken, das unkonventionelle Reflektieren, das Infragestellen von allen und allem und ist auch aus dieser Perspektive für einen demokratischen Meinungsbildungsprozess unverzichtbar. Und deswegen versuchen Diktaturen in den privaten Raum einzudringen.

Wenn der private Raum offen ist, wenn die Kategorie der Unzugänglichkeit nicht mehr existiert, hat Demokratie ein fundamentales Problem. Es ist erstaunlich zu sehen, wie gering der Stellenwert dieses fundamentalen Aspektes in der öffentlichen Debatte ist. Er hat sich durch die normative Kraft des Faktischen schon fast verabschiedet. Besonders Fortgeschrittene erklären, dass wir längst in der Post-Privacy-Ära leben – aha!

Der andere Punkt, den hast du auch angesprochen, ist die Veränderung der Selbstverhältnisse. Es sind nicht nur die Fremdverhältnisse, die sich verändern, sondern es sind auch die Selbstverhältnisse. Wenn ich Teil dieser Mediennutzung bin, bin ich eine ganz andere öffentliche Person, als das jemals vorher denkbar gewesen ist. In Berlin gab es vergangenes Jahr den geradezu unheimlichen Fall einer verschwundenen 15-Jährigen, die mit einem Foto gesucht wurde, das stereotyp so aussah, wie alle Teenager glauben, dass man auf Instagram aussehen müsse. Man hat das arme Mädchen bis heute nicht gefunden.

Dritter Punkt, dialektisch wahnsinnig interessant: Fridays for Future und andere Protestbewegungen zeigen, wie diese Medien genutzt werden zu Formen von politischer Organisation und auch politischer Selbstverständigung.

Habermasianisch gesprochen werden wir gerade Zeugen eines Schubs des Strukturwandels von Öffentlichkeit durch die digitalen Medien. Das war genau der Punkt, an dem du am Ende angekommen bist: Was heißt denn das jetzt eigentlich, wenn wir als ersten souverän politischen Nutzer eines sozialen Mediums, nämlich von Twitter, diesen amerikanischen Präsidenten haben? Trump hat genial den *Impact* dieses Mediums verstanden und damit die globale Außenpolitik radikal verändert. Was heißt das für uns?

Diese Nutzung von Twitter-Meldungen ist der Versuch, politische Informationen, die der Journalismus filtert, einordnet und kommentiert, zu umgehen. Umgeht Macht diese Kontrollinstanz, wird sie unmittelbarer und unkritischer erlebt. Sie kann leichter manipulieren. Die Radikalisierung der Sprache, die Banalisierung der Gedanken, das Produzieren von Affekten ist die Sprache von Twitter. Andererseits erleben wir in der digitalen Welt die autonomste, globalste Massen- und Individualkommunikation, die es je gegeben hat, in völliger Unabhängigkeit von Einkommen und Status. Noch nie konnten Menschen so viele Informationen, so viel Wissen, so viele Meinungen abfragen. Wir erleben in China und anderen Diktaturen, wie sehr das Internet eine Gefahr für diejenigen darstellt, die Angst davor haben, dass ihre Bevölkerungen dank des Internets in der Lage sind, ihre Lügen zu durchschauen. Das Erste, was sie also tun, ist, das Internet abzuschalten. Gleichzeitig ist das Internet die größte Manipulationsplattform der Menschheit. Staaten wie Individuen können Lügen in Höchstgeschwindigkeit weltweit verteilen. Was passiert mit politisch diffus orientierten Menschen, wenn ein Informationsaustausch stattfindet ohne Regularien, beeinflusst von jeder Form von Meinungsäußerung, Pseudowissen, Falschwissen? Und welche Schäden entstehen, wenn der Eindruck vermittelt wird, dass alles gleichzeitig richtig und falsch sein kann und man nur den Echoraum betreten muss, der einem vermittelt, der

Gleichzeitig ist das Internet die größte Manipulationsplattform der Menschheit.

Repräsentant der einzigen Wahrheit zu sein? Dieses anarchische Angebot, dieser scheinbar rechtsfreie Raum, dieser Ort des Irrationalen, der Seite an Seite mit der größten Aufklärungs- und Wissensoffensive, dem globalsten Austausch von Denken, Kunst und Kultur steht, läutet eine Zeitenwende ein, deren Konsequenzen noch nicht annähernd absehbar sind. Besonders bedrohlich erscheint es mir, dass neben Staaten vor allen Dingen eine Handvoll Konzerne dieses Wissen speichern und verwenden können, wie sie wollen. Die Googles, Amazons und Facebooks sind die mächtigsten Institutionen der Welt mit einem globalen Wissen über Milliarden Menschen, wie es bisher noch nicht möglich gewesen ist. Nicht ihre Wirtschaftsmacht allein ist die größte Gefahr, sondern auch die Kontrolle über weltweite Kommunikationsstrukturen und das Speichern von persönlichen Daten.

Das ist, was Shoshana Zuboff »Überwachungskapitalismus« nennt (*Das Zeitalter des Überwachungskapitalismus*). Fast alle Daten-Infrastrukturen weltweit sind abhängig von diesen Konzernen. Es ist der totale Wahnsinn, übrigens einer, dem die Regierungen der souveränen Staaten nicht gegensteuern. Deshalb ist zum Beispiel – das wäre dann die positive Wendung – die Idee, ein europäisches öffentlich-rechtliches soziales Netzwerk zu haben, eine absolut notwendige und sinnvolle Idee.

Wenn es aber nicht besser sein wird und attraktiver als die bisherigen Angebote ...

... ja, das war der strategische Vorteil von Google oder Facebook. Facebook war besser als StudiVZ und Google war besser als die anderen Suchmaschinen. Die Zerschlagung der Konzerne wäre die *conditio sine qua non*, um etwas zu verändern. Sie wird nur nicht stattfinden, weil die Entscheidung dazu aus den USA kommen müsste.

Noch nie in der Menschheitsgeschichte besaßen so wenige – aus der Wirtschaft, der Politik, Geheimdiensten und sonstigen Machtzentren –

so viel Wissen über so viele. Andererseits waren die Mächtigen mit ihren Geheimnissen noch nie so von Entdeckung und Entlarvung bedroht, weil Geheimnisse in der digitalen Welt nie geheim bleiben können. Dies verändert allerdings auch die Geheimniswelt des Menschen. Privatsphäre ist für junge Generationen und ihre Zukunft so nicht mehr umsetzbar. Kein Staat und kein anderer Mensch sollte Menschen unbemerkt belauschen oder unerlaubt nahe kommen oder die geschützten vier Wände überwinden dürfen, aber die neuen Technologien annullieren dieses Freiheitsversprechen. Während man in den alten James-Bond-Filmen oder bei der Stasi in der DDR riesige Gerätschaften benutzen musste, um in die Privatwelt einzudringen, reicht heute ein Smartphone.

Und im Unterschied zu den Stasizeiten muss die Geheimpolizei die Daten nicht mühsam erheben, die liefern die Benutzer freiwillig durch alles, was sie im Netz tun. Das war ja der Geniestreich von Google: zu verstehen, dass die Nutzer der Suchmaschine das eigentlich Wertvolle selbst liefern, nämlich persönlichkeitsbezogene Daten *en masse*.

Die Unsicherheit, ob die Persönlichkeit überhaupt noch geschützt werden kann, ist eine kulturell fundamentale Veränderung. Konnte man früher noch einen Brief, der einem peinlich war, zerreißen, ist derselbe Text, in einer Mail verfasst, ein lebenslanges Problem. Wie überhaupt die Tatsache, dass Lebensbiografien für ewig gespeichert bleiben könnten, eine noch größere Herausforderung bedeutet.

Das Privateste löst sich auf.

Edward Snowden schreibt in seiner Autobiografie (*Permanent Record. Meine Geschichte*), seine Generation sei die letzte mit einer Kindheit gewesen, die noch nicht vollständig protokolliert worden sei. Snowden ist Jahrgang 1983. Das Privateste löst sich auf. Damit übrigens auch die Möglichkeit, sich seine Biografie erfinderisch zusammenzubasteln. Max Frischs Lebensthema, dass jede Lebensgeschichte auch eine Erfindung ist, ist heute obsolet.

Dabei ist das Private ein ganz wichtiger, konstitutiver Freiheitsraum. Dass diese digitalen Räume in all ihren Ebenen deswegen zu einer weiteren Desinformationsperversion führen können, erkennen wir erst seit Kurzem durch Stichworte wie »Fake News«, »Bots«, »Deep Fake« und Ähnliches. Nicht die Tatsache, dass Länder sich gegenseitig ausspionieren oder versuchen, Wahlkämpfe zu beeinflussen, ist das Neue, sondern die durch das Internet millionenfache Verbreitung dieser Einmischung. Bewusstsein und Wertungen werden manipuliert. Während die einen die Probleme und die Gefahren der neuen Technik diskutieren, um sie als solche zur Gefahr zu erklären, tendiere ich trotzdem dazu, kulturoptimistisch in die nächsten Jahrzehnte zu blicken. Menschen werden Lösungen finden, diese Gefahren zu überwinden und zu kontrollieren und die Vorzüge zu optimieren. Problematisch bleibt allerdings, dass die weitere Entwicklung dieser Technologie bis hin zur KI nach wie vor extrem schnell vorangeht und die Korrekturmechanismen hinterherhinken. Wie bei allen anderen Freiheitsthemen gilt aber auch hier: Kontrolle vor Missbrauch. Der Schutz der Bürger- und Menschenrechte kann nur in einer Demokratie gewährleistet sein. Diktaturen werden diese Technik als scharfes Schwert gegenüber ihrer eigenen Bevölkerung einsetzen und für die Durchsetzung ihrer autoritären Konzepte benutzen.

Neulich hat mich ein leibhaftiger sozialdemokratischer Staatssekretär in einem Tweet als »widerlichen Spalter« bezeichnet. Das fand ich bemerkenswert, dass ein hoher Amtsträger Menschen persönlich angreift – ich glaube, das ist ein neues Phänomen in Demokratien. Im Übrigen habe ich mich auch gefragt: Wieso bin ich denn ein Spalter? Ich bin doch gar kein Sozialdemokrat. Wo ist jetzt das unterstellte Gemeinsame, das ich spalte?

Der Begriff »Spalten« wird viel zu schnell verwendet. Heftiges, scharfes, kontroverses Streiten bedeutet noch nicht »Spalten«. Mit dem Begriff »Spalten« entledigt man sich einer Auseinandersetzung mit dem anderen und mit sich selbst. Aber Vorsicht, auch du würdest sagen: Trump spaltet. Höcke spaltet. Was für ein Spalten ist da gemeint?

Ich habe niemals an irgendeiner Stelle den Begriff des Spaltens verwendet. Ich habe mich sogar immer dagegen gewehrt. Wenn du solche Buchtitel liest wie *Was Deutschland spaltet,* habe ich immer gesagt: Dieses Land ist nicht gespalten. Wir führen eine politische Auseinandersetzung. Aber wir haben treue Mehrheiten, die demokratisch wählen. Dieser Begriff der Spaltung insinuiert etwas, was empirisch hierzulande nicht der Fall ist. Was man übrigens in den Zustimmungswerten zum Regierungshandeln während der Corona-Krise deutlich gesehen hat.

Dieses Land ist nicht gespalten. Wir führen eine politische Auseinandersetzung.

Spätestens seit den Fluchtbewegungen im Jahr 2015 wird verstärkt der Begriff »Spalten« verwendet. Das ist kein Zufall. Die Emotionalisierung der Debattenkultur, das Geschrei und das gegenseitige Anpöbeln haben zugenommen. Der Begriff ist ein Synonym für Populismus, und mit Populismus ist gemeint, es werden Emotionen geschürt, Systeme werden verachtet, verächtlich beschrieben, Verallgemeinerungen zum Prinzip erhoben. Zu sagen, »sie spalten«, insinuiert all diese Elemente. Darüber zu diskutieren, funktioniert nicht, ohne über die neuen Kommunikationsformen wie Twitter, Instagram oder Facebook nachzudenken. Der politische Diskurs findet in einer höchst reduzierenden Sprach- und Argumentationsform statt. Die sozialen Medien vereinfachen und diese Vereinfachung führt zu Polarisierung. Das Absenden dieser Mitteilungen erfolgt in kürzesten Zeitabständen und lebt stark von der Aufmerksamkeitswelle, die sie hervorrufen. Dabei werden kommunikative Filter wie der klassische Journalismus umgangen. Die politische Botschaft wird unmittelbar vom Absender an den Empfänger geschickt. Es gibt keine kulturelle und kommunikative Matrix, wie wir damit umgehen können, auf die wir zurückgreifen können.

Aber wir benutzen sie, weil wir sie haben. Ich will das nicht als Entschuldigung anführen, ich finde das sehr wichtig. Das ist so, wie wenn jemand ohne Führerschein, der noch nie ein Auto besessen hat, jetzt mit einer dicken Karre durch die Gegend brettert.

Nein, das ist anders. Diese »dicke Karre« hat es zuvor noch nie gegeben. Und einen Führerschein für etwas bisher nicht Existierendes kann es ebenfalls nicht geben. Wir sind die einzigen Lebewesen, die über Sprache differenziert kommunizieren können. Sprache sowohl in einem emotionalen als auch ästhetischen als auch kognitiven Sinne verwenden können.

Du hast völlig recht. Das macht das Invasive aus, dass sich ausgerechnet in diesem Bereich die Veränderungen so unglaublich schnell vollziehen. Mein Punkt wäre einfach nur, dass Menschen mittels dieser neuen Kommunikationsformen so agieren, wie sie sich nie vorgestellt haben, dass sie so je agieren würden.

Sprache ist ein Wunder. Einer der radikalsten Evolutionsschritte. Ein Traum, der sehr schnell zum Albtraum werden kann. Das Wort hat Macht. Die Macht benutzt das Wort. Sprache ist sowohl emotional als auch rational. Sie ist selten eindeutig, meist mehrdeutig. Ihre emotionale Kraft wird oft unterschätzt. Wir kennen alle die Ratschläge: »Reg dich nicht auf.« – »Schlaf mal eine Nacht drüber.« – »Denk doch mal nach, bevor du was sagst.« In der Sprachkommunikationsdynamik der sozialen Medien erscheinen diese Ratschläge wie aus der Steinzeit. Allerdings ist dieses Phänomen nicht erst durch die digitale Welt entstanden. Auch andere Generationen haben die Beschleunigungseffekte neuer Kommunikationsmöglichkeiten erlebt. Während ein Brief noch Tage und Wochen brauchte, um den Empfänger zu erreichen, lernten Menschen mit dem Telegrafieren, dem Telefonieren und dem Faxen, wie viel schneller sie reagieren mussten. Diese Entwicklungen veränderten die Sprache mit. Diese Mittel demokratisierten fundamental durch wachsende Kommunikation. Zusätzlich muss bedacht werden, dass die ökonomischen Kosten für den Konsumenten dieser Kommunikationsinstrumente in den Zeiten des Internets so gering sind wie noch nie. Dadurch können Milliarden Menschen, die es sich sonst nicht leisten könnten, davon profitieren. Und doch: Wer es sich nicht leisten kann oder in einem Land lebt, das die nötige Infrastruktur nicht bereitstellt oder wo diese aus politischen

Gründen abgestellt wird, wird im 21. Jahrhundert endgültig abgehängt sein. Das Proletariat des digitalen Zeitalters wird aus Menschen bestehen, die keinen Anschluss an das Digitale haben.

Eine Zwischenfrage: Warum sind diese Kids, diese Fridays-for-Future-Generation, eigentlich rhetorisch und argumentativ so brillant?

Das kann ich jetzt nicht verallgemeinern, aber noch nie haben Kinder und Jugendliche mit so vielen Menschen so viel kommuniziert, in welchen Sprachcodes auch immer. Als ich im Alter meiner Kinder war, habe ich einen Brief an meine Freundin in München geschrieben. Er war eine Woche unterwegs, dann schrieb sie mir zurück. Unser Dialog dauerte mindestens vier Wochen. Wenn meine Eltern mir ermöglichten, dass wir telefonierten, weil meine Verliebtheit es nicht mehr aushielt, waren zehn Minuten das Maximum. Telefonieren war teuer. Meine Kinder erleben alles in Echtzeit, es ist eine ununterbrochene Kommunikation. Auch wenn wir jetzt kulturkritisch infrage stellen könnten, was davon von Bedeutung ist, wie verbindlich das ist. Um auf deine Frage zurückzukommen, diese kommunikative Erfahrung und Flexibilität ist erst einmal ein positives Ergebnis.

Noch nie haben Kinder und Jugendliche mit so vielen Menschen so viel kommuniziert, in welchen Sprachcodes auch immer.

Das ist interessant, weil das ein positives Ergebnis ist. Das ist doch super?!

Diese Kinder sind in dieser Realität sozialisiert worden. Die Jugend hat ihr Handy immer dabei, wenn sie in die Schule gehen, zu Hause sind, Freunde treffen, Musik, Podcasts hören, Youtube schauen, lesen und schreiben. Es ist da, man verschwendet keinen Gedanken daran, es ist völlig selbstverständlich. Aber noch einmal: Bei der politischen Kommunikation erleben wir mit dem Tweet eine bisher unbekannte Form.

Diese Form der indirekten Kommunikation adressiert gar nicht die Person, die sie diffamiert, sondern richtet sich an eine Öffentlichkeit. Und der auf diese Weise nicht Angesprochene, aber Gemeinte hat gar keine Möglichkeit, sich dazu zu verhalten.

Hat der Staatssekretär eigentlich direkt mit dir Kontakt aufgenommen?

Mit mir hat er natürlich nicht gesprochen.

Er hätte dir eine Mail schicken können.

Beispielsweise. Aber jetzt, mit den neuen Medien, wird personalisiert, und der Anwurf wird an alle geschickt, nur nicht an das Hassobjekt. Das sind mehrere Ebenen der Veränderung von Kommunikation. Meinen Fall finde ich nur deshalb interessant, weil man hier sieht, wie weit diese neue Form der Kommunikation die Gesellschaft und ihre Verkehrsformen durchdringt. Es war eben ein Politiker und Staatsbeamter, der mal kurz einen Tweet abgesondert hat. Und inzwischen twittern die ja alle. Das haben sie von Donald Trump gelernt, den sie doch eigentlich alle ablehnen.

Das Bemerkenswerte ist doch die Reaktion auf Tweets. Die Reaktion ist eine Stichwort-Reaktion. Also du kannst schreiben »Spalter«, man kann antworten »Rassist«, man kann erwidern »Faschist«, man kann kommentieren »Kommunist«. Das ist alles völlig beliebig. Diese Ein-Wort-Plakatierungen sind in der Tweet-Welt von Bedeutung. Reizschwellen müssen bedient werden. Wichtig ist für den Tweet, dass dieser Begriff »Spalter« gleichzeitig so viele Leute wie möglich anzieht und abstößt. Wenn wir über *hate speech* sprechen, wenn wir über die Kontrolle im Netz nachdenken, wenn wir über die Frage der Strafbarkeiten diskutieren, wenn wir über die Frage, was man schreiben kann, sprechen, dann geht es um Aufregung, Erregung, das Überschreiten von Grenzen, bis ins Strafbare hinein. Im Netz haben sich rechtsfreie Räume entwickelt, die es in einem demokratischen Rechtsstaat nicht geben darf. Wir hinken der Realität hinterher, ohne wirklich Strukturen geschaffen zu haben, diesen Herausforderungen entgegenzutreten. Ich habe viele Hunderte handschriftliche Hassbriefe bekommen. Daran erkennt man, dass sich inhaltlich nicht viel verändert hat. Aber diese neuen Möglichkeiten verführen zu Steigerungen und Emotionalisierungen, zu Massenverbreitungen, zu denen wir alle, Medienwissenschaftler, Politikwissenschaftler, auch Soziologen, noch keine generationsanalytischen Erkenntnisse haben. Das ist eine Zeitenwende, die sich in extremistischen Kommunikationskonzepten widerspiegelt. Twittern ist aber nur ein Ausschnitt, in dem die Gefährlichkeit des Netzes sichtbar wird.

Unabhängig davon ist die digitale Welt ein Brandbeschleuniger von Hass, Rassismus und Antisemitismus. Nazis aus der ganzen Welt verbreiten ihre hassverzerrten Weltbilder und tauschen sich über ihre Vernichtungsfantasien aus. Geistige Brandstifter finden in Echtzeit Gleichgesinnte und pushen sich gegenseitig hoch. Organisationen, Parteien, aber auch Staaten, in denen dieses Weltbild Unterstützung findet oder die andere Staaten destabilisieren wollen, indem sie diesen Rechtsextremismus stärken, haben eine nie da gewesene gemeinsame Adresse gefunden. Die Antisemitismusforscherin Monika Schwarz-Friesel sagt: »Das Internet hat eine präzedenzlose Ausbreitung des Antisemitismus mit sich gebracht«, und betont: »Hass entsteht nicht im Internet, der Hass kommt aus den Köpfen und wird ins Internet getragen.« Richtig ist, dass dieser Hass Tausende Jahre alt ist. Die Zerstörungswut wird allerdings im Netz potenziert. Der französische Philosoph André Glucksmann beschreibt den Hass als »den Willen, den anderen zu zerstören, zu ermorden, auszulöschen«. Die scheinbare Hilflosigkeit, dieser Gewaltpropaganda, dieser geistigen Brandstiftung, die zu Schwerverbrechen führt, Einhalt zu gebieten, ist eine erschreckende Realität im neuen digitalen Zeitalter. Wer Demokratie ernst nimmt, kann es sich nicht mehr lange leisten, dem nichts entgegenzusetzen. Wir erleben die scheinbare Hilflosigkeit von nationalen Repräsentanten, sich gegen einen deutlich demokratiefeindlichen Content im Netz zu wenden. Es wird gesagt, dass man nicht handeln könne, da es ein internationales Phänomen sei. Ist das eine Entschuldigung für die Handlungsunfähigkeit oder will man sich gar nicht damit auseinandersetzen? Die jetzigen Gesetzesinitiativen sind zu begrüßen, aber immer noch zu zögerlich, zu wenig effizient.

Es geht um mehr. Nicht nur um die Möglichkeit, dass man jetzt statt eines Briefs pro Tag zehn *hate tweets* die Stunde schreiben kann. Es geht nicht nur um die Anzahl, sondern auch um eine Radikalisierung der Kommunikation. Wenn du den Leuten, die dir schon immer Hassbriefe schicken, ein flotteres Medium zur Verfügung stellen würdest, schrieben sie halt zehnmal, dass sie dich hassen oder was auch immer. Das wäre vergleichsweise harmlos. Es geht nicht nur um eine quantitative Steigerung. Je mehr da gehatet wird, desto radikaler muss es werden, um überhaupt noch Beachtung zu finden. Und das alles ist infektiös. Es geht darum, dass diese Kommunikationsformen sich etablieren, auch in der Politik. Deshalb beschäftigt mich das Beispiel mit dem Staatssekretär so. Wenn diejenigen, die eigentlich Sorge für Dinge wie die Unantastbarkeit der Menschenwürde tragen müssen, selbst so kommunizieren, dann hat man ein Problem.

> *Je mehr da gehatet wird, desto radikaler muss es werden. Heute wird sie direkt hinausgekotzt, die* Wut.

Es hat übrigens noch nie eine Innovation im Bereich menschlicher Kommunikation gegeben, die sich so schnell durchgesetzt und welche die Umgangsformen so stark verändert hat. Und es war weniger das Internet als das mobile Endgerät, das Smartphone. Und alle mit ihm verbundenen Echtzeit-Reaktionen auf irgendetwas, die dann in die Welt gesendet werden. Ich weiß gar nicht, ob die Redewendung »Da hat er seine Wut in sich hineingefressen« heute noch verständlich ist. Heute wird sie direkt hinausgekotzt, die Wut. Angela Merkel hat mal gesagt, das Internet sei »Neuland«, wofür sie von der Netzgemeinde verspottet wurde. Aber natürlich hat sie recht. Da passiert etwas, dessen Tragweite wir nicht kennen.

Noch eine Anmerkung dazu, welchen Einfluss das jetzt schon auf uns hat. Da im Netz derjenige am meisten wahrgenommen wird, der am heftigsten draufhaut, werden wir alle Arschlöcher. So formuliert es Jaron Lanier, der das Internet quasi miterfunden hat und nun einer der größten Kritiker von Facebook, Twitter und Instagram ist. Die Algorithmen belohnen mieses Verhalten, je größer der Reiz, desto größer die Anerkennung. Das widerspricht natürlich all unseren konventionellen Standards. Wie höflich, wie freundlich, wie verbindlich muss man eigentlich sein, obwohl man sich möglicherweise hasst? Das ist ein wichtiges Merkmal des Zivilisationsprozesses. Wir pazifizieren die Binnenverhältnisse, die Verhältnisse zwischen den Menschen. Das heißt nicht, dass wir uns super finden müssen, aber wir haben Modi des Umgangs miteinander, obwohl man sich nicht gut findet. Es ist eine Reduktion des Gewaltniveaus. Diese Standards gelten nicht mehr, was folgenreich für die politische Kommunikation und das Klima in einer Gesellschaft ist. Ich muss noch mal auf das Autofahren verweisen, denn beim Autofahren mutieren manche Menschen zu potenziellen Mördern, ohne dass es einen Anlass dafür gibt. Das Gerät, das man verwendet, macht etwas mit einem. Und das Smartphone, die neuen Kommunikationsformen verändern die Standards des Umgangs miteinander.

Das Netz eröffnet eine noch nie da gewesene Manipulationsmöglichkeit, die zur Destabilisierung und Verunsicherung von Gesellschaften führen wird. Politische Propaganda war noch nie so direkt und international möglich wie heute. Schon immer wurde in der politischen Propaganda gelogen, aber das Instrument der »Fake News« schafft eine globale Community von Menschen, die sich gegenseitig bestätigen, dass die »Fake News« die tatsächliche Wahrheit sind, während sie anderen Menschen einreden wollen, dass Fakten in Wirklichkeit die Fake News der Mächtigen sind. Vertrauen wird zerstört.

Vertrauen ist die Währung der Demokratie. Menschen müssen in einer Demokratie das sichere Gefühl haben, dass es mit rechten Dingen zugeht, dass sie nicht hinters Licht geführt werden, dass die Institutionen funktionieren. Das wirklich Zersetzende einer Figur wie Donald Trump ist, dass er diese Zentralkategorie irrelevant macht und es für gleichgültig erklärt, ob jemand sich an

Recht und Gesetz hält oder ob er die Wahrheit sagt. Das hat er zum Ausdruck gebracht, als er sagte, er könne auf der Fifth Avenue stehen und jemanden erschießen – das würde ihn keine einzige Wählerstimme kosten. Die bewusste und ostentative Infragestellung der bis dahin gültigen Normen ist eine unglaublich effektive Waffe bei der Zerstörung der Demokratie. Deshalb ist er auch so ein manischer Twitterer, er hat intuitiv erkannt, dass solche sozialen Medien genau die Medien sind, die er für die Demokratiezerstörung braucht. Umso schlimmer, dass sie jetzt alle twittern. Dass Medien keine Gefäße für Inhalte sind, sondern selbst Inhalte bestimmen, wussten wir seit Marshall MacLuhan. Heute wissen wir, was die politischen Folgen für die Demokratie sind.

Das Vertrauen auf Informationsvermittlung, auf Wissen, auf Fakten ist ein unverzichtbarer stabilisierender Faktor in einer Gesellschaft.

Wir haben mit unserem »Rat für Digitale Ökologie« gerade Diskussionen mit Parlamentariern aus dem Digitalausschuss im Bundestag geführt und die interessante Aussage war: Uns geht es genauso wie allen anderen Leuten auch. Wir werden ständig überrollt von der jeweils nächsten Welle von Innovationen, wir kommen nicht hinterher, die Geschwindigkeit ist so hoch. Vielleicht muss man damit rechnen, dass eben – jetzt sage ich es mal ganz böse – die Demokratie, wie wir sie kannten, ihre Zeit als Gesellschaftsform hinter sich hat. Ihre Voraussetzung sind die Differenzierung von privat und öffentlich, der unbedingte Schutz der Privatsphäre und die deliberative Form der Aushandlung und Kompromissbildung im politischen Raum, kontrolliert durch die vierte Gewalt der Medien als *gatekeeper* für Informationen. Vielleicht sind diese Zeiten vorbei ...

Ich glaube das nicht.

Ich hoffe das auch nicht, aber lass uns diesen Gedanken doch bitte mal für möglich halten. Denn genauso wie diese Form von Gesellschaft entstanden ist, mit ihrer bürgerlichen Öffentlichkeit, kann sie auch wieder verschwinden. Vielleicht ist ihr Verschwinden eine Folge der Medienentwicklung, so wie ihre Entstehung etwas mit dem Buchdruck und später mit Flugschriften und Zeitungen zu tun hatte.

Das glaube ich nicht. Letztendlich geht es um den Inhalt. Was früher auf Papier gedruckt wurde, wird in Zukunft immer mehr durch das Internet verbreitet. Wenn die Sehnsucht nach Freiheit gering ist, dann wird diese Demokratie Deutschland wie andere zuvor untergehen, mit oder ohne digitale Herausforderungen. Wenn die Sehnsucht nach Freiheit wächst, dann ist die Demokratie zwar gefährdet, aber sie ist nicht unterzukriegen.

Das ist mir ein bisschen zu Friedrich-Schiller-mäßig idealistisch, das mit der Freiheit.

Idealismus muss nicht naiv sein.

Trotzdem sind – um meinen Hausheiligen Norbert Elias zu zitieren – Soziogenese und Psychogenese Teile desselben Vorgangs. Das heißt, das hatte ich vorhin schon gesagt, unsere Selbstverhältnisse, unsere Mentalität, unsere psychische Struktur verändern sich durch unsere Form des Mediengebrauchs. Es kann sein, dass so etwas wie dein Schiller'scher Freiheitsbegriff, den du gerade so emphatisch vorgetragen hast, ersetzt wird durch eine ganz andere Vorstellung von Freiheit. Dass das gar nicht etwas ist, was zum Wesenskern dazugehört. Sondern dass die Leute einfach sagen werden: Mir ist diese Form von Freiheit total egal. Mich interessiert, wie Hartmut Rosa das nennt, Weltreichweite viel mehr. Weltreichweite habe ich durch das Netz in ganz ungekanntem Ausmaß, ich kann überallhin. So etwas ist meines Erachtens nach historisch variant, das ist nichts Anthropologisches.

Der andere Punkt, den ich noch wichtig finde, der mir wiederum Hoffnung geben würde, wäre tatsächlich der Stromausfall, die

Entzauberung der Digitalisierung. Im Zusammenhang mit der Digitalisierung und der damit verbundenen Revolution wird nie darüber gesprochen, dass sie, anders als beispielsweise die industrielle Revolution, keine Energierevolution ist.

Digitale Technologie ist eigentlich strunzdumm.

Digitale Technologie ist in dem Sinne eine abhängige Technologie, dass sie immer externe Stromzufuhr braucht. Das ist eigentlich strunzdumm. Wenn kein Strom mehr da ist, war's das. Dein iPad kannst du dann als Frühstücksbrettchen verwenden, aber sonst zu gar nichts. Diese Form der Abhängigkeit von Technologie ist meines Erachtens für den Krisenfall etwas Negatives, aber positiv gesehen würde der Stromausfall erheblich zur Entzauberung beitragen.

Menschen werden in den nächsten Jahren Wege finden, aus dieser Abhängigkeit herauszukommen.

... aber du brauchst den Strom.

Sicher, aber vielleicht wird es bald andere Energieformen geben. Was du brauchst, ist Energie. Das Auto braucht auch Energie. Ein Auto ohne Energie fährt nicht.

Aber worauf ich hinauswill, ist etwas anderes. Du hast durch die Dampfmaschine eine Energierevolution gehabt, und diese Energierevolution hat alles verändert. Die komplette Produktion, die Familienformen, die Selbstmodelle, die Wissenschaft, alle Formen von Mobilität, inklusive Weltreichweite, das komplette Programm. Die Frage lautet: Haben wir es bei der digitalen Technologie eigentlich mit etwas Revolutionärem zu tun oder nur mit Ergebnissen einer in ihren Möglichkeiten begrenzten Technologie, die im Moment total bombastisch aussieht, aber in Wirklichkeit sofort nackt ist, wenn einer den Stecker zieht?

Das Revolutionäre sind die Möglichkeiten, die durch Content-Einspeisung in allen Bereichen des Lebens auch zu einschneidenden Verände-

rungen führen wie beispielsweise revolutionäre Operationserfolge, die durch Soft- und Hardware ermöglicht werden.

Noch mal: nur solange der Strom da ist.

Aber die Frage, woher schöpfen wir am Ende diese Energie, wird im Vergleich zu dem, was dann doch an Zukunftsmöglichkeiten von Wissen und dadurch Verbesserungen von Leben entstehen wird, in vielen Formen beantwortet werden, vielleicht auch in Formen, wie wir sie bisher noch nicht kennen.

Wenn alles funktioniert. Was ja eine falsche Voraussetzung sein kann, wie wir wissen. Die Corona-Krise macht die Verletzlichkeit von Gesellschaft und Individuen deutlich, und zwar fast unterschiedslos. Ich möchte gerne in diesem Zusammenhang den Soziologen Karl Otto Hondrich zitieren, der 2007 gestorben ist. Es reicht ja oft, wenn jemand mal einen guten Satz gesagt hat. Bei Hondrich lautet er: »Gesellschaften lernen nur wider Willen.« Das ist ziemlich instruktiv für unseren Zusammenhang, denn die Corona-Krise beinhaltet ein großes Lernpotenzial, aber sicherlich wider Willen. Welche Fragen haben wir jetzt zu stellen gelernt: Ist eigentlich die Autoindustrie wichtig? Welche Berufe sind systemrelevant? Kann eine moderne Demokratie es sich leisten, Fleischwirtschaft als Ultrabilligsektor zu betreiben? So ähnlich könnte der von mir apostrophierte große Stromausfall eine Lerngeschichte über Digitalisierung sein.

Sowohl das Virus als auch das Digitale machen uns deutlich, dass unsere Kontroll- und Machtfantasien eigentlich nichts anderes sind als eine Illusion.

Das ist die Dialektik der Aufklärung.

Die Hoffnung ist, dass Normalität ein Synonym für Kontrolle ist.

Ja, für Erwartungssicherheit.

Die Menschheitsgeschichte zeigt, dass dies eine hoffnungslose Hoffnung ist. Interessant für unseren Diskurs ist, dass zwei Generationen in der Bundesrepublik Deutschland diese Hoffnung in sich tragen, weil sie persönlich keinen Krieg und keinen Bürgerkrieg erlebt haben und deswegen nicht gelernt haben, dass Hoffnung ein leeres Versprechen sein kann.

Keine Verarmungskrise, keine Hyperinflation.

Mit diesen positiven Entwicklungen ist paradoxerweise die Sensibilisierung für die Gefährdung der Demokratie gesunken und die Gefährdung der Demokratie gestiegen.

Ja. Je mehr du an Lebenssicherheit und Gefahrenregulierung hast, desto weniger hast du die Vorstellung, es sei eine soziale, kulturelle und politische Leistung, was dir die Regulierung und die Sicherheit gibt. Das alles als selbstverständlich zu betrachten, ist tatsächlich eine weitere Demokratiegefährdung. Der Gedanke hat auch noch eine andere Komponente. Wir haben im Zusammenhang von Bildung schon über die materielle Dimension gesprochen. Es geht, besonders durch diese schicken Geräte wie dein iPhone, auch das Gefühl dafür verloren, dass alles stofflich ist. Das Material für Gehäuse, Display und Innenleben kommt von irgendwoher, das ist durch Arbeit umgewandelt worden und wird irgendwann Müll sein. Diese stoffliche Basis jeglicher Existenz ist den meisten Leuten überhaupt nicht mehr bewusst, das scheint alles irgendwie einfach da zu sein. Das ist ein Weltverhältnis, das losgelöst ist von der stofflichen Basis unserer Existenz. Da ist noch mal ein brisanter Aspekt drin, gerade für Externalisierungsgesellschaften, wie wir eine sind. Wir sehen von den Voraussetzungen unserer Lebenssicherheit systematisch ab.

Ein anderes Thema wäre natürlich noch die totalitäre Dystopie, die durch diese Form von Technologie, siehe China, noch viel besser möglich ist, als Stalin oder Goebbels sich das erträumt hätten. Ich liebe Romane, die eher im nicht hochliterarischen Bereich angesiedelt sind, aber Wirklichkeiten anders ausbuchstabieren. Was die Stromausfallfrage angeht, ist es *Blackout* von Marc Elsberg. Was die digitale Gesellschaftsdystopie angeht, gibt es den Roman *NSA*, geschrieben hat ihn Andreas Eschbach. Das ist die Durchbuchstabierung der historisch kontrafaktischen Annahme, dass der nationalsozialistische Staat Computer und Internet gehabt hätte. »NSA« heißt in dem Fall »Nationales Sicherheitsamt«, das in Konkurrenz zum Reichssicherheitshauptamt steht, und es gibt einen technologischen Wettbewerb zwischen diesen Ämtern, wer am besten überwachen kann. Ein Oskar Schindler hätte nicht mehr existieren können, weil es eben keine Aktivitäten im Verborgenen gäbe und keine Sozialkontakte, die nicht rekonstruierbar wären. Ein toller Roman.

Und die reale Dystopie haben wir in China, weil diese Form der Totalüberwachung dort von vielen Überwachten selbst auch ganz wunderbar gefunden wird.

Ich kenne sehr, sehr viele, die das überhaupt nicht wunderbar finden.

Die sind aber ganz sicher in der Minderheit. Das ist das größte Geheimnis jeder Form von totalitärer Herrschaft, dass ich die Herrschaft in die Subjekte selbst verlagere. Jeder die Gestapo des anderen heißt es bei Sebastian Haffner (*Geschichte eines Deutschen. Erinnerungen*).

Doch die Demokratiebewegung erlebt im 21. Jahrhundert einen Rückschlag.

Und trotzdem glaube ich nicht, dass Menschen gerne so leben. Zwar lebt die allergrößte Mehrheit aller Menschen in Diktaturen, aber viele davon sehnen sich nach Freiheit. Doch die Demokratiebewegung erlebt im 21. Jahrhundert einen Rückschlag. Autoritäre nationale politische Konzepte erleben eine sichtbare Renaissance, vor allem in Europa. In welchem Verhältnis sich im 21. Jahrhundert Diktaturen ausweiten und Demokratien zurückweichen, ist meine größte Sorge. Betrachtet man die Schwäche der einzig wirklich großen Demokratie, nämlich der Vereinigten Staaten von Amerika, dann ist Grund für tiefe Skepsis vorhanden.

Ich verstärke jetzt noch mal das Dystopische an dieser Stelle. Es könnte aus dieser Perspektive tatsächlich so sein, vorhin habe ich es noch vergleichsweise milde formuliert: Wir gehen in eine postdemokratische Phase über, in der Kategorien wie das bürgerliche Subjekt, die Urteilskraft, die Autonomie einen anderen Stellenwert bekommen, und wir haben diesen Übergang noch im Kontext einer geopolitischen Umfigurierung, in dem Demokratien systematisch weniger werden und Diktaturen systematisch mehr werden. Sind wir am Ende?

3

WAS SPARGEL MIT DEMOKRATIE ZU TUN HAT

HW: Sprechen wir mal über ein Thema, das mit Demokratie eher selten im Zusammenhang diskutiert wird: Ökologie. Gegenwärtig ist ja schwer vorstellbar, wie die Probleme gelöst werden können, die aus der Art und Weise, wie wir reichen Gesellschaften mit der Welt, der Natur umgehen, resultieren. Wie wir unser zerstörerisches Verhältnis zur Natur ändern können. Die Frage, die ich dazu habe: Ab welcher Stelle wird eigentlich virulent, dass das, was man auf der naturalen Ebene zerstört, auf die gesellschaftlichen Verhältnisse zurückschlägt? Wir haben ja – übrigens auch sozialwissenschaftlich – immer gelernt, Natur und Gesellschaft getrennt voneinander zu betrachten. Aber ohne intakte Natur gibt es keine freiheitliche Gesellschaft.

Ich glaube, dieses rüde Verhältnis gegenüber allen Bedingungen der Existenz übersetzt sich inzwischen in eine bewusste Schädigung, dass man sagt: Wenn das schon so zerstört ist, dann will ich es jetzt aber auch richtig kaputt machen. Oder: Wenn das so aussichtslos ist, dann will ich aber jetzt noch einmal richtig auf die Sahne hauen.

Solange wir als moderne Gesellschaft nicht über ein befriedetes Naturverhältnis verfügen, haben wir auch kein vernünftiges Selbstverhältnis und demzufolge kein aufgeklärtes Demokratieverhältnis. Deshalb sind die Themen Klima, Ökologie, Artensterben, alles, was dazugehört, für unsere Demokratie von eminenter Wichtigkeit.

MF: Unser Verständnis von Natur ist widersprüchlich und ambivalent. Einerseits ist es dem Menschen bewusst, dass er ein Teil der Natur ist, andererseits verführt der menschliche Narzissmus ihn dazu, sich über die Natur zu stellen. Der Respekt vor der Natur, das Bewusstsein, dass der Mensch durch sein Handeln die Natur bedroht, ist unterdurchschnittlich ausgeprägt. Die Umweltzerstörung, die Klimakatastrophe ist die größte globale Bedrohung des Menschen. Spätestens mit den Umweltkatastrophen, der Migrationsbewegungen von gegenwärtig Millionen Menschen, die durch den Klimawandel, wegen Dürre und Überschwemmungen, kein Auskommen mehr haben, wird sichtbar, wie hoch der Preis für die einseitige Priorisierung der Ökonomie in den letzten Jahrzehnten ist.

Noch mal zur Migration: Niemand verlässt freiwillig sein Zuhause. Ich rede bewusst nicht von seiner Heimat, sondern von seinem Zuhause. Wenn aber jemand nichts mehr zu verlieren hat, dann muss man sich die Frage stellen, aus welchen Gründen diese Menschen fliehen. Dürre und Überschwemmungen sind reale Situationen für Hunderte Millionen Menschen und Grund genug, um zu fliehen. Es liegt in unserem eigenen Interesse, die Natur zu schützen, weil unsere eigene Lebensqualität davon abhängt, wie sich der Zustand der Natur weiterentwickelt. Entmoralisiert man die Diskussion und argumentiert mit dem Eigeninteresse der Menschen, muss man feststellen: Es ist im Interesse des 21. Jahrhunderts, eine neue Ökonomie zu entwickeln, mit neuen industriellen Verwertungsketten und neuen Märkten, die den ökologischen Aspekt im Vordergrund haben. *Green economy* ist die Zukunft. Diese Aspekte sind überzeugend genug, um zu sagen: Wir müssen etwas grundlegend ändern, denn so wie bisher kommen wir nicht weiter. Nicht aus schlechtem Gewissen, nicht aus Angst, sondern aus ureigenen Interessen.

Ein ganz eindrückliches Beispiel ist jetzt – während der Corona-Krise – die Fleischindustrie. Das ist geradezu ein Schulbuch-Beispiel dafür, dass eine Gesellschaft wie unsere sich das alles nicht leisten kann, unter keinem Gesichtspunkt. Die Massentierhaltung, die Verarbeitung, der Transport der Tiere, das Futter, das ebenfalls unter unökologischen Bedingungen hergestellt wird. In der Krise zeigt sich darüber hinaus, unter welchen Bedingungen das Fleisch verarbeitet wird, wie die rumänischen Leiharbeiter behandelt werden, wie deren grauenvollen Massenunterkünfte aussehen und welchen armseligen Lohn sie bekommen. Es ist nicht nur inhuman, was die Produktion angeht. Es ist nicht nur ein sozialer Skandal, wie die Leute behandelt werden, sondern es ist auch noch brandgefährlich in einer Pandemiesituation. Wer so Nahrung produziert, befindet sich im Zustand eines zivilisatorischen Rückfalls.

Die Kettenarbeitsverträge, die Subunternehmerverträge und der damit verbundene Versuch, den Mindestlohn zu umgehen, sind sozialpolitisch unerträglich. Dieses Thema ist schon lange sichtbar. Es ist erstaunlich, wie lange es brauchte, bis die Politik diesen Missbrauch verboten hat. Nur wegen Corona ist die Bundesregierung aktiv geworden. Zum Stichwort billig. Billiges Essen, billiges Reisen. Einerseits wird durch »billig« die Umwelt belastet, andererseits steckt in diesem Begriff auch eine soziale Komponente. Vor der »Billigzeit« waren der Genuss von Fleisch, die Möglichkeit, ins Ausland zu reisen, ein Privileg der einkommensstarken Schichten. Für diese war Fleisch oder frisches Gemüse zu essen keine Frage des Preises. Für die ärmeren Schichten war es hingegen die Ausnahme, ein Luxus, etwas Besonderes. Außerhalb des eigenen Landes Urlaub zu machen, Bildungs- und Kulturreisen zu erleben, die Welt kennenzulernen, war für die Mehrheit der Menschen unerschwinglich. Der Übergang von der Privilegierung der wenigen zum Erleben für viele ist ein Demokratisierungsprozess. Reisen zu können, zu erleben, wie andere Menschen und Kulturen leben, Grenzen zu überschreiten, darf nicht wieder das Privileg derjenigen werden, bei denen Geld keine Rolle spielt.

Es gibt auch kein Menschenrecht, diese Form des Reisens in Anspruch nehmen zu können.

Das sehe ich anders. Auch wenn das Reisen oder die Fremderfahrung an sich wichtig sind, impliziert es noch kein Menschenrecht auf Weltverbrauch. Es gibt auch kein Menschenrecht, diese Form des Reisens in Anspruch nehmen zu können, wie das bislang von einem privilegierten Teil, und selbst bei den ärmeren der Privilegierten, gefühlt ein Menschenrecht ist.

Darum geht es doch nicht. Es steht außer Frage, dass wir hier nicht von einem Menschenrecht sprechen. Und doch: Wir müssen aufpassen, dass wir, weil wir einerseits zu Recht die ökologischen Konsequenzen unseres Verhaltens reflektieren, wir andererseits die soziale Perspektive nicht vernachlässigen. Wenn Essen, Reisen, Konsum teurer werden, müssen die Wohlhabenderen auf nichts verzichten.

Ja, aber sie haben vielleicht auch eine objektive Grenze im Naturverhältnis. Das Erdsystem ist ja nicht nach oben offen, was die für das menschliche Überleben notwendigen Ressourcen angeht. Deshalb muss der Verbrauch reguliert werden. Das geht nicht nur über den Preis und den Markt – der ist nicht am Bestand, sondern an Umsatz interessiert. Und zwar ausschließlich. Der exzessive Konsum von Welt wird ja nur dadurch ermöglicht, dass man Kosten externalisiert und keine echten Preise bezahlt. Wenn man das lange genug praktiziert, kann es dann plötzlich als ein gefühltes Recht gelten, so zerstörerisch mit der Welt umzugehen.

Ich spreche aber nicht von einem gefühlten Recht. Ich spreche davon, dass diejenigen, die es sich leisten können – dazu gehören du und ich –, sehr vorsichtig und nachdenklicher sein sollten, wenn sie zum Schluss kommen: Na ja, dann wird es eben teurer, und wenn man dann nicht mehr reisen kann, muss man eben ein Opfer bringen. Je einkommensstärker, desto geringer das Opfer, je einkommensschwächer, desto größer.

Mir ist dieses Argument immer verdächtig, weil das mit naturgesetzlicher Regelmäßigkeit dann kommt, wenn es um wirkliche Verhaltensveränderungen geht. Ich würde das kollektiv betrachten. Ich würde nicht sagen, das definiere ich nur über das Geld, sondern es gibt vielleicht auch ordnungspolitische Verfahren, bestimmte Dinge einfach nicht mehr so zu ermöglichen, wie sie gegenwärtig gehandhabt werden. Man könnte doch Flugbudgets machen. Das hat der Grünen-Politiker Dieter Janecek vorgeschlagen. Pro Bundesbürger drei Flüge pro Jahr und wenn man mehr braucht, dann muss man halt ein bisschen dealen damit.

Was heißt »dealen«?

Das heißt, dass diejenigen, die nicht fliegen, davon profitieren, wenn jemand anderes mehr fliegt oder sie dem ihre Flüge verkaufen können. Ich glaube, die Modernisierung von demokratischen Gesellschaften im 21. Jahrhundert erfordert die Einsicht, dass nicht für alle alles möglich ist. Nur, weil es zum Beispiel eine Kultur des Billigfliegens gegeben hat, ist sie noch nicht gerechtfertigt. Das meine ich. Es hat historische Prozesse gegeben, die dazu geführt haben, dass manches nicht mehr ging, dass man zurückstecken musste. Die Manchesterkapitalisten fanden die Kinderarbeit super, irgendwann mussten sie trotzdem darauf verzichten. Die britische Oberschicht hatte wunderbare Anwesen mit jeder Menge Dienstboten in Indien, irgendwann mussten sie das aufgeben. Es passte nicht mehr in die Zeit. Modernisierung bedeutet immer De-Privilegierung. Und wir werden keine sozialökologische Modernisierung ohne das Aufgeben von Privilegien haben können. Alles andere sind Märchen, die leider besonders gern im grünen Milieu erzählt werden. Wie Fritz Kuhn als Slogan im Wahlkampf textete: mit grünen Ideen schwarze Zahlen schreiben. Da kommt dann am Ende raus, dass sein Parteifreund Winfried Kretschmann heute der größte Lobbyist der Autoindustrie ist. Heißt: Wenn man ein anderes Naturverhältnis will, dann gibt's das nicht zu allem, was gemacht wird, noch dazu!

Modernisierung bedeutet immer De-Privilegierung.

Was ist eigentlich mit Hunderten Millionen Menschen, die in ihrem Leben bisher noch nie Urlaub machen konnten, erst recht nicht außerhalb ihres Landes? Weil sie zu arm sind! Weil sie jetzt erst anfangen, etwas von dem Wohlstand zu erfahren, der bei uns schon sehr lange herrscht. Beispielsweise Menschen aus Osteuropa, die erst seit wenigen

Jahrzehnten Freiheit und Wohlstand erleben, oder aus China und Afrika. Ihnen zu sagen: Sorry, Leute, ihr kommt zu spät. Günstig fliegen geht nicht mehr. Aus Umweltgründen. Ich halte diese Position für sehr schwer vermittelbar.

Gut. Ich will ein anderes Naturverhältnis und bin der Auffassung, das gibt es nicht umsonst. Wir sind aber im real existierenden Kapitalismus nicht naiv. Wenn naturale Gegebenheiten vermarktlicht werden, ist der nächste Schritt immer, dass der Zugang zu diesen Gelegenheiten billiger wird. Aus Luxuskonsum wird Massenkonsum, und die Zerstörungswirkung eines ohnehin zerstörerischen Konsums vervielfacht sich. Und solche Zerstörung ist auch dann nicht sozial, wenn sie sich alle leisten können. Weil sie – etwa beim Klimawandel – zu Verhältnissen führt, in denen die Ärmsten den höchsten Preis zu bezahlen haben. Da sind wir wieder bei dem Punkt, dass Ökologie nicht jenseits des Sozialen betrachtet werden kann und umgekehrt.

Es gibt aber auch eine soziale Perspektive des Konsums. Noch einmal: Früher war Reisen ein Privileg der Reichsten. Übrigens auch ein Bildungsprivileg. Der Zugang zu diesen Ressourcen für viele und nicht wenige Menschen hat etwas mit sozialer Gerechtigkeit zu tun.

Ja, aber das führt alles aus dem Problem nicht heraus. Ich würde es genau andersherum formulieren: Wenn eine Form des Konsums – wie besonders bei bestimmten Spielarten des Tourismus – besonders zerstörerisch ist, hat es keinen sozialen Mehrwert, wenn bei der Zerstörung alle mitmachen dürfen. Dazu gibt es einen grandiosen Satz von Ivan Illich: »Wenn Verhalten, das zum Wahnsinn führt, in einer Gesellschaft als normal gilt, lernen die Menschen, um das Recht zu kämpfen, sich daran zu beteiligen.«

Wir können uns darauf einigen, dass diese Probleme des Naturverhältnisses zugleich Sozialprobleme sind. Das ist schon mal ein großer Fortschritt, das Ganze so zu betrachten, weil eines der Defizite der ganzen Ökodebatte ihre soziale Blindheit ist. So wie die Sozialdemokratie überhaupt keinen Plan von ökologischen Problemen hat, hat die Ökologiebewegung inklusive der Grünen keinen Plan von sozialen Problemen. Deshalb wäre ich sowieso der Auffassung, dass es noch eine weitere Partei geben müsste, die moderner ist als die Grünen, moderner als die Sozialdemokraten sowieso. Das wäre keine Kunst. Es geht fast nicht anders. Vielleicht ist das sogar eine mögliche Konsequenz aus den Fridays for Future und aus der Generationenthematik?

Um jetzt auch mal etwas Positives zu sagen: Es gibt Handlungsebenen, auf denen eine Menge passiert. Wenn du dir die Städte ansiehst, dann hast du das Beispiel Kopenhagen oder du hast das Beispiel Pontevedra, eine autofreie Stadt in Spanien. Die autofreien sogenannten Superblocks in Barcelona. Oder es gibt im Kontext Corona das Beispiel Berlin, wo plötzlich der Fahrradverkehr aus Gesichtspunkten der Seuchenprävention privilegiert wurde und man einfach Fahrradspuren auf die Straßen gemalt hat. Aus meiner Sicht gehört zu einer modernen Demokratie eine flächendeckende Versorgung durch kostenlosen öffentlichen Nahverkehr. Da lässt sich viel machen, wenn der politische Wille da ist. Aber er ist meist nicht da.

Die Studie *Grenzen des Wachstums* ist vor fast einem halben Jahrhundert erschienen. Moderne Gesellschaften arbeiten Probleme ab, indem sie neue Institutionen für die Bearbeitung schaffen – das genügt sich dann oft selbst oder spezialisiert sich so, dass man als Außenstehender kaum noch versteht, worum es da geht.

Wir können feststellen: Alle Versuche, umweltpolitische Fragen global zu lösen, scheitern daran, dass nationale Regierungen dies in ihren Ländern nicht glaubwürdig umsetzen.

Ein gewiefter Umweltpolitiker mit jahrzehntelanger Erfahrung, Klaus Töpfer beispielsweise, würde jetzt sagen: Aber das ist ja Bullshit, was ihr da redet, ich könnte euch Dutzende Verfahren und

Prozeduren nennen, wo wir das berechnet, debattiert und zum Teil auch umgesetzt haben. Natürlich würde Klaus Töpfer nicht »Bullshit« sagen.

Er hat recht. Noch nie gab es so viele Umweltprojekte, die global, national und regional umgesetzt wurden. Und doch: Dies ist nichts anderes als ein Tropfen auf dem heißen Stein. Die umweltbedingten Katastrophen des 20. Jahrhunderts begleiten uns ins 21. Jahrhundert, ohne erkennbare Umkehr in der Politik. Wird es im 21. Jahrhundert keine Zeitenwende geben, wird sich der Spielraum immer mehr verkleinern und die Bedrohung des Lebensraums des Menschen auf der Erde immer mehr vergrößern.

Das hat Konsequenzen für das, was wir denken. Insofern glaube ich, gehört zu dem Thema »Modernisierung« auch das Abschiednehmen dazu. Noch mal: Modernisierung ist in einem nicht geringen Maß De-Privilegierung. Modernisierung von Gesellschaften besteht eigentlich darin, dass Gruppen, die Privilegien gehabt haben, von anderen Gruppen gezwungen werden, diese Privilegien abzugeben.

Gleichstellung. Beispiel Geschlechterverhältnis: Männer werden de-privilegiert, Frauen bekommen gleiche Rechte. Aber die Voraussetzung ist ein Prozess der De-Privilegierung, auch bei dem Beispiel Geschlechterverhältnis. Deshalb geht es immer um politische und kulturelle Kämpfe, die Privilegien werden ja nie freiwillig abgegeben, sondern nur dann, wenn der Druck zu groß wird.

Das wäre natürlich bei der Frage des Klimas, der Natur und allem, was damit zusammenhängt, ein De-Privilegierungsprozess, der Mehrheiten trifft. Was darf man verbrauchen? Welche Form von Weltverbrauch steht einem zu? Das ist etwas historisch Neues, weil die Mehrheiten ihrer De-Privilegierung zustimmen müssten. Eine neue Stufe der Aufklärung.

Aufklärung über den Weltverbrauch von Ressourcen würde eine globale Verhandlung voraussetzen. Die Schwachen müssten so stark sein wie die

Starken, die Armen müssten so stark sein wie die Reichen. Sowohl auf individueller wie auch staatlicher Ebene. Eine solche Weltverhandlung ist zwar ein wunderschöner Ansatz, eine wichtige und richtige Utopie, aber eben nur eine Utopie. Am Ende verhandeln die Beteiligten die Frage, auf wessen Kosten wird wer de-privilegiert und wer re-privilegiert. Ich finde es bemerkenswert, dass Ökologie und Ökonomie immer noch nicht gleichberechtigt sind. Ich befürchte, dass die Corona-Krise für ökologische Aspekte und Argumente einen Rückschlag darstellt.

Ich finde es bemerkenswert, dass immer noch Ökologie und Ökonomie nicht gleichberechtigt sind.

Das hat der großartige Theatermann Milo Rau mit seiner »General Assembly« vergangenes Jahr in Berlin simuliert. Sein Ansatz ist, dass man die Institutionen, die es noch nicht gibt, die man aber für die Bewältigung globaler Problemlagen braucht, als Theater schon mal schafft – und zwar nicht mit Schauspielern, sondern realen Akteuren. Mit dem »Kongo-Tribunal« hat er etwa reale Verbrechen von realen Staatsanwälten und Richtern und Zeugen und Experten verhandeln lassen, nur das Gericht gab es nicht, das war simuliert. Das Kongo-Tribunal hat zur Entlassung des Minen-Ministers in der Demokratischen Republik Kongo und zur Durchführung einer Reihe von analogen Tribunalen vor Ort geführt. Das ist schon was, wo man sagen kann: Es gibt durchaus Möglichkeiten, Dinge zu verändern, auch wenn es unmöglich aussieht.

Wenn du jetzt zum Beispiel an Verkehrspolitik denkst, gäbe es Gestaltungsmöglichkeiten, den öffentlichen Raum von Autos zu entleeren und den öffentlichen Verkehr, übrigens mit positivem Technikeinsatz der Digitalisierung, wesentlich zu verbessern. Man muss nur mal an die Flächen denken, die dadurch für die Kommunen zurückgewonnen werden. Das wäre De-Privilegierung der Nutznießer des automobilen Individualverkehrs und Re-Privilegierung der Nutzer des öffentlichen Raumes. Und, um das Ganze als soziale Modernisierung zu verstehen, muss man den ÖPNV dann kostenlos anbieten.

Ich bezweifle, dass das politische Bewusstsein, das für diese Modernisierung notwendig ist, in Deutschland schon mehrheitsfähig ist. Was nichts daran ändert, dass ich dir zustimme, dass Umwelt die existenzielle Zukunftsfrage an sich ist. Sollte es zu einer zu großen Erderwärmung kommen, werden die Menschen anders als bei der Corona-Pandemie keine Zeit mehr haben, darüber zu diskutieren, wann endlich ein Impfstoff vorhanden sein wird. Wir alle wissen, dass es dann einen *point of no return* geben wird. Wir alle wissen, dass wir die Verantwortung tragen, diese Bedrohung zu verhindern.

Das sind genau die Sätze, die man formulieren muss. Das ist die Lerngeschichte »Corona« für die, die das vorher noch nicht begriffen hatten. Wolfgang Schäuble gab – als Konservativer – während der Corona-Krise Interviews, in denen er betonte, dass der Klimawandel langfristig das größere Problem gegenüber Corona sei, weshalb man nun die Chance einer ökologischen Modernisierung nach Corona nutzen müsse, anstatt Kaufprämien für Autos auszuloben.

Kurzfristig! An den Folgen der Umweltkatastrophe sterben mehr Menschen als an Corona. Industriepolitik, die nach wie vor auf Konsum und Wachstum setzt, ist das politische Wirtschaftsinstrument der meisten Regierungen. Der Versuch, Ökonomie und Ökologie zu befrieden, wird durch die Pandemie schwerer, weil Millionen Menschen ihre Arbeit verlieren. Auch junge Menschen erleben, dass Jobs, die ihre Ausbildung finanzieren, plötzlich nicht mehr zur Verfügung stehen. In anderen europäischen Ländern ist das Thema Jugendarbeitslosigkeit seit der Finanzkrise erdrückend.

Der Druck ist auch nicht da. Wenn man etwas Kritisches über eine Bewegung wie Fridays for Future sagen kann, ist es, dass die politische Betrachtungsebene verkürzt ist. Es ist zwar sinnvoll, dass sie naturwissenschaftlich argumentieren, dass das ihre Bezugswissenschaft ist. Aber um das zu leisten, was uns vorschweben würde, eine Modernisierung in Form einer naturalen Aufklärung von Wirtschaft und Gesellschaft, muss man viel weiter gehen als CO_2 einzusparen. Ein Kapitalismus, der Frieden mit der Natur, also mit den materiellen Voraussetzungen seines Funktionierens, schließt, umfasst, wie die industrielle Revolution, das Ganze der Gesellschaft. Danach hatten wir eine Aufklärung im Sinne des Sozialen, im Sinne der Menschenrechte, aber wir haben bis heute noch keine Phase der naturalen Aufklärung erreicht. Das ist das Element, das fehlt, das vielleicht auch für eine – jetzt mal ganz großkotzig gesagt – Politik des 21. Jahrhunderts erforderlich wäre. Das ist die nächste Stufe der Aufklärung, in der wir uns mit dem Gedanken anfreunden, dass wir Naturwesen sind und uns nicht mit den Mitteln der ersten Aufklärung darüber erheben können. Das wäre Horkheimers und Adornos *Dialektik der Aufklärung* zu Ende gedacht. Denn sie beschreiben diese Dialektik ja nur, kommen aber nicht zu ihrer Aufhebung.

Das klingt gut, ist aber nur die Perspektive eines Teils dieser Welt. Milliarden Menschen leben in einer direkten Beziehung mit und zur Natur. Sie leiden unter den Konsequenzen, dass ein anderer Teil dieser Welt die Natur aus Profitgier zerstört und missbraucht. Dieselben, die jetzt selbstgerecht mit erhobenem Zeigefinger die Welt ermahnen, die Umwelt zu retten. In diesem Zusammenhang ist es unumgänglich, Hans Jonas und sein *Prinzip Verantwortung* zu erwähnen. Mit seinem umfänglichen Werk denkt er radikal über die Verantwortung des Menschen im Verhältnis von Technik, technischem Fortschritt und Umwelt und Natur nach. Er verlangt, dass wir unsere Entscheidungen nicht mehr nur mit Fragen der Gegenwart verknüpfen, sondern die Zeitschiene weit in die Zukunft legen. »Gefährde nicht die Bedingungen für den indefiniten Fortbestand der Menschheit auf Erden.« Eine verantwortliche Entscheidung berücksichtigt laut Jonas die Natur an sich und die Welt als Ganzes. Jonas erweitert den Verantwortungsbegriff, indem er neben dem Prinzip Hoffnung auch das Prinzip der Furcht einführt. Damit meint er, dass man sich bei Entscheidungen, bei denen die Furcht, also die konkret gewordene Angst, berechtigt ist, im Zweifel gegen eine technische Entwicklung entscheiden sollte.

Dummerweise haben Philosophen meist keine Ahnung von Psychologie. Der Fortbestand der Menschheit ist höchst abstrakt und den konkreten Menschen jenseits der Philosophie ziemlich egal. Und Jonas' Idee von der »Heuristik der Furcht« ist aus meiner Sicht einfach falsch: Du kannst Menschen nicht zu proaktivem Handeln für Zukünftiges ermutigen, wenn du dauernd den Teufel an die Wand malst. Aber mit dem Punkt davor hast du vollständig recht. Meine Betrachtungsebene ist die des reichen Westens, aber das ist exakt auch der politische Raum, in dem ich agieren kann. Dein Einwand ist völlig richtig, denn zu dieser zweiten Aufklärung würde genau das dazugehören, was du reklamierst. Ich hänge nur nicht der Vorstellung an, dass man zuerst alle Probleme durchdenken und lösen muss, bevor man mit einem anfängt.

Mir ist wichtig, dass unterschiedliche Perspektiven eine Rolle spielen. Wir sind auf Kooperation angewiesen. Dass nur die einen Opfer bringen und nicht die anderen, hat noch nie funktioniert. Zum Beispiel China. Peking gönnt sich seit wenigen Jahren das, was der Westen seit über einem Jahrhundert praktiziert. Kapitalismus pur. Koste es, was es wolle. Umweltschäden inklusive. Dass deswegen Teile der Welt noch mehr Umweltschäden erleiden und deswegen Menschen verhungern und verdursten, ist richtig. Andererseits konnten Millionen Chinesen, die noch bis vor wenigen Jahren in Elend und Hunger lebten, ihre Lebensumstände verbessern. Dass gerade wir, die alten Industrienationen, anderen Umweltbewusstsein nahebringen, wird eher erfolglos bleiben. Wenn wir überhaupt gehört werden wollen, müssen wir vorleisten, um wieder glaubwürdig zu werden.

Aber man darf nicht in die Hybris verfallen, Weltentwürfe zu skizzieren, die dann gleich für alle umgesetzt werden können. Meine Perspektive ist die einer Modernisierung unseres Typs von Gesellschaft, um die wir nicht umhinkommen, wenn wir Freiheit und Demokratie und Menschenrechte erhalten wollen. Das ist eine intrinsische Modernisierungsnotwendigkeit.

Einverstanden. Aber dann muss man es radikaler formulieren: Es geht nicht um eine Renovierung, sondern um eine Sanierung des Systems. Vielleicht sogar um eine Neuerfindung des Systems.

Sicher, da bleiben nicht viele Steine aufeinander, wenn man das ernst nimmt. Deshalb muss man das auch in dieser Bandbreite diskutieren. Hinzu kommt, dass es viele Leute gibt, die seit vielen Jahrzehnten nichts anderes machen, als sich genau darüber den Kopf zu zerbrechen: Wie kannst du das in ein Konzept globaler Gerechtigkeit übersetzen? Da müssen wir nicht so tun, als gäbe es das nicht. Aber der Punkt, den man festhalten muss, ist, dass es gute Gründe gibt, nämlich die Privilegiensicherung, das ganze Ökothema nicht ernst zu nehmen. Du hast gesagt, es ist nicht genug Druck da. In Deutschland ist es evident, dass hier die Autoindustrie extrem Druck ausüben kann, anderswo ist es die Mineralölwirtschaft, noch anderswo sind es die Agrarkonzerne. Aber es ist ein deprimierender Sachverhalt, dass wir fünfzig Jahre »Grenzen des Wachstums« haben, fünfzig Jahre Ökobewegung und eigentlich nicht weit gekommen sind damit. Dieser notwendige Teil der Aufklärung scheitert, weil die Menschen in den reichen Ländern alle Privilegierte der fortgesetzten Gegenaufklärung sind. Wir kommen aber nicht daran vorbei, das zum Bestandteil unseres Modernisierungsprojektes der Demokratie zu machen. Da kann man sich nicht einfach dumm stellen.

Mich erstaunt, wenn du das sagst, dass nach fünf Jahrzehnten das Thema so wenig Kraft im machtpolitischen Alltag hat.

Dass es so wenig Kraft hat, liegt daran, dass es departementalisiert worden ist. Im Rückblick betrachtet, ist es geradezu genial, wie die real existierende Marktwirtschaft das Problem gelöst hat: indem man ein gesellschaftspolitisches Thema in ein umweltpolitisches Thema übersetzt und verkürzt hat und sodann entsprechende Institutionen geschaffen hat, die

Dass es so wenig Kraft hat, liegt daran, dass es departementalisiert worden ist.

sich damit zu beschäftigen haben, während der Rest so weitermacht wie bisher. Das ist der Gag an der Sache. Dadurch, dass es seither so viele Minister gibt und so viele Umweltwissenschaftler und so viele Klimaforscher, hat man den durchaus falschen Eindruck, dass man dem Klima und der Umwelt bereits etwas Gutes getan hätte. Wenn du dir die frühe Ökologiebewegung anschaust mit Ivan Illich, Robert Jungk, Carl Amery, DDR-mäßig mit Rudolf Bahro, populär mit Horst Stern und Hoimar von Ditfurth, da ging es nicht um das Hausschwein und die Biene an sich und für sich, sondern es ging um die Gesellschaft. In den letzten fünf Jahrzehnten ist es gelungen, die Ökologie zu de-sozialisieren. Übrigens stehen genau dafür die Grünen, wie sie heute sind.

Deswegen liegen sie bei Wahlumfragen über 15 Prozent.

Deshalb gibt es Kretschmann, den grünen Automann.

Es ist aber auch der Attraktionswert des Instrumentellen. Wenn du das Thema an die Techniker delegierst, an Windanlagenbauer und Solaringenieure, ist das natürlich letztlich schöner und einfacher, als wenn du sagst: Wir müssen aber den ganzen Laden verändern, dann haben wir auch noch Probleme im Sozialverhältnis, im Steuersystem und auf dem Arbeitsmarkt.

Ich komme noch einmal darauf zurück, dass es plötzlich überall in der Fleischindustrie Corona-Infizierte gab und schlagartig deutlich wurde, dass nicht nur die Tiere niederträchtig behandelt werden, sondern auch die aus Osteuropa importierten und in Massenunterkünfte gepferchten Arbeitskräfte. Weil das Pfund Schnitzel in einem der reichsten Länder der Erde weniger als fünf Euro kosten soll, verhunzt man die komplette sogenannte Wertschöpfungskette so, dass am Ende noch die Pandemiebekämpfung sabotiert wird. Da muss eine Gesellschaft vom eigenen Selbstverständnis und von der normativen Grundlage her sagen: So etwas darf es in Deutschland nicht geben.

Menschenunwürdige Arbeitsverhältnisse darf es sowieso nicht geben. Aber es gibt sie. Und alle wissen davon.

Normativ und politisch betrachtet, wäre die Konsequenz daraus, zu sagen, dass so etwas in einer Gesellschaft, wie wir sie uns denken, wünschen und wofür wir streiten können, keinen Platz hat. Es ist systematisch falsch in jeglicher Hinsicht.

Der Spargel ist nicht so identitätsträchtig.

Aber das sind ja mehrere Systeme. Der größte Systemfehler ist – abgesehen von der Qualität des Fleisches und als was es verkauft wird –, dass wir Menschen gegen alle sonstigen Regeln, vom Arbeitsschutz bis zur Entlohnung, in einer Ausnahmesituation missbrauchen. Ähnlich wie wir das – darum komme ich auf dieses Beispiel – bei den Spargelstechern getan haben. Ausnahmegenehmigungen für diese Systeme wurden erteilt, damit es uns »gut schmeckt«. Das ist ein weiterer Hinweis auf ein sehr pervertiertes Verhältnis zwischen Anspruch und Wirklichkeit.

Was hättest du denn dann den Spargelbauern geantwortet?

Es gab ja die lustigen Geschichten, dass die Studis, die wegen der geschlossenen Kneipen nicht mehr kellnern konnten, Spargel gestochen haben.

Während der Corona-Krise schrien die verzweifelten Bauern: Die Grenzen sind geschlossen. Die Spargelstecher aus dem Ausland können nicht kommen. Nach den hoffnungslosen Versuchen mit Studierenden und Kurzzeitarbeitern erhöhten die Bauern ihren Druck und baten um Ausnahmegenehmigungen, die den Profis erlaubten, doch nach Deutschland zu kommen. Während die gesamte deutsche Wirtschaft heruntergefahren wurde, Milliarden ausgegeben wurden, um das zu kompensieren, um die Pandemie zu bekämpfen, musste man feststellen, dass es bei den Spargelbauern anders war. Die Frage stellt sich: weil der deutsche Spargel selbst in Corona-Zeiten eines der letzten nationalen Identitätsmerkmale ist?

Nein, weil es gefühltes Menschenrecht ist, dass man, wenn es das Zeug theoretisch geben kann, es auch real konsumieren können muss.

So einfach sollte man es sich nicht machen.

Doch, so ist es. Der Spargel ist nicht so identitätsträchtig.

Doch, der Spargel ist in keinem anderen Land so bedeutend wie in Deutschland. »Der deutsche Spargel«, jeder wartet auf diesen Spargel, mit Sauce béarnaise und mit der Butter.

Sauce hollandaise.

Hollandaise, stimmt. Béarnaise gibt es zum Steak. Siehst du, ich habe keine Ahnung vom deutschen Spargel. Ich bin immer noch nicht integriert.

Das merkt man. Genau an dieser Stelle merkt man das.

Ich gebe es zu, ich gebe den deutschen Pass wieder ab und bleibe bei der französischen Küche, da geht es auch ohne Spargel.

4

A SONG FOR EUROPE

HW: Über Europa müssen wir sprechen, weil wir vorhin an einer Stelle gewesen sind, wo wir konstatiert haben, dass die Demokratien im globalen Maßstab weniger werden, die Diktaturen zunehmen, die Rolle Amerikas sich fundamental verändert und die große Frage übrig bleibt: Wer ist denn dann der Kontinent für das Modernisierungsprojekt der modernen Gesellschaft? Corona hat jetzt auch in diesem Sinne schärfer herausgearbeitet, was im Normalzustand ohnehin schon sichtbar gewesen ist: Weniger Europa und mehr Nationalismus haben, milde gesagt, auch wieder kein starkes Bild von Europa abgeliefert.

MF: Europa ist in einem desaströsen Zustand vor Corona gewesen, und nach Corona ist das für alle sichtbar. Während der Corona-Krise existiert diese Europäische Union als eine Solidargemeinschaftsorganisation nur rudimentär. Die Europäische Kommission spielt keine Rolle mehr. Sie wird unsichtbar. Die Mitgliedsländer ziehen sich auf Konzepte des 20. Jahrhunderts zurück, auf die Nation, die Grenzziehungen, den Egoismus. Brüssel erscheint hilflos und sinnlos. Nationalrassistische Narrative werden wie bereits nach der Finanzkrise lauter. Der Süden Europas wird wieder zum »Problemfall« definiert und der Norden bildet sich ein, zu den Erfolgreichen in der Bewältigung der Pandemie zu zählen. Die Europäische Union verliert an Strahlkraft. Statt die nächste Stufe der europäischen Idee zu entwickeln – mehr Demokratie, mehr Solidarität, mehr Abgabe von na-

Europa ist in einem desaströsen Zustand vor Corona gewesen, und nach Corona ist das für alle sichtbar.

tionalen Privilegien nach Europa, die Vision eines Bundesstaates Europa, der Beginn einer europäischen Regierung, einer europäischen Armee –, werden Renationalisierungstendenzen stärker. Die sozialen Risse deutlicher. Das Solidaritätsversprechen schwächer. Seit der Finanzkrise leben in Ländern wie Spanien und Italien, aber auch in Frankreich, fast 30 Prozent der jungen Menschen in Arbeitslosigkeit. Nicht nur in Ungarn und in Polen werden Demokratiestandards abgebaut.

Zur Erinnerung: Vor eineinhalb Jahrzehnten war Österreich das erste Land, in dem eine Regierung mit einer rassistischen Partei, nämlich der FPÖ, gebildet wurde. Mit der ÖVP. Diesen Tabubruch wiederholte Bundeskanzler Kurz im Jahr 2017, als er mit der antisemitischen und rassistischen FPÖ koalierte. Für die Macht wurde die demokratische Seele wieder einmal einfach verkauft. Dieser Tabubruch ist mittlerweile zum Alltag in der Europäischen Union geworden. Das Fundament der EU, die Wahrung und Stärkung von Demokratie, Menschenrechten, Menschenwürde, Rechtsstaatlichkeit, wird von mehreren Mitgliedsländern mit Füßen getreten. Ohne Konsequenzen. Die Europäische Union läutete die Zeitenwende nach dem Zweiten Weltkrieg ein. Ihr politisches Konzept lautete: Kooperation statt Konfrontation. Miteinander statt gegeneinander. Inklusion statt Exklusion. Reden statt kämpfen. Grenzen öffnen statt Mauern bauen. Staatliche Autonomien abgeben, wie zum Beispiel die Währung. Die Schaffung des Euro war und ist einmalig. Verschiedene Länder geben ihre Währungen auf und schaffen eine gemeinsame. Der Schwachpunkt bleibt: Die politische Dimension kann nicht Schritt halten. Außer finanz- und wirtschaftspolitischen Interessen scheint es keine weiteren Brückenthemen mehr zu geben. Aber das scheint nur so. In Wirklichkeit ist das Demokratieprojekt Europa erst am Anfang. Es gibt nicht zu viel, sondern zu wenig Demokratie in den Mitgliedsländern. Die Europäische Union hat zwar ein gewähltes Parlament, aber keine gewählte Regierung. Auch das Integrationsprojekt ist erst am Anfang. Feindbilder, nationale, rassistische und religiöse Vorurteile sind Alltag. Europa ist also mehr denn je notwendig und unverzichtbar. Und doch so gefährdet wie noch nie. Es sieht so aus, als ob die Nachkriegszeitenwende durch den Versuch von reaktionärer und regressiver Politik konterkariert wird, um eine neue Zeitenwende des Nationalen zu etablieren.

Das ist eine Analyse, an der man leider nicht das Geringste aussetzen kann. Ich finde den Punkt besonders bestechend: Wir haben nach dem Aufstieg der Nationalstaaten und nach dem Fiasko nationalstaatlicher Politik, insbesondere des Holocaust, dieses zivilisatorische Projekt Europäische Union entwickelt. Und wir haben das zivilisatorische Projekt nicht nur als Idee gehabt, sondern es hat sich in bestimmten Bereichen auch materialisiert. Neben dem Euro, Schengen und dem europäischen Binnenmarkt gibt es natürlich auch kulturelle Dimensionen wie die Erasmusprogramme, Interrail, den Eurovision Song Contest und binationale Ehen und Partnerschaften, deren Bedeutung man nicht unterschätzen darf. Das ist ein wesentliches Element des Ganzen, das politisch oft übersehen wird. Das alles ist von enormer Wichtigkeit. Was mich hingegen deprimiert, ist, wenn ich Aufsätze von Sigmar Gabriel und Joschka Fischer lese, deren Rhetorik genau die gleiche ist, als wäre nie irgendetwas Negatives passiert. Alle diese Texte enden mit der rituellen Formulierung, hierbei handele es sich um eine Bewährungsprobe für Europa. Immer ist es eine Bewährungsprobe, ob Finanzkrise, Brexit, Orbán, Corona, aber beinahe jedes Mal wird die Bewährungsprobe nicht bestanden, sondern läuft auf weniger Europa hinaus. Konstant bleibt nur die Floskel. Wahrscheinlich ist es auch eine Bewährungsprobe für Europa, wenn es ganz auseinanderfällt.

Die Europäische Union steht vor der Stunde der Wahrheit.

Die Europäische Union steht vor der Stunde der Wahrheit. Übrigens der Euro auch. Wird die Europäische Union sich weiter- oder zurückentwickeln? Werden die nationalen Konzepte oder die supranationalen Konzepte Oberhand gewinnen? Wird es zu einem minimalen oder maximalen Entwurf der Europäischen Union kommen? Wird die Europäische Union zerbrechen oder die Europäische Union bleiben, aber eben eine ganz andere? Nur zur Erinnerung: Seit Jahrzehnten ist bei aller Kritik, bei allen Rückschritten diese EU eine Erfolgsstory. Konflikte, die traditionell mit Gewalt gelöst worden wären, sind durch Gespräche befriedet worden. Das allein müsste reichen, um alles zu tun, damit die Europäische Union nicht Geschichte wird. Aber ich merke gerade, dass mich die deprimierende Realität viel zu bescheiden werden lässt.

Danke für diesen wunderbaren performativen Akt! Trotzdem bleibt das Problem: Wie retten? Mein Bewährungsproben-Argument geht ja in eine andere Richtung. Ich kann doch nicht ständig dieselbe Gesundbet-Rhetorik an den Tag legen, wenn die Bewährungsproben nicht bestanden werden. Das ist der interessante Punkt. Was ist die Konsequenz daraus, wenn wir jetzt mindestens zwei Mitgliedsstaaten in der EU haben, die antidemokratisch sind? Was ist denn die Konsequenz daraus, wenn die Prozesse zwischen EuGH und den nationalen Verfassungsgerichten zunehmen, was ist, wenn es nach dem Brexit noch andere Exits gibt? Das sind ja alles Dinge, die zur Erosion des zivilisatorischen Projektes Europa erheblich beitragen.

Die Europäische Union wird den eigenen Ansprüchen nicht gerecht. Demokratische Standards, Menschenrechte und Rechtsstaatlichkeit sind nicht verhandelbar. Sie sind das Identitätsfundament der Europäischen Union. Sie sind ihre moralische Legitimation. Diese Werte sind das Alleinstellungsmerkmal. Wenn Regierungen von Mitgliedsländern diesen Standards nicht mehr entsprechen, ist der Verhandlungsspielraum gleich null. »Wehret den Anfängen« gilt auch für Brüssel und Straßburg. Wie soll man in autoritären und diktatorischen Staaten für Demokratie werben, wenn man gleichzeitig autoritäre Mitgliedsländer zulässt und damit die eigene Glaubwürdigkeit verliert. Doppelmoral zerstört. Das Argument, dass man nicht die Bevölkerung eines Landes dafür bestrafen darf, dass ein Teil dieses Landes solche Regierungen gewählt hat, kann in die falsche Richtung führen. Durch das Nichthandeln können solche Regierungen die Grundrechte – noch unverschämter – einstampfen, weil sie keine Angst vor Konsequenzen haben müssen. Das Argument, dass nach den EU-Verträgen ein Land nicht ausgeschlossen werden darf, muss man politisch umso ernster nehmen und ökonomisch deutlich machen, dass jegliche Form von »Normalität« vermieden wird. Mit Viktor Orbán am selben Tisch zu sitzen, ist eben nicht dasselbe, wie mit Emmanuel Macron am Tisch zu sitzen. Wer Demokratie abbaut, muss in der Europäischen Union sichtbar sanktioniert werden. Politisch wie ökonomisch. Apropos Emmanuel Macron. Wer bei der nächsten Wahl in Frankreich Präsident wird, ist äußerst unsicher. Macron hat gerade seine demokratische Mehrheit verloren und Marine Le Pen lauert nach wie vor, um die Macht zu erobern. Eines jedenfalls wäre schon längst fällig gewesen, wenn man von »Wehret den Anfängen« sprechen will. Eine Partei wie die Fidesz müsste aus der EVP ausgeschlossen werden. Dass die CDU/CSU dies nicht aktiv betreibt, ist ein unverzeihlicher Fehler und macht beide Parteien unglaubwürdig.

Richtig. Jetzt könnte man über europäische Migrationspolitik sprechen.

Nicht so schnell, Herr Welzer. Eine Zeitenwende in Europa kann es nur geben, wenn wir über einen Demokratieschub sprechen und die Frage diskutieren, ob wir Elemente der nationalen Autonomie an Europa übergeben könnten, wie der französische Präsident François Mitterrand und der deutsche Bundeskanzler Helmut Kohl uns dies am Beispiel des Euro vorgemacht haben. Frankreich und Deutschland müssen erst recht nach den Erfahrungen der Pandemie Zeichen setzen – da war die Initiative für das Milliarden-Aufbaupaket ein erster Schritt.

Wir verhandeln in diesem Jahrzehnt die Zukunft der Europäischen Union für die erste Hälfte des 21. Jahrhunderts. Es geht um Frieden, Demokratie und eine sozialökologisch-ökonomische Balance. Sich über einen Bundesstaat Europa Gedanken zu machen, ist unerlässlich. Das ist übrigens nicht dasselbe wie eine Republik Europa oder die Vereinigten Staaten Europas. Sich darüber Gedanken zu machen, dass es eine europäische Regierung gibt, die die Interessen der Europäer gegenüber den nationalen Regierungen vertritt, ist unverzichtbar. Solange die nationalen Regierungen in ihrer doppelten Funktion und Identität verhandeln, als Europäer, aber immer auch als Deutsche oder Franzosen oder Italiener, wird es keine europäische Politik geben.

Alles richtig, aber was machen wir nun?

Meine Biografie ist europäisch. Meine Eltern kamen aus Polen. Ich bin in Paris geboren, ich lebe in Deutschland. Zudem bin ich jüdisch, was in Europa nicht gerade ein einfaches Thema ist und in Deutschland erst recht nicht. Ich kann auf diesem Kontinent nur leben, weil es die europäische Idee gibt und solange es sie geben wird. Sie ist die einzige Chance für uns alle, in Freiheit und Frieden zu leben. Nichts Selbstverständliches. Vielleicht ist das eines der größten Probleme, dass auch junge Menschen den Wert von Freiheit und Frieden als etwas Selbstverständliches empfinden. Zur Erinnerung: Nur eine Minderheit genießt diese Privilegien auf dieser Welt. Zur Erinnerung: Auf diesem Kontinent Europa leben immer noch Millionen Menschen in Unfreiheit, in Diktatur. Mit dem Brexit erleben wir alle zum ersten Mal wieder, dass es nicht selbstverständlich ist, grenzenlos in Europa studieren, reisen, arbeiten, leben zu können. Während der Pandemie erlebten wir, dass Grenzenlosigkeit innerhalb Europas nichts Selbstverständliches ist. Plötzlich waren sie wieder da. Grenzen. Nationale Grenzen. Geschlossene Grenzen. Umso mehr gilt es, die europäische Idee zu stärken. Dafür zu werben, dass Inklusion statt Exklusion die Zukunft bedeutet.

Die Werbung gibt es, aber der Zustand war mal besser. Die generationell gelebte Erfahrung ist da. Trotzdem gibt es diesen Erosionsprozess und als Allerschlimmstes die Renationalisierung. Ich fand das wirklich erschreckend, wie in der Pandemie als Erstes die Grenzen zugegangen sind. Um etwas Positives zu sagen: Interessant war die unmittelbare Erfahrung der Bewohner der Grenzregionen, die gesagt haben: Ihr habt doch wohl einen Schaden, diese Grenzen erstens zugemacht zu haben und zweitens sie auch noch ewig geschlossen zu lassen! Wo das als gelebter Raum ohne Grenzen, als tiefe gemeinsame Lebenserfahrung existiert.

Die Grenzregionen sind die Regionen, in denen Europa als Idee eine Realität ist. Das ist nicht nur eine Erzählung, sondern gelebte Erfahrung.

Eben, und da ist ja auch viel Kraft drin. Aber was machen wir denn nun mit diesem Europa?

Wir bauen es aus. Wir bauen es auf. Wir lassen uns nicht entmutigen. Und ja, wahrscheinlich braucht es in Deutschland eine Partei, die als Kernidee Europa repräsentiert wie die SPD die soziale Gerechtigkeit oder die Grünen das Umweltthema.

Ja, aber jetzt haben wir einen heißen Punkt. Den Punkt hast du eben indirekt formuliert: Sie spielen Europa nicht als Modernisierungsvorhaben, als Weiterentwicklungsvorhaben, weil sie Schiss haben, dass ihnen das bei den Wählern keine Punkte bringt. Das gilt für die Ökothematik genauso.

Worauf ich hinaus will mit dieser Zusammenfassung: Im Grunde heißt es doch, dass wir auf der parteipolitischen Ebene und auf der Ebene der politischen Debatten keine Zukunftsthemen haben und sie politisch demzufolge auch nicht gespielt werden. Das ist ja immer derselbe Befund, zu dem wir kommen.

Das wäre die fatalistische Sicht. Meine Perspektive ist, dass Politik und Gesellschaft dynamisch sind und dass Bewegungen wie Pulse of Europe und Fridays for Future bewiesen haben, dass es in der Bevölkerung Unterstützung für die Themen gibt.

Mir ging es darum, das analytisch noch einmal klarzuziehen, dass es bei allen Themen um den Kristallisationskern freiheitliche Demokratie, demokratischer Rechtsstaat, Menschenrechts-Regime geht, dass wir bei jeder Facette, die wir diskutieren, auf denselben Punkt kommen: Es gibt ein Modernisierungsdefizit.

Im Zusammenhang mit Europa ist mir dieser Begriff zu harmlos. Wir befinden uns an einem entscheidenden Punkt, vielleicht sogar an einem *point of no return*. Eine weitere Entdemokratisierung und Renationali-

sierung insbesondere von den großen Mitgliedsstaaten wie Frankreich würde das Projekt existenziell gefährden. Andererseits ist diese Analyse hoch motivierend, um die EU in die andere Richtung zu bewegen, die seit ihrer Gründung angelegt ist: Abbau von Grenzen.

Diese Form von Staatlichkeit, wie sie die liberale Demokratie westlichen Typs repräsentiert, basiert nun mal auf der Idee, dass es eine Zukunft gibt und dass diese Zukunft besser sein kann als die Gegenwart und dass die Aufgabe von Politik darin besteht, diese bessere Zukunft zu gestalten. Das hört sich trivial an, ist aber historisch keine Selbstverständlichkeit. Jetzt buchstabieren wir alle Themen durch und sagen: Ja, ein neues Naturverhältnis wäre ein Zukunftsprojekt, klar. Und eine wichtigere Rolle für die Jugend, natürlich, und eine egalitäre Konzeption von Bildung sowieso. Europa wäre ein Zukunftsprojekt, ja, ganz zweifellos. Es gibt aber niemanden, der wirklich …

Die liberale Demokratie beruht auf der Idee, dass die Zukunft besser sein kann als die Gegenwart.

Niemanden? Stimmt nicht. Und noch ein Hinweis: Die Europäische Union ist nicht Europa. Und Europa ist nicht die Europäische Union. Schade.

Aber lass mich doch mal den Gedanken zu Ende bringen. Der Gedanke, den ich versuche zu finden: Was ist das Gemeinsame unserer unterschiedlichen Themen? Was taucht als gemeinsame Problematik auf? Als gemeinsame Problematik taucht auf, dass das alles zukunftsvergessen ist. Das taucht bei der Klimathematik auf. Das taucht bei Europa auf. Das taucht bei allem auf, was wir diskutieren, bei der Bildungsthematik ganz genauso. Bildung ist eklatant zukunftsbezogen, sonst bräuchte man sie ja nicht.

Geschichtliche Zeitabläufe funktionieren nach einer anderen Zeitrechnung. Hunderte Jahre Identitätsbildungen prägen das kulturelle Gedächtnis und das nationale Gedächtnis. Im Rahmen dieser Erinnerungsarbeit ist Demokratie eine junge Idee. Europa ist erst ein Kleinkind. Der

Euro und Schengen sowieso. Die Rückschläge bedeuten nicht, dass das Projekt keine Zukunft hat, sondern zeigen, wie fragil das Neue ist, wie lange es braucht, um Identität zu dynamisieren, und wie rustikal und etabliert das Alte ist. Dass sich daraus Rückschläge ergeben, gehört zu historischen Modernisierungsprozessen. Dass deswegen der europäische Prozess nicht zukunftsfähig ist, ist daraus jedoch nicht herzuleiten.

Ich empfehle von meiner Playlist: Roxy Music, Song for Europe, 1973.

Noch einmal: In kürzester Zeit sind 27 Nationen mit über 400 Millionen Menschen zu einer politischen Einheit zusammengewachsen. Trotz unterschiedlicher Sprachen, trotz unterschiedlicher Kultur und obwohl sie Kriegsgegner waren.

Optimismus ist Mangel an Information, hat Heiner Müller gesagt.

Ja, das stimmt. Trotz allem: Ich bin ein realistischer Optimist. Pessimismus lähmt.

Aber alles das, was du sagst, so richtig es ist, ist ja nicht einschlägig für die Fragestellung, die ich gegen erbitterte Widerstände von deiner Seite aus hier zu erarbeiten versuche. Bei mir scheint es mittlerweile nach all dem, was wir diskutiert haben, auf der Hand zu liegen: dass wir das ganze Projekt, über das wir nachdenken, an jeder Stelle als Modernisierungsprojekt verstehen und definieren müssen und dass das Problem, das dem entgegensteht, eine restaurative Tendenz in allen Ländern ist, eine Anti-Modernisierungshaltung, eine Konservierungs-Haltung, ein Festhalten am Status quo. Das ist der Gordische Knoten.

Optimismus ist Mangel an Information.

Die Auseinandersetzung zwischen Modernisieren und Restaurieren, zwischen reaktionären und progressiven Konzepten ist ein ununterbrochener historisch-politischer Prozess. Eine nie aufhörende Auseinandersetzung. All das, was wir diskutieren, weist eher darauf hin, dass wir uns mehr anstrengen müssen, mehr werben müssen für das, wofür wir stehen. Kann es sein, dass die letzten Jahre davon geprägt waren, dass politische Debatten primär pragmatisch waren und dabei vergessen wurde, auf welchem politiktheoretischen Fundament wir diese Gesellschaften entwickeln wollen? Dass die Korrelation zwischen Freiheit und Verantwortung nicht deutlich genug verhandelt wurde? Dass wir Demokratie als selbstverständlich empfunden haben? Und dass wir die Gegner der Demokratie nicht ernst genug genommen haben, weil es bedeutet hätte, sich anzustrengen, sich selbst zu hinterfragen, Antworten für sich selbst zu finden, um Antworten für andere entwickeln zu können? Wahrscheinlich haben wir auch den Frieden als selbstverständlich empfunden, obwohl mitten in Europa, in der Ukraine, Krieg ist, obwohl Teile des Kontinents Europa nicht in Frieden leben. Kann es sein, dass uns primär Wachstum und Wohlstand interessierten? Das wäre dann zu wenig gewesen.

Okay. Aber dann lass es doch mal als These so stehen. Es besteht ein ganz starkes Defizit an Zukunftspolitik.

Und an Modernisierungspolitik.

Aber du brauchst für eine Modernisierung die Kategorie »Zukunft«, sonst weißt du nicht, warum du etwas modernisieren sollst.

Worauf ich hinauswill: Die Konstruktion einer solchen Form von Staatlichkeit, über die wir sprechen, ist ja immer unausweichlich äußeren Veränderungsanforderungen unterworfen, weil die Welt sich permanent verändert. Das ist banal. Aber sie kann auf solche Veränderungsanforderungen reagieren, weil sie qua Konstruktion einen inhärenten Modernisierungsfaktor hat. Der basiert darauf, dass es in einer freiheitlichen Ordnung immer die Möglichkeit von Kritik gibt, die politisch einflussreich werden und für Entwicklungsschübe sorgen kann. Das hat Karl Popper in seiner Theorie der Offenen Gesellschaft gut dargelegt. Dieser Modernisierungsfaktor, das ist das eine. Aber jede Gesellschaft muss den nachrückenden Mitgliedern dieselbe Chance geben, die die vorangegangenen erhalten haben. Wenn dieser Generationenvertrag nicht eingehalten oder abgebrochen wird, dann gibt es gesellschaftliche Erosionsprozesse, Konflikte, sogar Gewaltkonflikte bis hin zu Bürgerkriegen. Auch deshalb kommen freiheitliche Rechtsstaaten ohne die Kategorie Zukunft nicht aus. Eine Diktatur der Gegenwart unterminiert ihren Modernisierungsmechanismus, und im Moment sehen wir eine erhebliche Benachteiligung der nachrückenden Generationen, übrigens überall in Europa. Und noch mal: Wir argumentieren nicht moralisch, sondern aus dem Interesse am Fortbestehen und Weiterentwickeln des zivilisatorischen Projektes heraus.

Nicht nur Staaten, Organisationen und Gesellschaften können nicht auf die Kategorie Zukunft verzichten, sondern der Mensch an sich kann es nicht. Hoffnung und Zukunft sind Begriffe, die einander brauchen. Menschen brauchen Hoffnung und damit auch eine Perspektive von Zukunft. Ich argumentiere übrigens sowohl moralisch als auch interessenorientiert. Für mich ist das kein Entweder-oder, sondern ein Sowohl-als-auch. Menschen reagieren auf moralisch-ethischer Ebene weitaus offener und positiver, als man denkt. Allerdings verpuffen diese Effekte schnell. Die Kombination aus ethischen Gründen und der Befriedigung von Interessen ist jedoch langfristiger und nachhaltiger. Ob in Umweltfragen oder in Demokratiefragen muss es im Interesse der Menschen sein, humane Antworten zu erarbeiten. Wie schwierig dieser Prozess ist, zeigte sich 2015, als Millionen Menschen nach Europa flüchteten. Europa hat darauf bis heute keine Antwort gefunden.

Bei dem Thema zeigt sich ein wesentlicher Erosionsfaktor.

Absolut. Aber war Flüchtlingspolitik, war Migrationspolitik, war das Verhältnis zu den Menschen, die in ein Land kommen, im Europa der sechziger, siebziger, achtziger Jahre je wirklich besser? Es ist erschreckend, festzustellen, wie wenig wir uns in dieser Frage verändert haben. Das Narrativ »Es sind die Fremden« reicht aus, um Abwehrmechanismen zu mobilisieren. Selbst innerhalb der Europäischen Union lässt sich dieses Narrativ sofort aktivieren. Für die Briten waren die Fremden während der Brexit-Debatte die osteuropäischen Handwerker, nicht primär die Flüchtlinge. Dem anderen mit Respekt zu begegnen, ist nicht Alltag. Dem sichtbar anderen erst recht nicht. In unserer alternden Gesellschaft ist Migration eine der wichtigsten Voraussetzungen für unsere ökonomische und gesellschaftliche Zukunft. Erschreckend ist, wie viele Abwehrreaktionen dieser Entwicklung im Wege stehen. Wie sehr wir am Anfang sind, zeigt auch das Beispiel der unbegleiteten Flüchtlinge, die in den Flüchtlingslagern auf den griechischen Inseln leben. Unter unmenschlichen Umständen. Mitten in Europa. Sage keiner, er habe es nicht gewusst. Glaube keiner, man könne seine Hände in Unschuld waschen. Die »große humanitäre« Aktion der Bundesregierung, nach monatelangen Verhandlungen wenige Hundert von ihnen aufzunehmen, ist ein Offenbarungseid.

Dem steht gegenüber, dass sich in Europa auch viel Positives getan hat. Millionen Menschen arbeiten in Ländern, die nicht ihre Herkunftsländer sind. Millionen Studierende haben dank der Erasmus-Programme in anderen Ländern studiert. Millionen Familien sind binational und europäisch. Europäische Grenzregionen, das hat die Corona-Krise noch mal demonstriert, sind ökonomisch, persönlich und strukturell zusammengewachsen. Viele Menschen spüren – bei aller Kritik an Europa –, die Vorteile sind größer als die Nachteile. Viele Menschen meinen aber auch, dass Europa tot sei und die Zukunft die Nation ist. Eine posteuropäische Zeitenwende wäre für die nächsten Jahre die größte Gefahr.

Eine posteuropäische Zeitenwende wäre für die nächsten Jahre die größte Gefahr.

Zurück auf Los ist ja mindestens mal eine Position, aus der heraus man eine nächste Chance entwickeln kann. Aber jetzt komme ich mit etwas Positivem: An vielen Stellen war die Welt vor wenigen Jahrzehnten noch in einem schlechteren Zustand als heute.

Aber der bessere Zustand zerbröselt gerade. Wir haben viel zu lange nur Tapeten gewechselt oder neue Farbe an die Wand gestrichen. Hier und da einen Raum hinzugefügt …

… und da ein Klo eingebaut …

… und sogar Lüftungen installiert. Das alles ist unstreitig. Die Frage, die mich beschäftigt, ist, haben wir das Zerbröseln übersehen? Oft sind es nur kleine, fast unsichtbare Risse, die für die Statik eines Gebäudes überhaupt keine Rolle spielen. Man schaut länger nicht hin und es werden Risse, die die Statik bedrohen. Dann bricht ein Gebäude wie ein Kartenhaus zusammen und man ist überrascht, als wäre dies aus dem Nichts gekommen. Reden wir von unbedeutenden Rissen oder von deutlichen Verschleißerscheinungen oder sogar schon von Einsturzgefahr?

Das Bild der nicht mehr stabilen Statik des Gebäudes, während die Tapete noch ganz gut klebt, ließe sich auch so übersetzen: Gesellschaften und die Art und Weise, wie sie in ihren Infrastrukturen funktionieren, haben eine lange Verfallsdauer. Beim Zusammenbruch des Ostblocks und bei der DDR war instruktiv, dass die im Grunde genommen ihr Verfallsdatum schon lange überschritten hatten, bis sie dann mal tatsächlich de facto am 9. November 1989 zusammengebrochen sind, und das eben nicht nach einem gigantischen Systemkrieg, sondern als sei das komplette Gebäude schon lange von Termiten zersetzt gewesen. Eine geopolitische Zentralmacht verabschiedete sich mit einem Totalzusammenbruch, weil das Verfallsdatum schon Jahre überschritten war. Wie T.S. Eliot 1925 schrieb: »This is the way the world ends, not with a bang but with a whimper.« Vielleicht fürchten wir ja auch immer das Falsche.

Gesellschaften und die Art und Weise, wie sie in ihren Infrastrukturen funktionieren, haben eine lange Verfallsdauer.

Europa hat sein Verfallsdatum noch nicht überschritten. Europa ist noch nicht am Ende, wenn überhaupt, dann am Anfang. Die Frage ist, an welchem.

5

WAS IST AN ENTZIVILISIERUNG EIGENTLICH ÜBERRASCHEND?

HW: In den letzten fünf Jahren, und natürlich ganz verschärft in den letzten Monaten, hat sich das politische Klima stark verändert. Aufgekündigte Solidarität, Rassismus, Populismus, Rechtsterrorismus und noch einiges mehr bedrohen das zivilisatorische Projekt der Demokratie. Das gesellschaftspolitische Koordinatensystem hat sich völlig verschoben. Ein Teil davon ist eine Konsensverschiebung nach rechts. Wenn man mir vor fünf Jahren *time-tunnel*-mäßig gezeigt hätte, in welcher Situation wir heute sind, hätte ich mir die Augen gerieben und gefragt: Wie um Himmels willen sind wir da hingekommen? Obwohl ich mich mit Mentalitätsveränderungen und Konsensverschiebungen wissenschaftlich sehr lange beschäftigt habe, hat es mich doch überrascht. Und da sagst du: »Wie kann man über diese Entwicklung überrascht sein?«

MF: Die Vorgeschichte war doch immer sichtbar. Die Frage, die sich stellt, ist: Gab es wirklich fundamentale Mentalitätsveränderungen oder nur oberflächliche? Und von welchen Veränderungen sprechen wir eigentlich?

In der Geschichte dieser Bundesrepublik Deutschland hat in den letzten Jahrzehnten tatsächlich ein Mentalitätswandel stattgefunden. Nicht auf allen Ebenen, nicht bei allen. Er war nicht so fundamental, wie es gerne sowohl in öffentlichen Reden als auch im Alltag beschrieben wird. Viele und vieles blieben in einer Zwischenwelt hängen. Nach dem Motto »Nicht alles war falsch« und »Wir waren nicht so böse, wie es uns unterstellt wird« und gleichzeitig »Wir schämen uns zutiefst für den größten

Zivilisationsbruch der Menschheitsgeschichte« bis hin zu »Wir sind Opfer«. Die einen sagten, Hitler habe ihren Idealismus missbraucht, und die anderen, sie seien die Opfer der Besatzungsmächte. Daneben gab es noch die sehr vielen, die in einem diffusen Nebel zwischen Verdrängung und Wirtschaftswunder ihre eigene Legende stricken wollten.

Ich bin in den sechziger Jahren mit meinen Eltern als kleines Kind nach Deutschland gekommen. Ich habe die Entscheidung meiner Eltern damals nicht nachvollziehen können. Wie konnten wir in das Land der Mörder ziehen? Es war ein trauriger Alltag, in dem ich aufwuchs. Seit ich denken konnte, war ich als Jude markiert worden. In Deutschland erst recht. Judesein bedeutete, dass man definiert und beurteilt wurde, ohne selbst irgendetwas damit zu tun zu haben. Man wurde verallgemeinert, in die stereotypisierten Vorurteile, die den Antisemitismus ausfüllten. Es war ein schwankender Gang auf unsicherem Grund. Mir war bewusst, dass die Idee der Freiheit, der Selbstbestimmung ein zartes, vorsichtiges Versprechen und sehr zerbrechlich ist. So schnell verloren, so schnell zertreten. Ich gehörte nicht dazu. Wie denn auch? Ein »Wir« war unmöglich, weil es bedeutet hätte, zu den Tätern, den Mördern, den Mitläufern zu gehören. Dieses »Wir« sprach von mir, dem Juden, als ein »Ihr«. Ich erlebte den Alltagsantisemitismus. Kleine Stiche hier, größere Stiche dort. Subtile Verletzungen, brutale Verletzungen. Ausgrenzungen. Das Prinzip »Du gehörst nicht dazu« als Subtext. All das erleben viele Minderheiten. Für Kinder hat das etwas Verstörendes, Zerstörendes. Kränkungen, die das ganze Leben prägen.

Zwei Erlebnisse aus dieser Zeit sind mir besonders im Gedächtnis geblieben. Ich war ungefähr zehn Jahre alt und ging auf das Frankfurter Goethe-Gymnasium. Damals waren fast alle Eltern meiner Schulfreunde Lehrer, Polizisten, Straßenbahnfahrer, Lebensmittelhändler, sie alle waren verstrickt in die jüngste Vergangenheit. Die Zeit zwischen 1933 und 1945 haben sie entweder als Jugendliche oder junge Erwachsene erlebt. Ihre Eltern, Onkel, Tanten und ihre Großeltern waren zum Großteil Mitglieder der NSDAP oder Anhänger und Bewunderer von Adolf Hitler gewesen. Meine Schulfreunde kamen gerne zu uns nach Hause. Auffallend war, dass ich so gut wie gar nicht zu ihnen nach Hause eingeladen wurde. Das kränkte mich. Aus einer Mischung von Scham und Stolz fragte ich sie nicht nach dem Warum. Erst später verstand ich, dass ich als das einzige jüdische Kind in unserer Klasse, dessen Eltern den Holocaust überlebt hatten, eine Bedrohung, jedenfalls eine Irritation in ihrem trauten Heim gewesen wäre. Sie hatten sich eingerichtet, ihre Biografien gereinigt, die Vergangenheit unter den Teppich gekehrt. Meine Anwesenheit wäre eine Gefahr gewesen, dass dieses Kartenhaus durch eine unbedachte Frage oder Bemerkung zusammenfallen könnte. Später saß ich mit diesen Schülern, die inzwischen Studenten geworden waren, in der Universität und fragte sie, während wir uns über Politik unterhielten: »Sag mal, was hat eigentlich dein Papa, dein Großvater oder deine Tante im ›Dritten Reich‹ gemacht?« Einige konnten erzählen, die meisten jedoch zuckten mit den Schultern und sagten, dass sie nichts wüssten.

Das Gift des Schweigens vergiftete die Kinder der Täter. Es vergiftet ihre Enkelkinder immer noch. Für die Kinder der Nazigeneration war die Einordnung und Reflexion, das Verstehen und Fühlen dessen, was die Generation ihrer Eltern getan hatte, letztendlich nur möglich, wenn sie auch gemeinsam über die Familiengeschichte gesprochen haben. Müsste man nicht sagen »hätten«? Denn die wenigsten haben darüber gesprochen. Geschichte ist immer auch Familiengeschichte. Das kommunikative Gedächtnis, also die Geschichtserzählung zwischen drei Generationen, bekam einerseits zu wenig Nahrung oder andererseits sogar falsche Nahrung. Den Kindern wurden Legenden erzählt, nach denen ihre Familie nicht zu der Täterseite gehörte, weder durch Mitmachen noch durch Wegsehen, sich nicht schuldig gemacht hatte, ja sogar Opfer war.

Mehr noch: Wir konnten in unserer Studie *Opa war kein Nazi. Nationalsozialismus und Holocaust im Familiengedächtnis* zeigen, dass die Enkelgeneration ein großes Bedürfnis hat, aus ihren Großeltern Widerstandskämpfer oder stille Helden zu machen. Obwohl diese selbst ihr oft ganz gegenteiliges Handeln gar nicht besonders problematisch fanden. Das ist aber nicht nur negativ: Denn immerhin zeigte sich darin, dass die Enkelinnen und Enkel sehr gern wollten, dass ihre Großeltern keine Nazis gewesen wären! Sie mussten gewissermaßen als Anti-Nazis neu erfunden werden, damit sie geliebte Menschen bleiben konnten. Insofern war die Studie ein Beleg dafür, dass sich erstens der Umgang mit der Geschichte in den Generationen unterscheidet und zweitens die Enkelgeneration alles negativ betrachtete, was mit dem Nationalsozialismus zu tun hat. Interessant war damals, als das Buch 2002 erschien, die panische Reaktion in den Medien: »Hat der Geschichtsunterricht versagt?« Hatte er aber nicht. Gerade weil er funktioniert hat, mussten die Enkel ihre Omas und Opas neu erfinden. Allerdings hast du recht, wenn du auf den Konflikt zwischen Familiengeschichte und offizieller Geschichtserzählung hinweist und auf das, was in Familien eben nicht erzählt oder, wie wir zeigen konnten, nicht gehört wird, selbst wenn es erzählt wird.

Diese gestörte Kommunikation zwischen den Generationen nahm den jungen Menschen die Chance auf eine inhaltliche wie auch emotionale Verarbeitung – auf ein Sich-in-Beziehung-Bringen. Dieses Defizit wurde auch den Enkelkindern, diesmal sowohl von den immer noch schweigenden Großeltern als auch von den in dieses Schweigen mitverstrickten Eltern, vermittelt. Der großartige Ralph Giordano warf der Nazigeneration vor, dass sie durch dieses Verhalten eine »zweite Schuld« auf sich geladen habe: das Schweigen. Er schrieb: »Verdrängung und Verleugnung der ersten Schuld und der Hitlertaten nach 1945 [waren] nicht nur rhetorisch und moralisch, sondern tief institutionalisiert durch den ›großen Frieden‹ mit den Tätern.« Dies könnte einer der Gründe sein, warum wir bis heute nicht fundamental in diesen Fragen weitergekommen sind.

Kannst du das präzisieren?

Betrachten wir die Gründung der Bundesrepublik Deutschland, muss noch einmal daran erinnert werden, dass es in diesem Zeitraum ein Entnazifizierungsprogramm gegeben hat, das seinen Namen nicht verdient. Viele engagierte Nazis sind durch diese Programme durchgerutscht, auch führende. In den mittleren und unteren Ebenen wäre, hätte man dieses Programm ernst genommen, die Anzahl derjenigen, die die Bundesrepublik Deutschland neu aufgebaut hätten, eine *quantité négligeable* geworden. Dieses Programm war der Versuch, Millionen Menschen zu ermöglichen, sich weder mit der eigenen politischen Verantwortung noch der der anderen zu beschäftigen, sondern als »Über-Nacht-Demokraten« ein neues Kapitel aufzuschlagen. Übrigens: eine Demokratie, die von der deutschen Bevölkerung nicht aus eigenem Willen entwickelt wurde, sondern die ihr von den westlichen Alliierten aufgezwungen wurde. Dass in diesem Zusammenhang auch ein führender Nazi wie Hans Globke unter Adenauer Chef des Bundeskanzleramtes wurde, ist zwar ein Skandal, aber eigentlich folgerichtig. Es gehörte zu den falschen Integrationssignalen, die der Bevölkerung mitteilen sollten: Macht euch keine Sorgen, das Vertuschen, die Legendenbildungen werden nicht aufgedeckt. Natürlich war das auch im Sinne der Alliierten, ein Ergebnis von Realpolitik. So viele Deutsche waren Klein- und Großverbrecher, dass, wenn man konsequent moralische und rechtliche Ansprüche umgesetzt hätte, man Massengefängnisse hätte bauen müssen. Stattdessen gab es eine zweite Chance. Gleichzeitig wurde ein Verdrängungsprozess offiziell verstärkt, ein wirklicher Aufarbeitungsprozess fand kaum statt. Da war die Rede von der »Stunde null«, da war die Rede von »Wir haben schon genug bezahlt«. Die Nichtaufarbeitung erstreckte sich gleich nach der Gründung der Bundesrepublik wie ein Netz des Vergessens über alle Institutionen. Die bundesdeutsche Justiz war auf dem rechten Auge deswegen blind, weil zahlreiche Richter und Staatsanwälte im Amt geblieben waren. Weil es nicht erwünscht war, in öffentlichen Gerichtsprozessen der deutschen Bevölkerung zu zeigen, wie viele Verbrechen von Deutschen begangen wurden. Nicht einmal 0,5 Prozent der in den Konzentrationslagern arbeitenden Deutschen wurde ein Verfahren angedroht, die Verurteilungen sind nicht der Rede wert. Der Auschwitzprozess blieb die große Ausnahme. Gerichtsurteile sind aber deswegen

Ein wirklicher Aufarbeitungsprozess fand kaum statt.

wichtig, weil sie Orientierung und Einordnung anbieten. Wurden aber kaum Menschen angeklagt, gar verurteilt, dann konnte doch die Unterstellung, dass Deutsche Schuld auf sich geladen hätten, nur eine Erfindung des »Weltjudentums« gewesen sein. Die politischen Debatten waren jahrzehntelang geprägt von dieser Legendenerzählung, von Verdrängung, von Schweigen. Gleichzeitig betonten die Handelnden, wie großartig Demokratie sei, dass das Grundgesetz und vor allem Artikel 1 »Die Würde des Menschen ist unantastbar« Leitmotiv allen politischen Handelns sein solle. Da geschichtliche Realität und politischer Anspruch nicht miteinander verknüpft wurden, kam und kommt es bis heute zu gefährlichen Zwischentönen, Heucheleien und einer Doppelmoral, die diesen Diskurs begleiten. Natürlich wurde dies alles auch öffentlich diskutiert und reflektiert. Natürlich gab es viele Menschen, die sich anders positioniert und die Grundrechte in diesem Land aus tiefer Überzeugung und mit großer Authentizität implementiert haben. Dass dies allerdings nicht gereicht hat, erleben wir – scheinbar überrascht – bis heute.

Wir müssten an dieser Stelle auch über die DDR sprechen. Da galt eine andere Vergangenheitspolitik als in Westdeutschland.

Richtig, die Wiedervereinigung hat eine weitere Dimension zur Aufarbeitung des Nationalsozialismus hinzugefügt. Millionen deutsche Menschen wurden nach 1945 in einem Staat sozialisiert, der sich den Titel »das antifaschistische Deutschland« selbst verliehen und sich selbst damit verziehen hat. Damit wurde eine exkulpierende Schutzmauer errichtet, die es sowohl der DDR als auch deren Bürgerinnen und Bürgern ermöglicht hat, so wenig wie möglich über ihre Nazibiografien nachzudenken. Mehr noch, sie waren die »Anständigen«, waren die »Opfer des Faschismus«, sie waren die »guten« Deutschen. Als ob in Ostberlin die Synagogen nicht genauso gebrannt hätten wie in Westberlin. Auch dort blieb das Gift des Judenhasses und des Rassismus aktiv. Wir müssen feststellen, dass in beiden Teilen des wiedervereinten Deutschlands diese menschenverachtende Erfolgsgeschichte sogar gewachsen ist. Die AfD, die Partei des Hasses, ist das erschreckende Ergebnis einer Gegenwart, in der Millionen Menschen, wissend, was sie tun, einer demokratie- und menschenverachtenden Partei ihre Stimme gegeben haben. Deswegen müssen wir unzählige Fragen neu verhandeln. Will unsere Gesellschaft eine demokratische sein? Sind für uns Menschenrechte und Menschenwürde unverhandelbar? Wollen wir mehr Demokratie? Was ist wichtiger, Freiheit oder Sicherheit? Freiheit oder Gleichheit? Menschenrechte oder Sicherheit? – Dieser Gegensatz wird in der Flüchtlingsdebatte diskutiert. Oder, wie aktuell in der Corona-Krise: Was ist wichtiger, Freiheit oder Gesundheit? In diesem Jahrzehnt, also den zwanziger Jahren müssen wir Verhandlungen führen, um eine Politik und Gesellschaftsentwürfe zu realisieren, die dem Menschen und seinen Freiheitsrechten mehr Sicherheit geben.

Ich würde dir in der historischen Analyse zustimmen, sie hat nur den Haken, dass sie zu kognitivistisch ist. Du hast ein zu großes Vertrauen darauf, dass die Leute etwas denken, wenn sie etwas tun. Sie denken viel weniger, als wir Intellektuelle glauben – was im Übrigen auch für uns selbst gilt. Das So-Sein der Welt und der Verhältnisse, in denen man lebt, definiert praktisch, was richtig und was falsch ist. Das funktioniert nicht über kognitive Schleifen, vieles ist, wie man sagt, »nun mal so«.

Was Menschen denken und tun, ist eingebettet in einen Verflechtungszusammenhang.

Was Menschen denken und tun, ist eingebettet in einen Verflechtungszusammenhang. Indem Menschen aus partikularen Gründen irgendwelche Dinge tun, kommt es zu einem Ergebnis, das man kulturwissenschaftlich, sozialpsychologisch und historisch untersuchen kann. Aber umgekehrt lässt sich dieses Ergebnis nicht auf ein individuelles Motiv zurückrechnen. Das ist ein Fehler, den die Psychologie genauso gern macht wie die Geschichtswissenschaft.

Wer wie ich einer Minderheit angehört, weiß, dass er sich auf das Kognitive allein und primär nicht verlassen kann. Wie Sigmund Freud schon sagte, ist Hass ein archaisches Gefühl. Das Weltbild der Hassenden ist eindimensional. Carolin Emcke formuliert das treffend in ihrem Buch *Gegen den Hass*: »Denn das müssen die Hassenden sein: sicher ... Um zu hassen, braucht man absolute Gewissheit.« Zu glauben, dass man mit einem Rassisten diskutieren kann, ist ein selbstmörderisches Missverständnis. Nichtsdestotrotz ist eine Auseinandersetzung mit Rassisten nur auf emotionaler und nicht auf kognitiver Ebene unzureichend. Vor allem, wenn sich diese Auseinandersetzung weniger um die existierenden Menschenhasser dreht als um die Frage, wie man den Hass bei zukünftigen Generationen unterbinden kann. Erkenntnis kann es nur geben, wenn Ursachen und Wirkungen benannt und in ein Verhältnis zueinander gestellt werden.

Aber das Soziale ist nicht nach Kausalitäten strukturiert, sondern nach Beziehungen. Da gilt nicht Ursache und Wirkung, sondern Verflechtung, Wechselwirkung, Eigensinn, alles Mögliche.

Aber vielleicht stimmst du zu, dass Biografien der Schlüssel sind, um das Sichverstehen zu ermöglichen. Dies gilt gesellschaftspolitisch ebenso. Festzustellen ist: Nach 1945, bis heute, wurde der Nationalsozialismus, die Shoah, der strukturelle Judenhass und die Verstrickung von Millionen Biografien besonders emotional unterdrückt. Insbesondere in Familien wurden Fragen nach der Vergangenheit, wenn zum Beispiel ein Kind seine Eltern fragte »Was hast du eigentlich im ›Dritten Reich‹ gemacht?« oder »Von wem ist eigentlich das Bild, das an unserer Wohnzimmerwand hängt?« oder »Wem gehörte eigentlich früher das Geschäft, das heute uns gehört? Den Juden?«, ignoriert und nicht beantwortet. Auch politische Themen – zum Beispiel die Wahlerfolge von NPD oder Republikanern, Enthüllungen wie bei Bundeskanzler Kiesinger oder Ministerpräsident Filbinger, die Selbstenthüllung von Günter Grass, der dann doch irgendwie ein Teil des NS-Systems war – wurden mit einer gelernten Routine zwar diskutiert, aber führten nicht zu den notwendigen Erschütterungen. Wenn die Explosionen nicht mehr zu übersehen waren, es also Anschläge auf jüdische Institutionen oder Menschen gab, dann kamen die gelernten Sätze wie »Nie wieder«, »Wehret den Anfängen«, »Wir haben gelernt«, »Wir schämen uns«. Nicht immer, nicht von jedem, aber viel zu oft blieben es leere Floskeln, ritualisierte Hilflosigkeit oder gar Gleichgültigkeit. Festzustellen bleibt allerdings, dass es nicht zu ausreichenden Handlungskonsequenzen geführt hat. Nicht zu einer fundamentalen, ernst zu nehmenden Debatte. Bis heute nicht.

Im Ergebnis ist es sogar noch schlimmer, weil diese Form der ritualisierten Erinnerungspolitik Teil des Problems ist.

Aber deswegen ist sie so ritualisiert, damit das Problem jedenfalls für diejenigen, die verdrängen, nicht so schmerzhaft wird. Das Ritual ist hier also ein Mittel zum Zweck.

Ich versuche es noch mal zuzuspitzen: Ich habe etwas gegen den Begriff der Verdrängung in diesem Zusammenhang, weil der Begriff der Verdrängung voraussetzt, dass es erst mal eine psychische Notwendigkeit gibt, etwas zu verdrängen. Das Problem könnte noch viel schlimmer sein, nämlich, dass es für die allermeisten psychisch gar keine Notwendigkeit gab, das, was im Nationalsozialismus und im Holocaust getan wurde, zu verdrängen. Ich kann da eine Hausfrau aus Walter Kempowskis Sammlung *Das Echolot* zitieren, die gefragt wird, ob sie mal Hitler gesehen habe. Antwort: »Nein. Unsereiner kam da nicht ran. Wir haben nur die Schuld dafür gekriegt.« Da liegt gar keine psychologische Notwendigkeit für die mühsame Operation der Verdrängung vor. Wo keine Schuld empfunden wird, muss auch kein Schuldgefühl verdrängt werden.

Diese Form der ritualisierten Erinnerungspolitik ist Teil des Problems.

Wir können noch radikaler denken. Wer weiterhin der Meinung war, dass er zu Recht Antisemit ist, musste nicht verdrängen, sondern sich nur verstellen. Nicht er, der Judenhasser, der Hitler-Anhänger, ist ein Geisterfahrer, sondern die, die ihm im Wege stehen. In der europäischen Geschichte ist der Judenhass das Alltägliche gewesen. Das Christentum hat fast 2000 Jahre den religiösen Judenhass legitimiert und legalisiert. Es ist erst wenige Jahrzehnte her, dass mit dem Zweiten Vatikanischen Konzil die Lüge aufgegeben wurde, dass Juden die Jesusmörder waren. Auch in der evangelischen Kirche fand die Umkehr erst nach 1945 statt. Nichtsdestotrotz ist dieser vom Christentum gesetzte Hass, unabhängig davon, ob man gläubig ist oder nicht, in das kulturelle Gedächtnis der europäischen Kultur und Identität übergegangen. Übrigens: Wer heute vom christlichen Abendland spricht, sollte sich daran erinnern, dass dieses den Judenhass inkludiert. Wenn die politische oder religiöse Macht den Judenhass legitimiert, gibt es in der Bevölkerung kaum mehr Unrechtsbewusstsein.

Das zeigt die ganze Tragweite. Es gibt von Alfred Schütz, der originellerweise Bankier, Philosoph und Begründer der phänomenologischen Soziologie zugleich war, den Begriff der *assumptive world*: Das bezeichnet die Welt, die immer schon da ist, die wir als selbstverständlich voraussetzen und die wir als solche nie reflektieren, etwa so, wie Fische vermutlich nicht über Wasser nachdenken. Diesen Begriff finde ich instruktiv. Wir alle leben in Welten, in denen die meisten Bestandteile gar nicht hinterfragt werden, sondern das ist einfach das Weltverhältnis, in dem man sich befindet. Das ist gewissermaßen das ungewusste Wissen, die *unknown knowns*. Dass es Ungleichheit gibt, dass es bestimmte Haltungen gegenüber anderen gibt, wer das jeweils dann auch immer ist, so etwas ist vorreflexiv eingelebt. Das ist etwas, was man nirgends kognitiv »lernt«, was man aber trotzdem »weiß«. Das ist das Problem. Wir haben darüber schon im Zusammenhang mit der Bildung gesprochen.

Der Judenhass ist konstitutiv, weit über das hinaus, was man nationale Identität nennt.

Dann gehört der Judenhass zu dieser *assumptive world*. Der Judenhass ist konstitutiv, weit über das hinaus, was man nationale Identität nennt. Er gehört zur kulturellen Identität Europas. Er ist grenzenlos. Die Idee, den Judenhass als eine »Weltverschwörungstheorie« zu konstruieren,

macht ihn zu der ersten globalen Erzählung überhaupt. Diese Idee ist subkutan so verankert, dass sie sich von den Bewusstseinsebenen abgekoppelt hat. Diese tradierte Selbstverständlichkeit des Hasses führt dazu, dass der Hass nicht einmal vom Hassenden wahrgenommen wird, sondern als ein gegebenes, selbstverständliches und mit vielen geteiltes identifikationsstiftendes Element existiert. Theodor W. Adorno spricht vom »Gerücht über die Juden«.

Ich erzähle jetzt mal eine Geschichte dazu, die das sehr gut verdeutlicht. Es gibt in Niedersachsen die sogenannte Immaturen-Prüfung. Das ist eine Möglichkeit, ohne Abitur studieren zu können, eine sogenannte fachgebundene Hochschulreife. Man muss dazu mehrere Prüfungen ablegen. Wir waren in Hannover mit dem Fach Psychologie daran beteiligt. Ich habe als Prüfungsthema immer »Die Psychologie des Vorurteils« von Gordon Allport vorgegeben. Ein Klassiker der Psychologie, gut verständlich und man kann es direkt im Alltag anwenden. Ein VW-Arbeiter, der nun der höheren Bildung zustrebte, legte seine Prüfung dazu ab. Er referierte eins A, wie Vorurteile wirken, er konnte ganze Beispieldialoge, zum Beispiel zur Funktionsweise des Antisemitismus, aus dem Buch glänzend vortragen und viele Anwendungsbeispiele nennen. Danach habe ich ihn gefragt: »Aber warum denn ausgerechnet die Juden?« Und da sagt er: »Das ist doch klar, das sind die mit dem Geld und der Macht.« Und dann ließ er das ganze antisemitische Repertoire vom Stapel. Die Prüfungskommission saß völlig fassungslos da, es war der performative Widerspruch an sich. Kognitiv hatte der alles drauf, war aber ein Antisemit durch und durch und hatte nicht die geringste Hemmung, das zum Besten zu geben. Das war eine irre Geschichte. Auch weil die Prüfungskommission hinterher natürlich ein Riesenproblem hatte: Wie geht man denn jetzt mit dem um? Die anderen Prüfer, aus dem Bereich der Pädagogik, rechneten ihm an, dass er sich Mühe gegeben und sich den Stoff komplett angeeignet hatte. Sie meinten, sie könnten seine Ansichten nicht negativ auf die Prüfungsleistung anrechnen.

Dein Beispiel zeigt fürchterlich-wunderbar, was zu Tausenden Malen auch in unserer Gegenwart passiert. Rassisten werden nicht gestellt. Nicht als solche demaskiert. Dies zu tun, würde voraussetzen, dass man eine eigene Haltung nach innen entwickelt und nach außen manifestiert. Einen Konflikt beginnt und ihn bis zum Schluss aushält. Sein Gesicht zu zeigen. Wenn also die Kollegen aus der Pädagogik argumentieren, dass er sich Mühe gegeben und den Stoff gelernt habe und diese Leistung höherstellen als die Tatsache, dass Antisemitismus gerade in einer Prüfung der Geisteswissenschaften zwingend dazu führen müsste, dass jemand die Prüfung nicht besteht, erkennt man, dass die Prüfenden den Ansprüchen einer demokratischen Identität nicht gerecht werden. Wer einen Menschen, der die Würde missachtet, ein Examen bestehen lässt, missachtet damit die Würde des Menschen auch. Auch heute suchen wir noch nach exkulpierenden Aspekten für Rassisten und Antisemiten, versuchen, die Motive herauszufinden, versuchen, sie zu verstehen, und billigen den Betreffenden zu oft zu, es nicht so gemeint zu haben. Eine ähnliche Symptomatik entwickeln wir auch bei Wählern und Wählerinnen der AfD. Indem wir sie als »Protestwähler« kategorisieren, verharmlosen wir, nehmen wir Verantwortung von ihnen weg und entlasten uns damit selbst, darauf reagieren zu müssen.

Lass mich die Geschichte noch zu Ende erzählen. Also, es ging darum, ob man seine Ansichten getrennt vom Prüfungsstoff sehen kann. Man müsse doch in irgendeiner Weise das Kriterium der Prüfung und seine Leistung in Rechnung stellen. Ich habe dann gesagt: Aber Transfer gehört dazu, und er ist nicht in der Lage, das, was er sich angeeignet hat, auf reale Zusammenhänge anzuwenden, deshalb bin ich dagegen, ihn durchkommen zu lassen.

Wie ist das Ganze zu Ende gegangen?

Die anderen haben sich durchgesetzt, der Typ hat sein Studium begonnen und hat nach anderthalb Semestern hingeschmissen.

Er hätte nie diese Prüfung bestehen dürfen.

Natürlich nicht.

Und was hat das mit dir gemacht? Auch wenn du widersprochen hast, hast du die Geschichte nicht weiterverfolgt und versucht, den Skandal rückgängig zu machen? Die anderen haben sich durch ihre Entscheidung aktiv verstrickt. Du hättest das öffentlich und streitig stellen können. Vielleicht wäre dann die Entscheidung rückgängig gemacht worden. Hätte man dafür mutig sein müssen, Harald?

Na ja, meine Geschichte geht so, dass das eines von den ganz vielen Bausteinchen gewesen ist, die mich zu der Zeit und vorher beschäftigt haben, nämlich genau diese Differenz zwischen dem, was kognitiv oder auf der Ebene des kulturell Erwartbaren präsentiert wird, und dem, was auf der persönlichen Ebene gelebt wird. Und dass das gelebte Leben von den Kognitionen gewissermaßen gar nicht erreicht wird. Es gehört zu den Mythen der Wissenschaft und auch der Aufklärung, dass da eine Kongruenz besteht.

Was du gerade beschreibst, ist eine rationale, eine reflektierte Aussage. Meine Frage geht in eine andere Richtung. Die anderen haben gesagt: »Lass mal gut sein«, »Lass mal fünfe gerade sein«, »Lass die Kirche mal im Dorf«. Ich kenne diese »Argumentationen«. Mir wurde zugebilligt, dass ich nicht lockerlassen konnte. Die anderen meinten, dass mein Verhalten biografisch erklärbar sei, und zeigten Verständnis dafür. Nicht selten bezeichneten sie mich als »übersensibel« – wofür sie ja Verständnis hätten. Ich schaute dann im Duden nach dem Wort »übersensibel« und fand es nicht. Ich kam dann auf den Begriff »untersensibel«. Ich merkte schnell, dass es dieses Wort in der deutschen Sprache auch nicht gibt. Man ist eben entweder sensibel oder nicht. Indem man mich als »übersensibel« bezeichnete, war ich gleichzeitig exkludiert. Auch bei deinem Beispiel wäre die kollegiale und gute Stimmung mit Sicherheit gekippt und die Frage bleibt, wie übrigens bei Millionen anderen alltäglichen Beispielen, lasse ich es jetzt gut sein oder gebe ich nicht auf. Wie verändert es diese Gruppe, den Prüfungskandidaten, mich und ein Gesellschaftssystem, wenn solche Konflikte auf diese Weise nicht verhandelt werden, also implodieren? Die Veränderungen der Koordinatensysteme aller Beteiligten führen zu kleinen Vulkanen, die erst unbemerkt brodeln und von Zeit zu Zeit ausbrechen. Meist an der falschen Stelle.

Die Vulkan-Metapher ist insofern angebracht, weil man halt nie sicher weiß, wann sie ausbrechen ...

... und wir wissen, dass der Vulkan, über den wir sprechen, nie erloschen ist.

Das Problem ist, dass wir eine wunschgetriebene Sicht auf das Thema haben. Ich habe lange gedacht, dass sich da etwas über die Zeit hinweg gewissermaßen versendet, dass über zwei oder drei Generationen die *assumptive world* sich so stark verändert hat, dass es diese Form von Ressentiments, von Antisemitismus und so weiter in dieser Virulenz nicht mehr gibt. Kurz, ich hatte gehofft, dass der Vulkan weiter abkühlt. Aber Norbert Elias, einer meiner soziologischen Überväter, würde sagen, das ist halt wunschgetrieben. Es ist nicht phänomenologisch präzise beobachtet, sondern das ist der Wunsch.

Wir wissen, dass der Vulkan, über den wir sprechen, nie erloschen ist.

Wie konntest du das denken? Warum hast du so gedacht? Du bist ein Mensch, der klug und gebildet ist und sich mit dem Thema fast ein ganzes Leben lang beschäftigt hat. Ob das jetzt der Judenhass ist, das Verhalten von Menschen im Nationalsozialismus oder der Rechtsextremismus in unserer Gegenwart oder der Rassismus. Ich kenne viele wie dich, die mir auch sagten und sagen, dass die Vulkanausbrüche sie überraschen. Mich überrascht es jedes Mal wieder, dass Menschen wie du überrascht sind.

Dann gib's mir jetzt mal!

Ich will es dir nicht geben. Ich stelle mir nur die Frage, wie es kommen kann, dass selbst Menschen wie du nicht anerkennen wollen, dass der

Judenhass eine strukturelle Identität unserer Gesellschaft ist und dass strukturelle Probleme nicht in zwei, drei Generationen verschwinden. Ich will nur ein paar wenige Beispiele benennen, die es eigentlich unmöglich machen müssten, davon überrascht zu sein, dass in unserem Land ein nicht zu unterschätzender Teil unserer Bevölkerung den Hass offen auslebt. Seit über 30 Jahren stehen vor jüdischen Institutionen wie Kindergärten und Schulen schwer bewaffnete Polizisten. Weißt du eigentlich, wie es sich anfühlt, sein Kind oder sein Enkelkind in eine Bildungsinstitution zu begleiten und zuzusehen, dass diese Kinder wie selbstverständlich diese Polizisten als einen Teil ihres Lebens wahrnehmen und die damit implizierte Aussage, man wolle diese Kinder töten? Nehmen wir ein weiteres Beispiel: Die Anschläge in Mölln, Solingen, Rostock, Hoyerswerda oder auf dem Münchner Oktoberfest. Oder denken wir an Thilo Sarrazin und sein Buch *Deutschland schafft sich ab,* das von Millionen Menschen gelesen und gefeiert wurde. Oder nehmen wir die AfD und ihren millionenfachen Erfolg. Wie oft kann man eigentlich überrascht sein oder beschämt? Mich irritiert, dass viele engagierte Menschen formulieren, dass sie so etwas in Deutschland nach Hitler nicht für möglich gehalten hätten. Seit ich hier lebe, gab es keinen Tag ohne Alt- und Jungnazis, gab es keinen Tag ohne Sympathisanten- und Unterstützerkreis, in den Medien, im Wirtschaftssystem, in allen relevanten Orten dieses Landes. Und es gab immer wieder einen Teil der jungen Generation, der das weitergetragen hat. Inklusive Rechtsterrorismus. Man kann deutlich identifizieren, dass neben dem Antisemitismus ein systemischer Rassismus in der Bundesrepublik Deutschland besteht. Wer keine weiße Hautfarbe hat, keinen »deutschen« Namen trägt, ist mit alltäglichen Diskriminierungserfahrungen konfrontiert. Es sind die kleinen, die stillen, die »unauffälligen« Alltagsmomente, die besonders gefährlich sind. Dass scheinbar unsichtbare Gift der Verachtung ist deswegen umso gefährlicher, weil es durch seine millionenfache Wiederholung ein Teil der Alltagskultur wird.

Mich überrascht es jedes Mal wieder, dass Menschen überrascht sind.

Die Frage ist, ob das alles – entschuldige das beknackte Wort – identitätskonkret ist. Der Angriff wird von denen nicht empfunden, denen er nicht gilt. Das ist ein kardinales Problem der Demokratie und der Offenen Gesellschaft. Eigentlich trifft ja alles, was du eben aufgezählt hast, das Ganze und damit jede Einzelne und jeden Einzelnen, ob er oder sie nun jüdisch ist oder Atheist oder was auch immer. Aber dieses Empfinden ist nicht vorhanden oder heruntergedimmt, wenn ein Angriff oder ein Ressentiment scheinbar nur »jemand anderem« gilt. Ich kapiere gerade, dass hier ein ganz grundsätzliches Problem liegt. Wie lernt man, sich gemeint zu fühlen, obwohl der Angriff scheinbar »nur« jemand anderem gilt? Genau darin reproduziert sich ja die Unterscheidung zwischen »wir« und »sie«. Darauf werden wir noch weiter zu sprechen kommen.

Noch mal kurz zurück zu deiner vorherigen Frage, wie ich mit dieser Beispielsituation umgegangen bin, mit diesem antisemitischen Immaturenprüfling. Was mich damals interessiert und auch betroffen hat, ohne dass ich genau sagen könnte, warum eigentlich, war tatsächlich diese maximale Differenz zwischen der kognitiven Ebene und dieser subkutanen *assumptive world*-Ebene. Das war für mich auch der Grund für das Projekt zum Familiengedächtnis, aus dem dann das Buch *Opa war kein Nazi* wurde. Wesentlich in dieser Studie war, welche Auffassungen, Bilder und Vorstellungen vom »Dritten Reich« in Gesprächen zwischen den Generationen weitergegeben werden.

Eine weitere Beobachtung in diesem Zusammenhang hatte ich an den damals bei uns zahlreichen sogenannten Seniorenstudenten gemacht: Die waren, was die Faktizität der Geschichte des Nationalsozialismus anging, reflektiert und informiert. Wenn sie aus irgendeinem Grund in ihrer eigenen historischen Erfahrung angesprochen waren und zum Beispiel von ihrer Zeit bei der HJ erzählten, war alle Reflexion dahin und sie berichteten mit leuchtenden Augen vom Zeltlager und vom Segelfliegen. Das sind zwei ganz unterschiedliche Ebenen: Geschichtswissen und Geschichtsgefühl. Ich glaube auch nicht, dass das Oberflächen-Narrativ tatsächlich irgendwas anrichtet. Das trifft nur die eine Ebene. Insofern hast du vollkommen recht zu sagen: Wie kannst du denn überrascht sein? Das macht ja gar keinen Sinn, gerade wenn man zu der Thematik geforscht, eine Theorie entwickelt hat, die diese Differenz zwischen gelebter Geschichte und kognitiv angeeigneter Geschichte aufzeigt. Zumal dabei deutlich wurde, dass die transgenerationell gelebte Geschichte die deutlich prägendere ist. Darin liegt ja übrigens auch eine fundamentale Aufklärungskritik.

Andererseits ist das ja alles nicht statisch. Im Verhältnis zur politischen Gegenwart und auch zur Selbstdefinition der jüngeren Generation hat sich in der Geschichte der Bundesrepublik eine Menge verändert. Wir sind ja nicht mehr in der Ära Adenauer. Wir hatten diverse geschichtspolitische Skandale. Doch offensichtlich war diese Veränderung nicht so fundamental, wie es nützlich gewesen wäre.

Im Verhältnis zur politischen Gegenwart und auch zur Selbstdefinition der jüngeren Generation hat sich in der Geschichte der Bundesrepublik eine Menge verändert.

Wie hätte denn diese Veränderung auch so fundamental sein können, ohne biografische Selbstverteidigungen zu entlarven? Zum Beispiel lautet ein Narrativ: Ich konnte damals in der Nazidiktatur nichts machen. Was kann denn der Einzelne gegen »die da oben« machen? Was hätte ich denn in Hitlerdeutschland tun können? Und schließlich: Ich hätte dann ja auch mein eigenes Leben und das meiner Familie riskiert.

Über 50 Mitglieder meiner Familie sind von den Deutschen ermordet worden. Ich wurde auf einem Friedhof geboren. Meine Eltern sind von Oskar Schindler gerettet worden. Als wir in den sechziger Jahren nach Frankfurt kamen, habe ich Oskar Schindler, der in dieser Stadt lebte, kennengelernt. Er kam oft zu uns zum Schabbat-Abendessen nach Hause. In Frankfurt, in Deutschland, wurden weder er noch die wenigen anderen, die ihrem menschlichen Kompass gefolgt sind und Menschen gerettet haben, gewürdigt. Im Gegenteil: Er galt als »Judenfreund« und Verräter. Keine Rente, kein Bundesverdienstkreuz, keine mediale Anerkennung, nichts. Ich dachte mir, eigentlich müsste diese Bundesrepublik Deutschland solche Lebensretter auf Händen tragen, als Vorbild öffentlich loben. In der Gedenkstätte Yad Vashem wurden Menschen wie Oskar Schindler als menschliche Helden geehrt. Als ich älter wurde, verstand ich, warum dies in Deutschland nicht der Fall war. Oskar Schindler war der lebendige Beweis, dass der Satz, man habe doch nichts tun können, eine Lüge, eine feige Ausrede war. Wenn er in den Jahren 1944 und 1945 in Polen Menschen retten konnte, was hätten Menschen alles 1943, 1939, 1938, 1936, 1934, 1933 machen können? Wäre, wenn sie es getan hätten, Auschwitz jemals Realität geworden? Erst in den neunziger Jahren, als Steven Spielberg *Schindlers Liste* verfilmte, entdeckte Deutschland diesen Mann und dessen Geschichte. Erst dann wurde er ein Held. Ein Vorbild. Schon wie 1978 bei der Ausstrahlung der Serie *Holocaust* entbrannte eine Debatte in den Feuilletons, dass diese Art von Film Hollywoodkitsch sei.

Ich erinnere mich gut an die Diskussionen. Günther Anders hat damals die *Holocaust*-Serie mit dem starken Argument verteidigt, dass die Geschichte eines Einzelnen mehr über das Schicksal von Millionen erzählen kann als die Geschichte der Millionen über das Schicksal eines Einzelnen. Er hat recht. Exakt das ist übrigens der Grund für die Meisterschaft von Steven Spielberg.

Hollywoodkitsch! Interessant, dachte ich, sich über die Ästhetik zu echauffieren und zu erheben, statt selbstkritisch feststellen zu müssen, dass es zweier amerikanischer Produktionen bedurfte, um eine breite kollektive emotionale Beziehung zur Mordmaschinerie des »Dritten Reichs« zu entfachen. Statt sich mit dem Inhalt zu beschäftigen, konzentrierte man sich auf die Ästhetik. Es zeigte sich, wie viel emotionale Verdrängung dieses Land beherrschte. Dieses emotionale Ersticken von Gefühlen, wenn es sich um die Auseinandersetzung mit Millionen Tätern handelte, erlebte ich auch an einem anderen Beispiel. Nachdem beide

Filme in das deutsche Bewusstsein eingedrungen waren, wurde nicht nur ich von engagierten Lehrern und Lehrerinnen angerufen, die mich darum baten, ihnen Zeitzeugen zu vermitteln. Es gebe nur noch so wenige und sie würden es begrüßen, wenn die Schüler und Schülerinnen nicht nur mittelbar, sondern unmittelbar von Zeitzeugen über das »Dritte Reich« informiert werden könnten. Bei einem dieser Anrufe, in dem wieder beteuert wurde, dass es nur so wenige Zeitzeugen gäbe, die das »Dritte Reich« und die Shoah überlebt hätten, platzte mir der Kragen. Ich sagte dem Lehrer: »Es gibt nicht wenige Zeitzeugen. Es gibt Millionen Zeitzeugen. Fragen Sie doch einfach Ihren Vater oder Ihren Großvater.«

Um die Shoah zu verstehen und aus ihr Lehren für die Gegenwart zu ziehen, muss man die Täter und Täterinnen verstehen. Man muss lernen, dass die Endpunkte von Gewalt viele vorhergehende Anfangspunkte hatten, die sich, weil sich ihnen niemand in den Weg gestellt hat, zu einem Endpunkt entwickelten, aus dem sich der nächste Anfangspunkt der Gewalt entwickelte, der wiederum zu einem Endpunkt wurde, bis die Menschen gar nicht mehr merkten, dass es keine Anfangspunkte mehr waren, weil sich ihre Koordinatensysteme durch ihr Nicht-Handeln mit verschoben hatten. Und irgendwann war der letzte Endpunkt ein Schlusspunkt. Auschwitz! Auch heute, und das ist unsere Verantwortung, leben und erleben wir seit Jahren und Jahrzehnten viele Anfangspunkte, die, weil sie unbeantwortet bleiben, zu jeweiligen Endpunkten werden. Deswegen halte ich es für unerträglich, auch nach dem Attentat auf die Synagoge in Halle, wenn Politikerinnen und Politiker von »Wehret den Anfängen« reden, ihre Überraschung und Erschütterung beschwören. Wenn sie dann auch noch von »Nie wieder« sprechen, wird deutlich, dass sie entweder nicht verstanden haben, dass man von den Anfängen nicht mehr reden kann, weil wir mittendrin sind, oder dass sie Heuchler sind, die floskelhaft daherreden.

Wenn sie dann auch noch von »Nie wieder« sprechen, wird deutlich, dass sie entweder nicht verstanden haben, dass man von den Anfängen nicht mehr reden kann, weil wir mittendrin sind, oder dass sie Heuchler sind, die floskelhaft daherreden.

Ich stimme dir zu. Das hat inzwischen die ultimative Steigerungsstufe mit den Avatar-Zeitzeugen erreicht. Mittels diverser Hologramme, die den interaktiven Austausch mit den nun mehr virtuell präsenten Zeitzeugen in 3-D ermöglichen, sollen junge Menschen künftig über den Holocaust informiert werden. Völlig absurd! Natürlich war der direkte Kontakt mit den Zeitzeuginnen und Zeitzeugen wichtig, weil eine emotionale Beziehung enstehen konnte, die dann weiteres Interesse an der Geschichte triggerte. Aber das kann man doch nicht durch Hologramme ersetzen, was für ein Quatsch! Und für die Wissensvermittlung sind andere Quellen ohnehin viel wichtiger. Überhaupt bleibt ja die ungern gestellte Frage, wie erfolgreich denn die Gedenkstättenarbeit für die Ausbildung historisch-politischen Bewusstseins ist. Wäre sie so erfolgreich, wie sie selbst zu sein behauptet, könnte die AfD nicht so erfolgreich sein, wie sie ist. Da erschöpft sich einfach nur vieles im Ritual und damit in der Wiederholung von Sprachformeln. »Historisch entkernte Geschichtsfrömmigkeit« hat Volkhard Knigge das mal genannt.

Unglaublich war der Hanau-Slogan nach dem rassistischen Anschlag im Februar: »Die Opfer waren keine Fremden.« Soll das heißen: Wenn es Fremde gewesen wären, wäre es in Ordnung, sie anzugreifen? Da wird das Problem der Ritualisierung auf den Punkt gebracht. Ich denke, wir nähern uns jetzt dem Kern des Problems.

Einer der hilflosen Versuche, die Handlungs- und Hilflosigkeit der letzten Jahrzehnte zu korrigieren, ist die Ernennung von Antisemitismus-Beauftragten auf Bundesebene und in allen Ländern. Diese Idee war eine Reaktion auf den steigenden gewaltbereiten Judenhass in Deutschland. Aber ist nicht die Erfindung dieser Institution der deutlichste Beweis, dass viele Regierungen seit Jahrzehnten ihre Arbeit nicht ausreichend getan haben? Dieselben, die jetzt Antisemitismus-Beauftragte ernennen. Antisemitismus-Beauftragte sind ein Placebo. Eine Selbsttäuschung. Kaum Budget, kaum Mitarbeiter, aber ein wunderbares Alibi, um den Anschein von »Wir haben verstanden«, »Wir tun etwas« aufrechtzuerhalten. Auf

Angriffe gegen Juden, die eine Kippa tragen, war die Antwort des Bundesantisemitismus-Beauftragten, Juden sollten eben nicht überall und zu jeder Zeit die Kopfbedeckung tragen, um sich dadurch zu schützen. Nach dem Motto: Schützt euch am besten selbst, indem ihr eure Identität in der Öffentlichkeit nicht zeigt.

Welch ein Offenbarungseid! Also kein Davidstern, keine Kopfbedeckung, nichts, was zu meinem Judentum gehört, dann habe ich eine größere Chance, dass Judenhasser mich nicht bespucken, anpöbeln oder gar schlagen. Wir sind in den zwanziger Jahren des 21. Jahrhunderts. Wie soll ich mit der Alltagsdiskriminierung umgehen? Wie gehen Nichtjuden mit meiner Alltagsdiskriminierung um? Jede Woche wird bei Bundesliga-Fußballspielen, insbesondere der Zweiten und Dritten Liga, die gegnerische Mannschaft oder der Schiedsrichter als »Juden-Mannschaft« und »Juden-Schiedsrichter« beschimpft. Derselbe Skandal lässt sich auch Woche für Woche dokumentieren, wenn Spieler mit dunkler Hautfarbe als »Affen« verlacht oder ihnen Bananen vor die Füße geworfen werden. Und die anderen Zuschauer: blind; taub; stumm. Millionenfach. Wehret den Anfängen? Der Mord an George Floyd in Amerika lenkt den Blick darauf, dass es auch in der Bundesrepublik Deutschland für nichtweiße Menschen keinen »normalen Alltag« gibt. Sie werden von der Polizei öfter kontrolliert, sie werden in Diskotheken und Clubs häufiger abgewiesen, sie werden deutlich öfter mit der Frage »Sind Sie eigentlich deutsch?« konfrontiert. Ich kenne die Erfahrung, dass man in der Begegnung mit anderen Menschen nicht als Mensch gesehen wird, sondern als »Jude«, »schwarz«, »Moslem«. Mit Rassismus konfrontiert zu werden, ist für einen Menschen, der einer Minderheit angehört, eine Gewalterfahrung. Junge Menschen, die erstmals eine solche Erfahrung machen, stellen sich unwillkürlich auch die Frage, ob sie irgendetwas dafür können, dass sie diesem Blick ausgesetzt sind. Wir haben nach der Ermordung George Floyds die Videos gesehen, in denen Eltern ihren Kindern erklären, dass es Menschen gibt, die sie hassen, weil sie eine schwarze Hautfarbe haben, und wie sie sich zu verhalten haben, wenn sie im Alltag deswegen diskriminiert werden. Ob im Bus, in der Schule oder bei einer Polizeikontrolle. Als ich diese Bilder sah, musste ich weinen. Wie tief der Hass in die Biografie kleinster Kinder eingreift. Davon können in Deutschland viele Minderheiten berichten.

Diese Videos wirkten von Deutschland aus betrachtet geradezu exotisch. Sie sind es aber nicht.

Auch jüdischen Kindern in der Diaspora wird von ihren Eltern gesagt, dass der Judenhass sie täglich begleitet. Als der Antisemitismus-Beauftragte der Bundesregierung Felix Klein den Juden riet, nicht überall und immer die Kippa zu tragen, wurde damit auch gesagt: »Nur ein unsichtbarer Jude ist ein sicherer Jude.« Es gibt aber noch eine weitere Alltagskonsequenz, die Minderheiten durch Rassismus angetan wird. Max Horkheimer und Theodor W. Adorno haben sie in der *Dialektik der Aufklärung* beschrieben: Minderheiten müssen erklären, dass gar nicht stimmt, was man über sie sagt. Ihnen wird die Bringschuld aufgelastet, aufzuklären, dass rassistische Stereotype und Narrative Hirngespinste der Menschenhasser und sie doch gar nicht so sind, wie man behauptet, dass sie seien.

Ich erinnere mich, dass ich in der Pubertät schon voll damit ausgelastet war, mich damit zu beschäftigen, dass mein Gesicht voller Pickel war. Ich wollte herausschreien: »Es gibt keine jüdischen Pickel.« Auch heute empfinde ich es als eine Zumutung, zu erklären, dass das Judentum nicht die Weltherrschaft hat. Auch in der Debatte um George Floyd sieht man, wie viel Lebenskraft und Energie diejenigen, die einer Minderheit angehören, aufwenden müssen, weil sie immer wieder in diese defensive Gruppendynamik hineingezwungen werden.

Rassismus ist ein Problem, dass die Mehrheiten zu lösen haben, nicht diejenigen, die von Rassismus betroffen sind. William Ryan, ein Soziologe und Menschenrechtsaktivist, hat 1971 ein Buch dazu geschrieben, das den Mechanismus herausarbeitet, den du gerade beschrieben hast. Der Titel ist zu einer Redewendung geworden: *Blaming the victim.*

Ich verstehe junge Menschen, die sagen: »Euer Rassismus ist nicht mein Problem, sondern euer Problem. Ihr müsst herausfinden, woher euer Rassismus kommt. Ihr müsst daran arbeiten.« Oder formulieren: »Wir wollen uns nicht anpassen. Wir wollen uns auch nicht rechtfertigen. Ihr müsst das doch auch nicht. Ihr müsst nicht begründen, was es heißt, weiß zu sein oder christlich zu sein. Warum müssen wir erklären, dass wir dazugehören, auch wenn wir keine helle Hautfarbe haben. Wenn wir Muslime oder Juden sind. Wenn unsere Vornamen nicht Paul, sondern Ahmet, nicht Marie, sondern Ayse sind.« Wenn wir den Begriff der Integration im politischen Raum verwenden, wird er in Richtung »der ethnisch Anderen« verwendet. Warum nicht auch gegenüber AfD-Wählern und -Wählerinnen? Wie integriert man die Rassisten und Demokratiehasser? Wir brauchen eine andere Form des Diskurses. Die Stigmatisierung der Minderheit klemmt diese in Bilder und Rollenverhalten ein.

Dieser reduzierende Blick begleitet einen wie eine zweite Haut. Er ist eine Kränkung. Eine Markierung. Er verlangt von den »Markierten« eine außerordentliche Anstrengung, sich davon zu emanzipieren.

So, und hier ist meine Erfahrung als Angehöriger der Mehrheitsgesellschaft einfach eine andere. Ich bin nichtjüdischer Deutscher und als solcher nicht »markiert«.

Wie bitte? Deine Markierung heißt: Ich bin weiß. Ich gehöre zur Mehrheitsgesellschaft. Ich bin Demokrat, ich stehe für Menschenrechte, ich engagiere mich für die Menschenwürde. Du hast doch auch unendlich oft rassistische Bemerkungen gehört, warst bei Gesprächen, in denen Judenwitze oder andere diskriminierende Beleidigungen formuliert wurden, dabei? Wo warst du? Was hast du getan? Ich würde das gerne vertiefen.

Michel, das sind zwei Ebenen. Natürlich engagiere ich mich oder interveniere, wenn es mir nötig erscheint. Aber ich teile nicht deine Erfahrung! Wie sollte ich auch? Und das ist der Knackpunkt. Wir sind jetzt an der Stelle, wo es um eine autobiografische Differenzerfahrung geht, falls man das so bezeichnen kann. Um den

Unterschied zwischen Kognition und Emotion. Zwischen gedacht und gelebt, erdacht und erlebt.

Daraus entsteht anscheinend ein über Jahrzehnte langer unterschiedlicher Blick auf gleiche Sachverhalte. Und dieser Blick wiederholt sich in der Gegenwart. Trotz einer relativ identischen Haltung gegenüber dem Thema und einer ähnlichen Bewertung der Analyse. Ich finde, das ist das besonders Auffällige, dass wir in der intellektuellen, in der wissenschaftlichen, in der analytischen Perspektive, ob politische Fragen, gesellschaftspolitische Fragen, soziologische Fragen, zu ähnlichen Ergebnissen kommen, aber ein Unterschied in der Wahrnehmung und damit auch der Interpretation besteht. Sowohl kognitiv als auch emotional.

Das ist, was ich vorhin mit »identitätskonkret« meinte. Die politisch entscheidende Frage ist, ob diese Identitätskonkretheit gewissermaßen übersprungen werden kann – das wäre die Voraussetzung für einen Universalismus, der nicht nur gepredigt wird, sondern selbstverständlicher Bestandteil des Alltags ist. Unsere gemeinsame Frage wäre: Gibt es gesellschaftliche Bedingungen, die so etwas befördern?

Eine andere Frage drängt sich allerdings auch auf. Auch wenn mein »identitätskonkret« anders ist als dein »identitätskonkret«, sollte es möglich sein, unabhängig von meiner Gruppenzugehörigkeit und meiner Sozialisation, dass wir in der übergeordneten Empathie – wir sind beide Menschen – einen Solidaritätsimpuls empfinden, der zu den gleichen konkreten Handlungen führt. Das bedeutet, du reagierst, weil ich ein Mensch wie du bin, und nicht, weil ich Jude bin. Weil der Angriff auf mich ein Angriff auf einen Menschen ist. Du fragst nach gesellschaftlichen Bedingungen? Erstens: humanistische Bildung, zweitens: Entsolidarisierungsprozesse müssen verhindert werden, drittens: Gruppen dürfen nicht gegen Gruppen ausgespielt und aufgestachelt werden, viertens: das politische Klima muss zugunsten einer Offenen Gesellschaft gestärkt werden, fünftens: Diskriminierungstatbestände müssen sowohl politisch wie auch rechtliche glaubwürdig sanktioniert werden, sechstens: Kindern muss so früh wie möglich beigebracht werden, dass Diskriminierung in unserer Gesellschaft gegen alle Prinzipien dieser Gesellschaft verstößt.

Diese Bundesrepublik Deutschland ist ein demokratisches Land, das große Fortschritte gemacht hat. Mit diesem demokratischen System identifizieren sich viele Menschen. Und doch sind zwischen 20 und 30 Prozent demokratieskeptisch bis hin zur Demokratiefeindlichkeit. Das sind nicht nur Rechtsextremisten. Die Kritik bezieht sich auf Grundsatzfragen, wie zum Beispiel, dass jeder Mensch Rechte hat und alle Menschen gleich sind. Hannah Arendt formuliert es so: Der Mensch hat »das Recht, Rechte zu haben«. Das Recht, Rechte zu haben, bedeutet, dass die Mehrheitsgesellschaft das Menschenrecht an sich nicht verhandeln kann. Denn das Menschenrecht steht jedem zu. Dem Menschen an sich. Niemand schenkt ihm Menschenrechte, niemand gönnt jemandem Menschenrechte, niemand beschließt, wem Menschenrechte zuzubilligen sind. Sie sind an sich da. Unverhandelbar. Sie gelten universell. So weit die Theorie. Die Realität, die ich persönlich in meinem Leben erfahren habe, beweist mir, dass diese zivilisierte humanistische Weltsicht noch weit von einer Realität entfernt ist.

Hannah Arendt formuliert es so: Der Mensch hat »das Recht, Rechte zu haben«.

Klar, an dem Punkt waren wir vorhin schon mal. Die Art und Weise, wie sich in diesem Land eine bestimmte Form von Geschichtspolitik und Erinnerungspolitik entwickelt hat, reproduziert auf paradoxe Art und Weise genau die Differenz wieder, die man zu negieren behauptet. Auch die Geschichte der Gedenkstättenarbeit in Deutschland trägt selber bestimmte Merkmale, die Teil des Problems sind. Wenn jemand im Anne-Frank-Haus sagt: »Aber wenigstens dieses Mädchen hätten sie doch leben lassen können.« Aber es geht noch viel weiter, denk nur an dein Beispiel mit den »jüdischen Mitbürgern« oder ebensolche Formulierungen wie »Die Opfer waren keine Fremden« oder »Aus Nachbarn wurden Opfer«. Da steckt ja überall diese Differenzierung drin.

Ein anderes Problem der Holocaust-Erinnerung ist, dass die Geschichte immer vom Ende her erzählt wird. Bei jedem Gedenktag, bei jeder Präsidentenrede, immer wird die Geschichte vom Ende und nicht vom Anfang her erzählt. Philipp Jenninger war der einzige Politiker, der die Geschichte andersherum erzählt hat, von der Entwicklung einer radikalen Ausgrenzungsgesellschaft her und nicht von Auschwitz her. Das war 1988. Paradoxerweise hat ihn diese Rede zum 9. November letztlich den Kopf gekostet. Ausgerechnet die Grünen hatten aus Protest den Bundestag verlassen, Ida Ehre sei zutiefst erschüttert gewesen, hatte aber nach eigenem Bekunden nicht zugehört, weil sie von der Musik zuvor so ergriffen war, und es hieß allenthalben, Jenninger habe sich im Ton vergriffen. Seine Rede kreiste aber um die aktive Teilnahme der nichtjüdischen Deutschen an der radikalen Ausgrenzung, an der »Zustimmungsdiktatur«, wie der Historiker Götz Aly das später genannt hat (*Hitlers Volksstaat: Raub, Rassenkrieg und nationaler Sozialismus*). Das war wahrscheinlich der tiefere Grund für den Sturz des armen Philipp Jenninger nach seiner Rede zum Gedenken an den 9. November.

Du hast recht, aber was heißt vom Anfang her erzählen? Wenn wir vom Anfang sprechen wollen, müsste man so beginnen: Jesus Christus war Jude. Er ist nicht von Juden ermordet worden, wie es die Kirche erzählte. Die Kirche ist die Brutstätte, die über Jahrhunderte und Jahrtausende das Judentum als Sündenbock missbraucht hat, um ihre Macht und ihren Einfluss zu zementieren. Sie kollaborierte mit der weltlichen Macht in der Verfolgung des Judentums und zementierte den religiösen Antijudaismus als Bestandteil des europäischen Alltags. Sie exportierte diesen Antijudaismus in alle Teile der Welt, in denen die Kirche missionierte. Ihr Judenhass war identitätsbildend. Sie billigte auch die Judenverfolgung der weltlichen Macht der Fürsten, Prinzen und Könige und kollaborierte mit diesen Kräften, wenn es darum ging, antijüdische Geschichten und Narrative zu platzieren. In der Mitte des 20. Jahrhunderts distanzierte sich die offizielle Kirche mit dem Zweiten Vatikanischen Konzil von dieser Tradition und verändert fundamental ihre Erzählweise und ihre Beziehung zum Judentum. Besonders problematisch bleibt allerdings die Geschichte des Vatikans, aber auch von Teilen der protestantischen Kirche im »Dritten Reich«. Die Anpassungsfähigkeit der christlichen Institutionen in dieser Zeit ist beklagenswert. Die Rolle des Vatikans nach 1945 bei der Unterstützung von ehemaligen Nazis ist inakzeptabel. Erst dieses Jahr haben die Vatikanischen Archive erste Geheimakten zu Papst Pius XII. und den Jahren des Zweiten Weltkriegs herausgegeben. 75 Jahre nach Hitler. Nichtsdestotrotz ist festzustellen, dass die katholische und protestantische Kirche in Deutschland ernsthafte Versuche unternommen haben, ihre Verstrickungen aufzuklären. Der Vatikan hängt hinterher.

Ich meine etwas anderes. Schülerinnen und Schüler werden im Unterricht und in den Gedenkstätten mit dem Ende des exterminatorischen Prozesses konfrontiert, also mit Auschwitz und Bergen-Belsen. Das ist in seiner geradezu außerweltlichen Brutalität nicht rückzubinden an eigene Erfahrungen, an die eigene Lebenswelt. Leichenberge in Schwarz-Weiß, ausgemergelte Körper, Häftlingskleidung, Gaskammern, all das gehört nicht zum Alltag. Deshalb ist es zugleich abstrakt und zustimmungsfähig – nein, natürlich will man das »nie wieder«. Der Alltag der Ausgrenzungsgesellschaft ist aber gar nicht abstrakt, sondern lässt sich so erzählen, dass er an die Gegenwart der Schülerinnen und Schüler angedockt werden kann. Auch eine radikale Ausgrenzungsgesellschaft wird sozial hergestellt, spielt sich als Alltag ab, in Farbe und über konkrete Handlungen. Das ist politische Bildung, bei der die Kids selbst denken können. Wenn ich immer nur sage »Nie wieder« und die zugehörige Art von Gedenkreden halte, dann habe ich eine hochabstrakte Form, zu der man sich zwar affirmativ verhalten kann, aber völlig folgenlos. Es findet keine Verbindung zur Gegenwart statt. Das ist historisch entkerntes Gedenken, entpolitisiertes Ritual.

Die Anfänge der Gewalt sind nie abstrakt, sondern sehr konkret. Ob man die Anfangspunkte abwehrt oder nicht, ist ebenfalls nicht abstrakt, sondern konkret. Wenn man als Jude beschimpft, beleidigt, angegriffen wird, ist das konkret. 1933 passierte das täglich. Konkret. Im Jahre 2020 passiert das auch täglich. Konkret. Wenn jemand mit nicht weißer Hautfarbe täglich diskriminiert wird, ist das konkret. Wenn jemand eine Wohnung nicht bekommt, weil er keinen »deutschen« Namen trägt, dann ist das konkret. Kinder erfahren das in der Schule, Erwachsene im Berufsalltag, im Sportverein oder einfach nebenbei im gepflegten Gespräch.

Die Erinnerungskultur erschöpft sich im Ritual.

Ja, aber das ist ja genau der Witz! Das ist der Alltag der Ausgrenzungsgesellschaft, das ist konkret. Aber die Erinnerungskultur erschöpft sich im Ritual. Auch Antisemiten können nicken und sagen: Nie wieder!

Stimmt nicht. Denn das »Nie wieder« bezieht sich zwar auf Auschwitz. Auf den Schlusspunkt. Auf den Endpunkt der Gewalt. Er inkludiert aber gleichzeitig alle Anfangspunkte. Gäbe es die nicht, gäbe es auch den Endpunkt nicht. Für unsere Gegenwart gilt deswegen konkret, dass die Motivation, sich gegen Diskriminierungen zu wehren, einzugreifen, auch ohne Auschwitz notwendig ist.

Der Historiker Ulrich Herbert hat mal gesagt, man müsse nichts über die SA wissen, um zu wissen, dass man das Haus seines türkischen Nachbarn nicht ansteckt. Aber das ist natürlich die Frage: Gibt es denn überhaupt so was wie ein historisch-politisches Lernen, das eine Tiefendimension erfasst? Wenn ja, wie lange dauert das?

Jede Generation muss neu lernen. Was sie allerdings lernt, ist auch determiniert vom politischen Klima, den gesellschaftspolitischen Umständen und dem, was die Eltern- und Großelterngenerationen gelernt haben. Wir sind Zeitzeugen einer Re-Politisierungsstrategie der extremistischen Rechten, die mit Ressentiments und Hass, mit Rechtsnationalismus, Nationalismus, Ausgrenzungsfantasien und Demokratiefeindlichkeit Erfolge feiert. Diese Rechtsnationalisten versuchen, das kulturelle historische Gedächtnis umzuschreiben. Auschwitz als singuläres Ereignis soll relativiert und entsorgt werden. Das »Dritte Reich«, Hitler und damit auch alle Konzentrationslager werden zum »Vogelschiss der Geschichte« (Alexander Gauland) erklärt. Rassistische Narrative werden enttabuisiert und sogar als mutiger Einwurf in die Debattenkultur gefeiert. Endlich darf man wieder sagen, was man denkt, und muss sich nicht mehr »der linksversifften Sprachpolizei« und den »Systemmedien« anpassen. Rechtsextremistische Parteien stellen Regierungschefs, entdemokratisieren ihre Länder, Justiz, Meinungsfreiheit, Wissenschaftsfreiheit werden abgebaut, Rassismus und Judenhass werden Bestandteil des allgemeinen Diskurses. Viktor Orbán hat in kürzester Zeit sein Land entdemokratisiert und mit dem Vorwand, die Corona-Krise zu bewältigen, das Parlament stillgelegt und letztendlich die Demokratie gleich mit. Zwar ist das Parlament wieder aktionsfähig, aber viele antidemokratische Dekrete werden von der Fidesz-Mehrheit in Gesetze gegossen. Große Sympathien dafür signalisiert der Vorsitzende der regierenden PiS-Partei in Polen. Viele andere rechtsextremistische Parteien und Akteure wie die FPÖ in Österreich, die Lega Nord in Italien und Marine Le Pen in Frankreich würden sich wünschen, immer noch an der Regierung zu sein oder es bald zu sein, um Herrn Orbáns Vorbild nachzueifern. Und diejenigen, die diese antidemokratischen Parteien wählen, exkulpieren sich damit, dass sie sich Sorgen um die Zukunft ihrer Gesellschaft machen. Jürgen Habermas antwortet darauf: »Man sollte diese Art von besorgten Bürgern, statt um sie herumzutanzen, kurz und trocken als das abtun, was sie sind. Der Saatboden für einen neuen Faschismus.«

Jetzt stelle ich noch mal eine andere Frage, nämlich: Hat es nicht in Deutschland tatsächlich insofern ein historisches Lernen gegeben, als so eine Partei wie die AfD in diesem Land wesentlich umstrittener ist und mehr Gegenmacht auf sich zieht, als das in anderen europäischen Ländern der Fall ist?

Ich habe in Deutschland die menschenverachtende Gewalt der Wehrsportgruppe Hoffmann erlebt. Ich habe in Deutschland Hoyerswerda,

Mölln und Solingen miterlebt. Ich erlebte, wie kurz nach der Eröffnung des Frankfurter Gemeindezentrums eine Autobombe hochging. Das war vor circa dreißig Jahren. Ich habe den Mord an Bürgern jüdischen Glaubens erlebt. Ich habe die *Nationalzeitung* erlebt. Ich habe Nazidemonstrationen erlebt. Ich habe junge Menschen mit Glatze und Springerstiefeln, die »Heil Hitler« schrien, erlebt. Ich habe sie erlebt, die Damen und Herren mit manikürten Fingernägeln und elegantem Gewand, die, wenn sie unter sich waren, mal »ganz offen« geredet haben. Ich habe die Kneipen gesehen und die Hinterzimmer, in denen ebenfalls »ganz offen« geredet wurde. Ich habe die NPD erlebt und die Republikaner. Ich habe erlebt, wie die hessische CDU ihre Schwarzgeld-Spendenaffäre in der Schweiz vertuschen wollte, indem sie von »jüdischen Vermächtnissen« sprach. Ich habe erlebt, wie Begriffe wie »deutsche Leitkultur« eine Zeitlang die politische Debatte vergifteten. Ich habe die vielen Morde an Menschen, die nach Deutschland eingewandert sind, und an ihren Kindern erlebt. Ich habe die Brandanschläge auf Flüchtlingsunterkünfte erlebt. Wie wir alle.

Jetzt dringt all das nach außen, schamlos, enthemmt, und bestimmt den politischen Diskurs mit. All das verändert die Diskussionskultur substanziell. Der Menschenhass ist salonfähig. Die Wölfe im Schafspelz haben ihre Tarnung abgelegt. Geistige Brandstiftung ist Alltag in Deutschland. Eine geistige verbale Ohrfeige kann manchmal mehr schmerzen als eine körperliche. Victor Klemperer hat dazu in seinen Erinnerungen *Ich will Zeugnis ablegen bis zum letzten* geschrieben: »Worte können wie winzige Arsendosen sein. Sie werden unbemerkt verschluckt, sie scheinen keine Wirkung zu tun – und nach einiger Zeit ist die Giftwirkung doch da.«

Die machtpolitische Strategie der Rechten ist sichtbar geworden.

Die machtpolitische Strategie der Rechten ist sichtbar geworden, nämlich die Demokraten zu entblößen, ihnen den Spiegel vorzuhalten, sie zu reizen und damit das demokratische System *ad absurdum* zu führen. Wie in Österreich, wo die FPÖ nur dank der ÖVP mit an die Macht kam, zeigte sich in Thüringen eine ähnliche Fehlleistung bei der Wahl des FDP-Kandidaten in das Amt des Ministerpräsidenten. FDP und CDU und AfD wählten ihn gemeinsam. Gemeinsam? Mit Herrn Höcke? Vorgeführt! Lächerlich gemacht. Zwar wurde letztendlich Bodo Ramelow nach dem Rücktritt seines FDP-Vorgängers wieder zum Ministerpräsidenten gewählt und Ramelow verweigerte konsequent die ausgestreckte Hand von Herrn Höcke, der ihm zu seiner Wahl gratulieren wollte. Aber auch er verlor seine Glaubwürdigkeit, als er anschließend mit der Fraktion der Linken einem AfD-Landtagspräsidenten seine Stimme gab. Ja, die AfD ist demokratisch gewählt. Deswegen ist sie aber noch keine demokratische Partei.

Nachdem man sie vorher in den Talkshows so hochgejazzt hat, dass sie Wahlen gewonnen haben. Ich erinnere mich, dass Kai Gniffke, heute Intendant des SWR, dafür war, die AfD nicht mehr »permanent« mit dem Adjektiv »rechtspopulistisch« zu bezeichnen, weil sie schließlich eine ganz normale in Parlamenten vertretene Partei sei. Das sind genau die Leute, die die AfD in die Gesellschaft hineinkommuniziert haben, anstatt sie auszugrenzen.

Bei der NPD heißt es, sie sei eine verfassungsfeindliche Partei, aber es seien zu wenige, um sie zu verbieten. So das Bundesverfassungsgericht. Bei der AfD heißt es, sie sei wahrscheinlich auch eine verfassungsfeindliche Partei, aber sie habe zu viele Wähler und Wählerinnen, um sie zu verbieten. Es ist im demokratischen Diskurs unerlässlich, intensiv Meinungen und Argumente auszutauschen. Aber auch Entscheidungen zu treffen. Wird die Meinungsfreiheit missbraucht von Gruppen und Parteien, um sie abzuschaffen? Lässt sich die Demokratie missbrauchen, damit sie durch autoritäre Strukturen ersetzt wird? Stimmt der Satz »Keine Toleranz für Intoleranz«? Und wenn ja, ab wann? Was bedeutet »wehrhafte Demokratie«? Und wann wehrt sie sich, stellt die Meinungsfreiheit aber trotzdem nicht infrage? In einigen Ländern Europas sind diese Fragen obsolet geworden, weil Antidemokraten die Demokratie benutzt haben, um an die Macht zu kommen, und sie seitdem sukzessiv zerstören. In diesen Ländern ist eine Zeitenwende erfolgt. Wo befinden wir uns?

Menschenrechte und Menschenwürde sind keine Selbstverständlichkeit. Selbst wenn wir sie mittlerweile als selbstverständlich empfinden. Sie sind ein zerbrechliches Versprechen. Der Judenhass zeugt davon. Er ist keine deutsche Erfindung. Aber Auschwitz ist eine deutsche Erfindung. Wenn ich mit dir in Deutschland über all diese Phänomene spreche, dann ist das für mich etwas qualitativ anderes, als wenn ich in Paris oder in New York, wo es auch Judenhass gibt, darüber diskutiere. Meine Perspektive ist die eines Juden, eines Kindes von Holocaust-Überlebenden. Aber auch die eines Bürgers dieses Landes. Mich beunruhigt, dass viele Menschen nicht das Bewusstsein haben, wann und wie das demokratische System zerbröselt, Anspruch und Wirklichkeit auseinanderfallen, wir also den Rassismus noch lange nicht so überwunden haben, wie wir es uns einreden. In Deutschland gibt es einen strukturellen systemischen Rassismus und Antisemitismus.

In Deutschland gibt es einen strukturellen systemischen Rassismus und Antisemitismus.

Wenn man sich als Demokrat versteht, muss man sich angegriffen fühlen, wenn die Demokratie angegriffen wird. Das ist der Schlüssel: Man muss diese Angriffe persönlich nehmen, auch dann, wenn sie vordergründig erst mal anderen zu gelten scheinen und nicht der Gruppe, zu der man selbst gehört. Das ist der kategorische Imperativ der Demokratie und zugleich ist es die notwendige emotionale Voraussetzung des Politischen: Man muss es persönlich nehmen. Das überspringt auch die Differenz der zufälligen Positionen, die man in der Gesellschaft einnimmt, weil man irgendwo hineingeboren ist. Diese Positionen können so verschieden sein wie nur denkbar. Für die Figur des politischen Bürgers in einer Demokratie sind diese Differenzen irrelevant, für uns als Subjekte sind sie lebensgeschichtlich entscheidend.

Als wir nach Deutschland einwanderten, habe ich sehr darunter gelitten. Ich wollte nicht dorthin, wo die Mörder meiner Familie lebten. Ich wollte mir nicht vorstellen, wie meine Eltern mit ihnen leben sollten.

Ende der sechziger Jahre hatte ich auf dem Gymnasium einen Lehrer, dessen Mittelfinger im Krieg weggeschossen worden war und die Unterrichtsstunde mit dem Satz begann: »Habe ich für den Führer gegeben.« Ich schämte mich, weil er sich nicht schämte. Weil er dachte und wusste, dass man das in der Bundesrepublik Deutschland der sechziger Jahre noch sagen konnte, ohne wirklich Sanktionen befürchten zu müssen. Ich wusste, er war nicht allein mit seinem Denken. Ich wusste aber auch, dass ich andere Lehrer hatte, auch aus seiner Generation, die so nicht dachten, auch jüngere, die sich ein demokratisches Deutschland wünschten. Die aber nichts dagegen taten – und sie mussten es gewusst haben –, dass ein Lehrer mit dieser Gesinnung Kinder unterrichtete. Wie viel hatte sich wirklich verändert? Waren »Fremde« nicht immer noch stigmatisiert und negativ besetzt? Welche geistige Haltung spiegelte sich in Begriffen wie »Gastarbeiter«, »Fremdarbeiter« oder »Kanake« wider? Übrigens handelte es sich damals vorwiegend um italienische und griechische Arbeitnehmer, die meisten christlichen Glaubens. Wenn es da schon so war, wie war es dann, als türkische Arbeitnehmer, meist muslimischen Glaubens, nach Deutschland geholt wurden? Und wie viel von dieser ausgrenzenden Sichtweise hat sich Jahrzehnte später wirklich verändert? Stimmt die Erzählung, dass die deutsche Gesellschaft in den sechziger und siebziger Jahren aus der Geschichte lernen wollte? Sich an ihre eigenen Verbrechen erinnern wollte, um es anders, besser zu machen?

Ich erinnere mich, wie ich nach Schulschluss in das Geschäft meines Vaters ging. Er war Pelz-Großhändler. Ein Kunde von ihm aus Aachen, der ihn besuchte, sagte zu ihm: »Paulchen, Paulchen, ihr Juden, ihr seid geschäftstüchtig. Du auch, da muss ich euch mal ein Kompliment machen.« Während ich das hörte, wusste ich, auch mein Vater hört dieses vergiftete Kompliment. Er reagierte nicht. In dieser Nacht konnte ich nicht schlafen. Am nächsten Morgen hatte ich eine Entscheidung getroffen: nie zu schweigen, mich einzumischen, mich zu engagieren, gegen den Menschenhass ein Zeichen zu setzen und denen eine Stimme zu geben, deren Würde mit Füßen getreten wurde und die nicht die Kraft hatten, sich dagegen zu wehren. Der jüdischen Gemeinschaft und allen Minderheiten. Unbewusst spürte ich, was für eine ungeheure Gewalt in diesem Hass lag. Auch eine körperliche. Auch ich hatte Angst. In dieser Zeit war ich Asthmatiker und kaute an meinen Fingernägeln. Wenn sich andere Kinder geprügelt haben, bin ich weggerannt. Und mit einer Ausnahme habe ich noch nie jemanden geschlagen.

Als ich 13 Jahre alt war, wollte ich einen Mitschüler bei einer Klassenarbeit nicht abschreiben lassen. Nicht weil ich ein Streber war. Ich hatte schon öfter abgeschrieben oder hatte andere bei mir abschreiben lassen. Ich mochte diesen Jungen einfach nicht. In der Pause schrie er mich dann an: »Scheißjude!« Daraufhin habe ich ihn geohrfeigt. Am selben Abend rief sein Vater, ein Zahnarzt, bei uns an und warf meinem Vater die übelsten Dinge an den Kopf. Da wurde die Rassentheorie noch mal so richtig durchdekliniert. Ich habe das in der Schule gemeldet – nichts passierte. Was suchte ich eigentlich in diesem Deutschland? In den Jahren danach wuchs mein Traum, nach dem Abitur nach New York zu gehen, an der Columbia University Philosophie zu studieren, um dann Chefredakteur der *New York Times* zu werden – träumen ist das Recht der Jugend. Nach dem Abitur beantragte ich ein Visum und bewarb mich für einen Studienplatz. Als ich das Visum erhalten hatte, ging ich abends nach Hause und erklärte meinen Eltern stolz und feierlich: »Leute, ich kann nach Amerika!« Viele Kinder der Überlebenden waren für ihre Eltern der Sauerstoff, der ihnen den Lebenssinn gab. Für diese Kinder lebten sie. Dank dieser Kinder lebten sie. Diese Kinder legitimierten, dass sie leben durften oder leben mussten. Meine Mutter schaute sich das Visum an. Schweigen. Langes Schweigen. Dann sagte sie: »Michel, willst du uns umbringen?« Es gibt Situationen im Leben, in denen du ganz genau weißt: Jetzt wird gerade entschieden, was aus deinem weiteren Leben wird. Ich habe entschieden. Und das Visum zerrissen. Und bin immer noch hier. Im Land der Täter. Und muss feststellen, Bertolt Brechts Satz »Der Schoß ist fruchtbar noch, aus dem das kroch« gilt immer noch.

Es muss noch einmal betont werden: Viele Menschen haben sich engagiert und engagieren sich weiterhin, die Geschichte anzuerkennen und aus ihr zu lernen. Gleichzeitig aber gab es und gibt es viele Menschen, die die Zeit des Nationalsozialismus am liebsten aus ihrem Gedächtnis löschen würden. Es war äußerst zäh und mit viel Widerstand verbunden, Erinnerungsmomente in die politische Alltagskultur einzuführen. Das Gedenken an die Pogromnacht, der Nacht also, in der alle Synagogen angezündet wurden, in jeder großen Stadt, an jedem kleinen Ort, in vielen Dörfern, wo alle zusahen, wie die Gebäude in Flammen aufgingen und Millionen Zuschauer nichts taten, um das Feuer zu löschen, wurde von den jüdischen Gemeinden organisiert. Einen Holocaust-Gedenktag gab es in Deutschland nicht. Erst später kamen Oberbürgermeister und Ministerpräsidenten dazu, in den Synagogen oder an den Gedenkstätten Reden zu halten. Erst in den achtziger Jahren haben Ignatz Bubis und ich dem Frankfurter Oberbürgermeister Walter Wallmann die Frage gestellt, wieso eigentlich nicht die Täterseite zu diesen Erinnerungsfeiern einlädt, wieso die staatlichen demokratischen Institutionen nicht die Gastgeber des Gedenkens sind und damit ein Signal setzen, dass die Erinnerungsarbeit über die Brandstifter und die Brandstiftung alle Deutschen betrifft. Seitdem wird in Frankfurt vonseiten der Stadt in die Paulskirche und in die Synagoge der jüdischen Gemeinde eingeladen. Mittlerweile in vielen anderen Städten auch. Ein weiteres Beispiel für die Sehnsucht nach historischer Verdrängung ist, dass der Bundestag erst im Jahre 1996, mehr als ein halbes Jahrhundert nach der Befreiung von Auschwitz, entschied, den 27. Januar zum Gedenktag zu erklären.

6

WARUM DER RAUM DES SAGBAREN GRÖSSER WIRD. ODER: ÜBER DAS RECHT, RECHTE ZU HABEN

HW: Wenn Juden, wie du sagst, das universelle, geradezu verkörperte Ziel von Ressentiment und Angriff sind, dann gibt es umgekehrt keinen praktizierten belastbaren Universalismus, solange es Antisemitismus gibt. Damit wäre die Aufgabe definiert, die für die Demokratie im Ganzen gilt: Sie muss jede Form von gruppenbezogener Diskriminierung deshalb bekämpfen, weil solche Diskriminierung immer auch ein Angriff auf die Demokratie selbst ist und auf ihre Voraussetzungen.

Dann ist es aber in der Wirklichkeit so, dass viele denken: Ich bin ja nicht gemeint. Das ist der springende Punkt an der ganzen Geschichte. Bevor sich jemand als Demokrat gemeint fühlt, fühlt er sich erst mal in irgendetwas anderem gemeint. So fühlt er sich möglicherweise nicht betroffen, wenn es einen Anschlag auf die Synagoge in Halle gibt. Das steckt auch in diesem fatalen Slogan von Hanau, »Die Opfer waren keine Fremden«, genau drin. Wenn ich so damit umgehe, kann ich mich distanziert gönnerhaft dazu verhalten. Dein Desiderat geht dahin, dass, wenn ich mich im Innersten, im Tiefsten als Demokrat verstehe, ich gar nicht jemand sein kann, der sich nicht gemeint fühlt. Egal, wer zuvor angegriffen wurde.

Viele denken: Ich bin ja nicht gemeint.

MF: Du beschreibst ein entscheidendes Moment: Die unterschiedliche Wahrnehmung zwischen Menschen, die Ausgrenzungsbiografien oder

-erfahrungen haben, und den vielen, die solche rassistischen und menschenverachtenden Vorfälle nicht persönlich nehmen und keine innere emotionale Subsumtion erarbeiten. Die rationale Betrachtung reicht nicht aus. Identifikation und Empathie scheinen schwerzufallen, wenn es keinen persönlichen Bezug dazu gibt. Der von den Psychoanalytikern Alexander und Margarete Mitscherlich entwickelte Begriff der »Unfähigkeit zu trauern«, den sie auf die Nazigeneration bezogen haben, gilt heute genauso. Deswegen hast du, lieber Harald, und wie du viele Millionen anderer, sehr viel später entdeckt, dass Herr Höcke auch dich meint. Vielleicht ging dir durch den Kopf: »Es ist schlimm, aber nicht so schlimm« und »Die Höckes, die Nazis, die AfD, sie werden es am Ende doch nicht schaffen. So viele können es doch gar nicht sein. Und ich bin nicht gemeint.«

Ja, genau. Das ist auch der Kern meiner Argumentation in *Wir sind die Mehrheit. Für eine Offene Gesellschaft*. Man muss es persönlich nehmen, wenn die freiheitliche Demokratie angegriffen wird.

Sind wir die Mehrheit?

Wenn ich das nicht annehmen würde, würde ich aufhören, politisch wirksam sein zu wollen. Und jetzt komme ich noch einmal auf meinen Einwand von vorhin zurück: Hat es nicht tatsächlich eine Lerngeschichte gegeben, die Wirkung hat?

Es hat eine Lerngeschichte gegeben. Aber welche? Und auf welchem Fundament? Und wie tragfähig ist es? Und wie viele Menschen sind seitdem geboren, sind in unser Land eingewandert und haben diese Lerngeschichte vielleicht nicht?

Lass uns erst einmal beim ersten Punkt bleiben. Wenn ich mir zum Beispiel meinen Sohn ansehe, der ist gerade 26 Jahre alt geworden. Der würde an vielen Stellen, die bei mir fahrlässig durchgehen, sagen: Nein, das geht so nicht. Diese Politik akzeptiere ich nicht. Schau dir den Sündenfall von Thüringen an, da sind viele Leute auf die Straße gegangen.

Wie viele Leute?

Die absolute Zahl ist nicht entscheidend.

Doch, sie ist sehr entscheidend. Ich empfehle Präzision. »Viele Leute« klingt erst einmal ermutigend. Beruhigend. Entlastend. Wie wenige sind eigentlich schon viele? Und um es noch einmal klarzumachen: Jeder, der etwas tut, und sei es auch nur einmal, hat bereits viel getan. Einmal auf die Straße zu gehen, ist zwar wichtig und richtig, aber reicht nicht aus, wenn man nicht wenigstens ein zweites, drittes ... Mal auf die Straße geht und in vielen Augenblicken des Alltags interveniert.

Das scheint mir ungerecht gegenüber denen, die demonstriert haben. Im Übrigen waren es hinreichend viele, um die Wahl des Ministerpräsidenten zu wiederholen.

Ungerecht? Noch einmal: Wie nachhaltig ist dieser Prozess? Wie alltäglich und nachhaltig agieren die Demonstranten und Demonstrantinnen im Alltag? In Thüringen gab es das größte politische Erdbeben seit der Wiedervereinigung. Die Wahl eines Ministerpräsidenten mit der Unterstützung der AfD. Dieser AfD-Landesverband ist ideologisch, verbal, inhaltlich der extremistische Flügel. Da sind die paar Tausend Demonstranten und Demonstrantinnen für mich nicht ausreichend, um mich zu beruhigen. Und einmal auf die Straße zu gehen, um sich danach gut zu fühlen, reicht auch nicht.

Einmal auf die Straße zu gehen, ist zwar wichtig und richtig, aber reicht nicht aus.

Moment! Thüringen hat mehrere Dimensionen. Es ist eben nicht durchgegangen, die Taktik der AfD ist nicht aufgegangen, weil es starke Reaktionen aus der Zivilgesellschaft gab. Das ist ja meine Frage: Gab es gar keine historische Veränderung, keine gesellschaftspolitische Veränderung, keine Liberalisierung, keine Form der gewachsenen Empathie, keine Form des Sichversendens der Tiefenwirkung des Nationalsozialismus? Oder gibt es das doch? Wenn ich das alles negiere, entwerte ich auch das Handeln derjenigen, die die antidemokratischen Tendenzen persönlich nehmen.

Ja. Es gibt eine historische und gesellschaftspolitische Veränderung. Gleichzeitig muss festgestellt werden, die NPD hat es nie in den Bundestag geschafft. Die AfD schon. Unabhängig davon ist diese Bundesrepublik Deutschland mit der Weimarer Republik und dem »Dritten Reich« nicht vergleichbar. Deutschland ist ein Land, das in seiner Konstruktion zutiefst demokratisch ist und auf Gewaltenteilung basiert. Die Menschen, die in diesem Land leben, sind in großen Teilen weltoffen, emanzipativ, partizipativ und demokratieaffin. Wenn ich aber meine biografische Erfahrung, Politik und sozialwissenschaftliche Analysen betrachte, mich auf philosophisch-metaphysische Reflexionen einlasse und den Alltag antizipiere, komme ich zu einem ernüchternden Zwischenergebnis: Der Istzustand ist immer in Gefahr. Er kann sich jederzeit in das Gegenteil verkehren. Gesellschaften sind nicht statisch, sondern dynamisch. In den letzten zehn Jahren hat sich die Gesellschaft der Bundesrepublik Deutschland deutlich gewandelt. Die Generation, die in Nazideutschland gelebt hat, stirbt aus. Unsere Generation wächst langsam aus den Erwerbs- und Leitungsfunktionen heraus. Die Kinder dieser Generation, die um die 40-Jährigen, rücken nach. Wir befinden uns mitten in einem Generationswechsel. Und deren Kinder werden bald den nächsten Schritt gehen.

In den letzten zehn Jahren hat sich die Gesellschaft der Bundesrepublik Deutschland deutlich gewandelt.

Nur wenn wir zugeben, dass unsere Generation sich geirrt hat, als sie dachte, die Statik der Bundesrepublik Deutschland sei stark, können unsere Gespräche mit der nächsten Generation konstruktiv sein. Was aus der Zukunft wird, ist unsere gemeinsame Verantwortung. Sollte meine Analyse stimmen, muss ich mich selbst fragen, waren meine Wachsamkeit, mein Engagement, meine Energie auch ausreichend? Hätte ich radikaler, kompromissloser diese Frage in der Öffentlichkeit verhandeln müssen?

So, dann beantworte das mal.

Ich habe mich immer engagiert, ich war im Goethe-Gymnasium Schulsprecher und gleichzeitig im jüdischen Jugendzentrum verantwortlich für unsere Zeitung. In meinen Zwanzigern übernahm ich im Vorstand der jüdischen Gemeinde Verantwortung und wurde Stadtverordneter in Frankfurt am Main. Ich engagierte mich im Zentralrat der Juden in Deutschland und war von 2001 bis 2003 Präsident des Europäischen Jüdischen Kongresses. Damals kam es in Österreich zur ersten schwarzblauen Koalition, nachdem Wolfgang Schüssel von der ÖVP und Jörg Haider von der FPÖ ein Bündnis geschlossen hatten. Die FPÖ führte einen gnadenlosen rassistischen Wahlkampf. Wolfgang Schüssel schloss mit der FPÖ ein Bündnis, weil er unbedingt Kanzler werden wollte. Es ging und geht immer um Macht. Die bürgerliche ÖVP war bereit, mit Rassisten zu paktieren. Sie sind die wirklichen Verräter an der Demokratie. Dieser Tabubruch war eine Zäsur. Und das noch dazu in Österreich. Zur gleichen Zeit regierte in Deutschland die rot-grüne Koalition mit Gerhard Schröder und Joschka Fischer an der Spitze. In Gesprächen mit Joschka Fischer versuchte ich, deutlich zu machen, dass Deutschland und die Europäische Union diesen skandalösen Pakt, der alles, wofür das Nachkriegs-Europa stand, mit Füßen trat, nicht hinnehmen durfte.

Kleiner Einschub: An diesem Beispiel sieht man, dass außerhalb Österreichs dieser Schulterschluss von Schüssel und Haider damals noch als skandalös betrachtet wurde, der von Kurz und Strache aber schon längst nicht mehr. Das ist das, was ich Konsensverschiebung nenne.

Für mich war entscheidend, dass es bei dieser »Generalprobe« eine klare Stellungnahme der Europäischen Union geben musste. Schlussendlich wurde dann Österreich für sechs Monate das Stimmrecht entzogen. Ein paar Jahre später wiederholte Bundeskanzler Kurz, wie du sagst, denselben Tabubruch und begründete, dass er dies für die Demokratie machen müsse, um sich mit diesem Scheinargument seine Hände in Unschuld zu waschen. Wer die Demokratie ernst nimmt, paktiert nicht mit Demokratiefeinden. Wer mit Demokratiefeinden paktiert, verrät die Demokratie, setzt sie aufs Spiel und verändert das politische Koordinatensystem. Doch eine Sanktion wäre heute undenkbar. Der österreichische Bundeskanzler Kurz hat die demokratischen Werte gegen die Macht ausgetauscht. Obwohl er jetzt mit den Grünen koaliert, ist er für mich nicht mehr glaubwürdig. Dass die Grünen mit einem Kanzler koalieren können, der vorher mit der FPÖ zusammengearbeitet hat, ist ebenfalls ein Meisterstück von pragmatischer Realpolitik. Ein zynisches Meisterstück.

Heute sind viele Regierungen mit braunen Tupfern, menschenverachtenden Parteien, autoritär-antidemokratischen Konzepten in der Europäischen Union Alltag geworden. Ungarn, Polen, Italien, Österreich, Dänemark. Junge Menschen hören heute tagtäglich Äußerungen, die, wenn auch mit einer anderen Sprache, aber demselben zynischen Gedankengut, von Menschen mit Springerstiefeln und Glatzen herausgeschrien werden. Doch es gibt auch die Rassisten in Anzügen. Koordinaten werden verschoben, das Unsagbare wird sagbar, sickert in unsere Sprache ein, vernebelt und vergiftet uns und vor allem die jungen Menschen.

Heute sind viele Regierungen mit braunen Tupfern, menschenverachtenden Parteien, autoritär-antidemokratischen Konzepten in der Europäischen Union Alltag geworden.

Diese Dynamik hat Geschichte. Marine Le Pen in Frankreich baute auf der Arbeit ihres Vaters auf, der über Jahrzehnte mit seiner geistigen Brandstiftung Erfolg hatte. Im Jahre 2002 war er einer der zwei Kandidaten in der Stichwahl für das Amt des Präsidenten der Französischen Republik. Dass er verlor und Jacques Chirac in der Stichwahl gewann, lag daran, dass die Sozialisten ihre Wähler und Wählerinnen überzeugten, den konservativen Kandidaten zu wählen, nur damit dieser Rechtsextremist nicht Präsident wird. Im Jahre 2021 wählt Frankreich. Emmanuel Macron ist schwach und Marine Le Pen lauert auf ihre Chance.

Habe ich genug getan? Bestimmt nicht. Auch ich nicht. Und ja, die Auseinandersetzung fand und findet auf allen Ebenen statt. Zum Beispiel auf der der Wissenschaften. Der Historikerstreit, der die Frage aufwarf, ob die These der Singularität der Shoah standhalten könne, wenn man auch die Massenmorde Stalins in Russland betrachte. Oder in der Kultur: Martin Walsers Rede in der Paulskirche anlässlich der Verleihung des Friedenspreises des Deutschen Buchhandels, wo er wehleidig, fast weinerlich die Frage stellte, wie lange Auschwitz noch als »Moralkeule« verwendet werden solle. In diesem Zusammenhang muss man allerdings auch eine weitere Person erwähnen. Den Sachbuchautor Doktor Thilo Sarrazin, Sozialdemokrat, der mit seinem Buch *Deutschland schafft sich ab* im Jahre 2011 ein erfolgreiches Pamphlet geschrieben hat, in dem er pseudowissenschaftlich versuchte, die Gefahr der Zuwanderung des Fremden – hier ist er wieder einmal, »der Fremde« –, der nach Deutschland will, und der vielen Fremden, die schon in Deutschland sind, zu erzählen.

Eins der meistverkauften Sachbücher der Nachkriegsgeschichte!

Habe ich genug getan? Ich habe mich mit vielen Menschen gestritten. Diskutiert. Öffentlich. Wir müssen über diese Dinge sprechen. Öffentlich. Ja, ich habe Vertrauen in diesen Staat und in diese Gesellschaft. Aber ich bin nicht naiv. In der Statik des Hauses Bundesrepublik Deutschland gibt es einige morsche Stellen und Risse. Die Verhandlung, die ich anmahne, ist nicht nur deswegen wichtig, weil wir Sanierungsprozesse durchführen, sondern auch für die Zukunft weitere statische Elemente einfügen müssen, damit das Gebäude stabil bleibt. Es wird zu ernsthaften Schäden führen, wenn wir uns nicht anstrengen. Diese Anstrengung ist überfällig.

Ich habe das Narrativ niemals geglaubt, dass der, der die AfD wählt, deswegen noch lange kein Nazi sei.

Deshalb sprechen wir und machen dieses Buch. Ich habe das Narrativ niemals geglaubt, dass der, der die AfD wählt, deswegen noch lange kein Nazi sei. Wenn man so eine Partei wählt, dann, weil man gruppenbezogen menschenfeindlich ist, wie Wilhelm Heitmeyer das nennt. Sonst macht man das nicht.

Auf jeden Fall muss der Wähler es sich zurechnen lassen. Und damit die Verantwortung für seine Wahlentscheidung übernehmen.

Ja, dann musst du dir das zurechnen lassen. Im Übrigen darf man auch mal darauf hinweisen, dass »Nazi« immer schon eine Zuschreibungskategorie war, selbst im Nationalsozialismus. Der »hundertfünfzigprozentige Nazi« war schon damals eine Abwertung, und kein überzeugter Nationalsozialist hätte von sich gesagt: »Ich bin Nazi.« Insofern steht die nervtötende Zurückweisung »Nur weil ich Ausländer ablehne, bin ich lange noch kein Nazi« mitten in der Tradition des Nationalsozialismus.

Wir Juristen sagen: Es kann dahingestellt sein. Du hast eine Willenserklärung abgegeben und du musst sie dir zurechnen lassen. Sind es nicht gerade die Wählerinnen und Wähler der AfD, die sich darüber beklagen, dass man sie nicht ernst nimmt? Dann nehmen wir sie doch ernst. Die Partei, die sie gewählt haben, hat eine politische Kernaussage: Hass. Wer AfD wählt, wählt Hass. Nimmt man diese Wähler ernst und hält ihnen dies vor, beschweren sie sich, dass man es tut. Wie man es als Demokrat macht, macht man es bei AfDlern anscheinend falsch.

Jetzt haben wir das als Massenphänomen in Sachsen, in Thüringen, in Brandenburg ...

... zehn Prozent in Hessen, Nordrhein-Westfalen. Auch in anderen Bundesländern in Westdeutschland.

Aber es hat eine andere Ausprägung in Ostdeutschland.

Das mag sein, aber Vorsicht! Man macht es sich zu einfach, das Thema mit der Wiedervereinigung wegzuerklären.

Mir geht es nicht darum, das wegzuerklären. Mir geht es darum, die Potenziale zu identifizieren, die mich glauben lassen oder, wenn es negativ ausgeht, nicht glauben lassen, dass wir uns in einer Gesellschaft befinden, die auf einen Lernprozess zurückblicken kann und die bestimmte Resistenzen entwickelt hat, die das Schlimmste verhindern.

Was ist das Schlimmste?

Das Schlimmste ist etwas Unauffälliges, das rasch geschieht, nämlich die Abkehr von universalistischen Prinzipien der Demokratie.

Das passiert nie rasch. Und unauffällig ist es nur, weil man das Auffällige nicht sehen will.

Weiß ich, aber nun warte doch mal ab. Es gibt dabei selbstverständlich eine ostdeutsche Komponente. Das zu leugnen, wäre ideologisch. Die Politiker haben alle nur Angst, es deutlich zu benennen, weil sie um ihr Kreuzchen bangen, das ist doch völlig evident. Es gibt historische Linien, die man da erkennen kann – Sachsen lag schon bei den NSDAP-Wählern vorn. Und ein Faktor ist auf jeden Fall die ununterbrochene Diktaturerfahrung von 1933 bis 1989, das ist ein Unterschied zu Westdeutschland. Es gibt in Ostdeutschland über lange Strecken hinweg einen verzärtelten Umgang des Verfassungsschutzes, der Polizei und der Staatsanwaltschaften mit Neonazis, mit Skinheads, mit rechtsextremen politischen Akteuren. Und es gibt ein deutliches Versagen der zuständigen Institutionen, allen voran des Verfassungsschutzes.

Es gibt einen Opfermythos.

Auch das, insofern gibt es also einige Ost-Spezifika, im Übrigen ähnlich wie in anderen postsowjetischen Ländern. Und eine manifest antidemokratische Tradition. Wie der Historiker Ilko-Sascha Kowalczuk neulich in der Berliner Zeitung geschrieben hat: »In der DDR war man umgeben von Demokratieverächtern, überall: in der Schule, an der Universität, bei der Armee, im Betrieb, in den Medien, kein Ort, nirgends ohne Antidemokraten.« Ich finde, das ist ein sehr wichtiger Hinweis. Auch deshalb hat die Offene Gesellschaft einen schwereren Stand in Ostdeutschland als in Westdeutschland. Ist so. Und ich kann diese Ministerpräsidenten von Sachsen, Brandenburg oder Sachsen-Anhalt nicht mehr hören, die das in jeder Talkshow abstreiten, aber Milliarden von Strukturhilfen haben wollen, um die AfD zu verhindern. Das ist alles unredlich und nervt. Auf der anderen Seite würde man dann sagen: Gut, 12,6 Prozent auf Bundesebene sind dramatisch viel, aber im europäischen Vergleich, im Vergleich zu den USA, im Vergleich zu allen möglichen Staaten, ist doch diese Republik gar nicht so übel.

Im Vergleich zu allen möglichen Staaten ist doch diese Republik gar nicht so übel.

Gar nicht so übel? Diese relativistische Position ist problematisch. Sie erinnert mich an das Argument, dass in jeder Gesellschaft ein »Bodensatz« von Extremisten vorhanden ist. Das sei normal. Solche Thesen haben etwas Beruhigendes, Einschläferndes. Ist es nicht die Aufgabe von engagierten Demokratinnen und Demokraten, dass sich diese Zahl in Richtung null bewegen sollte und man sich damit nicht abfindet? Wir befinden uns in einer Zeit, in der sich die Parteienlandschaft, nicht nur in Deutschland, substanziell verändert hat. Auch in vielen anderen Staaten Europas lösen sich die zwei großen historischen Bewegungen – konservativ und sozialdemokratisch/sozialistisch – im Prinzip auf. Das Konzept der Volksparteien, das in der zweiten Hälfte des 20. Jahrhunderts einen Höhepunkt erreicht hat, scheint in einer diverseren Gesellschaft kaum eine Zukunft zu haben. Daraus ergibt sich, dass es mehr Parteien in Parlamenten gibt und auch im Bundestag kaum mehr eine Partei die 30-Prozent-Grenze übersteigt – mal sehen, wie lange der Zustimmungsanstieg bei der CDU die Corona-Krise überdauert. Daraus folgt, dass eine Partei wie die AfD, die im Bundestag mit 12,6 Prozent repräsentiert ist, eine überdurchschnittliche Bedeutung bekommt. Seit 2017 ist sie größte Oppositionspartei. Sie breitet sich im Alltag aus. Sie baut Infrastrukturen aus. Sie sitzt mit ihren Repräsentanten in vielen Institutionen. Sie hat eine mit Millionen ausgestattete Stiftung zur Verfügung, die wiederum viele andere Menschen, die Multiplikatoren ihrer antidemokratischen Programme sind, weiterbilden und zu Botschaftern ihres Gedankengutes macht.

Dass sich die AfD radikalisiert hat, ist unstreitig. Sie hat aber von Anfang an rassistische Narrative gespeist. Der Gründungsvorsitzende Bernd Lucke, der die AfD während der Euro- und Staatsschuldenkrise gegründet hat, um den Euro abzuschaffen, ließ zu, dass man von den »faulen Italienern und Südländern« sprach und damit nationale rassistische Vorurteile transportierte. Dieser nationale Rassismus wirkte unschuldiger, als er war. Seine Nachfolgerin Frauke Petry ging einen Schritt weiter. Sie ließ den schon offen rassistischeren Teilen ihrer Partei freien Raum. Folgerichtig wurde sie dann von Alexander Gauland, der schon damals vom rechtsextremen »Flügel« begleitet wurde, abgelöst.

Entscheidend ist für mich, wie verankert ihre Strukturen und ihre Multiplikatoren sind. Wie viele Sympathisanten arbeiten in staatlichen Institutionen, bei der Polizei, beim Verfassungsschutz, bei den Gerichten, an den Universitäten, in der Verwaltung, in der Bundeswehr? Es sind deutlich mehr, als wir wahrnehmen wollen. Dieses Netzwerk ist außerordentlich gefährlich. Das konnte man schon während der Aufarbeitung der Morde des Nationalsozialistischen Untergrunds (NSU) erkennen. Auch beim ehemaligen Verfassungsschutzpräsidenten Hans-Georg Maaßen ist deutlich geworden, wie Repräsentanten, die unsere Verfassung schützen sollen, nicht die Lösung, sondern das Problem darstellen können.

Das Antidemokratische erhält den gleichen Raum wie das Demokratische.

Junge Menschen erleben seit Jahren, dass im öffentlichen Diskurs Parteien, die demokratisch gewählt wurden, aber keine demokratischen Parteien sind, mit demokratischen Parteien scheinbar auf Augenhöhe diskutieren und streiten. Die formale Unterscheidbarkeit ist kaum mehr sichtbar. Das Antidemokratische erhält den gleichen Raum wie das Demokratische.

Das ist die Veralltäglichung des Antidemokratischen, plötzlich gehört es in das Spektrum des Sagbaren und dessen, was zu verhandeln ist. Dazu gehören dann diese ekeligen, aber präzise kalkulierten Strategien wie die Aufforderung, »linke« Lehrer zu denunzieren, oder die Anwesenheit von AfDlern bei allen möglichen Veranstaltungen, zum Beispiel bei Tagungen von Schulleitern. Und nicht zuletzt in den Talkshows. Ich habe im Brandenburger Landtag letztes Jahr zum 8. Mai gesprochen, das ist schon spooky, wenn da ein ausgewiesener Rechtsextremist wie Andreas Kalbitz in der ersten Reihe sitzt und interessiert zuhört. Der Raum des Politischen hat sich da ganz buchstäblich verändert.

Mit der Einführung der politischen Metapher »illiberale Demokratie«, die der ungarische Ministerpräsident Viktor Orbán geprägt hat, ist eine weitere Verschiebung des Diskurses erkennbar. Müssen Demokraten jetzt den Begriff »liberal« hinzufügen? Sind »illiberal« und »Demokratie« überhaupt verknüpfbar oder *per se* ein Widerspruch? Welche Mindeststandards in der Moderne definieren Demokratie? Repräsentanten der illiberalen Demokratie behaupten, dass sie das Volk, die Mehrheit, repräsentieren und es nur um diese zu gehen hat. Demokraten haben in einem langen aufklärerischen Prozess den Standard der Demokratie erweitert. Minderheiten schützen, Gewaltenteilung mit einer unabhängigen Justiz und einem Rechtsstaat. Das ist jetzt der Mindeststandard. Für illiberale Demokraten ein Ausdruck von demokratischer Dekadenz. Die Enthemmung dieser illiberalen Demokraten haben wir in keinem EU-Mitgliedsland so beobachten können wie in Ungarn. Von einer freien Justiz kann man in Ungarn, aber auch in Polen kaum mehr sprechen. Und trotz alldem sind sie immer noch Mitglieder der Europäischen Union, und ihre Repräsentanten sitzen Seite an Seite mit Angela Merkel oder dem französischen Präsidenten Emmanuel Macron. Was sollen junge Menschen davon halten? Business as usual? Alles doch nicht so schlimm? Wenn also wirklich alles so beliebig ist, wenn es sich also nicht um fundamentale Unterschiede handelt, ab wann ist denn der Punkt erreicht, an dem wir deutlich machen müssen: bis hierher und nicht weiter? Welch ein fatales Signal damit gegeben wird! Ich empfinde dies als einen tiefen zivilisatorischen Rückschritt und einen Glaubwürdigkeitsverlust.

Das ist zweifellos so. Ich würde nie so naiv sein, zu glauben, dass der Zivilisationsprozess ein Prozess des unendlichen Fortschritts ist. Er ist natürlich nicht linear, er ist retardierend. Es gibt Zivilisationsbrüche, es gibt Zivilisationsverzögerungen, es gibt Rückentwicklungen, tragisch genug. Ich würde dir zustimmen, dass wir im Moment in einer gegenläufigen Phase sind. Was mich aber dabei interessiert, ist die Frage: Wo sind denn die Potenziale, wie kann diese Entzivilisierungsphase noch gestoppt werden? Das ist ja für uns auch politisch die wichtige Frage: Wo fängt man da an? Klar kann man alle möglichen Entwicklungen identifizieren, deshalb nennen wir das Buch ja auch »Zeitenwende«. Aber man kann sich schwer – das ist jetzt wieder wunschgetrieben – damit zufriedengeben, dass das nun einfach mal so ist.

Wie kann diese Entzivilisierungsphase noch gestoppt werden?

Es stellt sich auch die Frage, wie weit man sich möglicherweise auch selbst schöne Geschichten erzählt, sich selbst einlullt. Sebastian Haffner hat das wunderbar an sich selbst beschrieben, als die Extrablätter am 30. Januar 1933 die Ernennung Hitlers zum Reichskanzler verkünden: »Ich weiß nicht genau, wie die allgemeine erste Reaktion war. Die meine war etwa eine Minute lang richtig: Eisiger Schreck. [...] Dann schüttelte ich das ab, versuchte zu lächeln, versuchte nachzudenken, und fand in der Tat viel Grund zur Beruhigung.« Besser kann man gar nicht beschreiben, wie man mit dem Unerwarteten psychologisch umgeht: nach »Grund zur Beruhigung« suchen.

Mich würde interessieren: Wie steht es denn um deinen Beunruhigungszustand?

Mein Beunruhigungszustand deckt vieles ab, was du jetzt beschrieben hast. Zum Beispiel, dass Haltungen, Ansichten für normal gehalten werden, die man vor fünf Jahren für überhaupt nicht normal gehalten hätte. Nehmen wir als Signifikantes die ganzen

Einlassungen zu der Flüchtlingsproblematik an der türkisch-griechischen Grenze. Wie jetzt auf der Ebene der EU damit umgegangen wird, wie weit weg Merkels Position von 2015 ist. Ich nenne das *shifting baselines* – das große Problem, dass wir unsere Wahrnehmungen an sich verändernde Situationen anpassen und keine Referenzpunkte dafür haben, wie wir uns selbst in unseren Wahrnehmungen und Deutungen verändert haben. Wir hatten vorhin schon über die EU-Reaktionen auf die FPÖ in der österreichischen Regierung gesprochen – das ist auch eine *shifting baseline*.

Selbst bei den Grünen wird schon so getan, als ob die Forderung, einige Tausend schutzbedürftige Geflüchtete aus humanitären Gründen aufzunehmen, ein riesiger Erfolg wäre. Wir sind sehr bescheiden geworden.

Es ist ein eklatanter Unterschied zu 2015. Merkels Flüchtlingspolitik der ersten Phase kommt nur noch als Karikatur vor, das ist eine absolute Verschlechterung. Wir stellen beide fest, dass, unabhängig jetzt von Empfindlichkeiten der Bevölkerung, innerhalb von fünf Jahren selbst eine Partei wie die Grünen zwar sagt, wir müssen 5000 Kinder und Jugendliche aus humanitären Gründen aufnehmen, aber gleichzeitig doch Bedenken anmeldet. Irgendwann sind es dann nur noch 1500, dann kommt die Corona-Krise, dann sollen es noch 50 sein, aber bitte Mädchen. Währenddessen verschlimmert sich die Situation in den Lagern dramatisch, die Pandemie kommt noch dazu. Es gibt offenbar auf der EU-Ebene keine Untergrenze der Humanität mehr. Aber die »Wertegemeinschaft« wird unermüdlich beschworen. Welche Werte? Es bereitet mir Sorgen, dass niemand Relevantes in der Politik sagt, dass das Recht, Rechte zu haben, unverhandelbar ist.

Es bereitet mir Sorgen, dass niemand Relevantes in der Politik sagt, dass das Recht, Rechte zu haben, unverhandelbar ist.

Viele Menschen hat es, glaube ich, erleichtert, sich nicht mehr der Anstrengung stellen zu müssen, dass alle Menschen ein Recht auf Rechte

haben. Die selbsttäuschende, anästhesierende Begründung ist: Wir wollen die AfD nicht stärken. Und: Wir können nicht die ganze Welt retten.

Ja, das ist überhaupt das Allerbeste. Der Historiker Dan Diner hat das »kontraphobische Reaktionsbildung« genannt. Auf paradoxe Weise wird alles, was rechts ist, in dieser freundlichen Bundesrepublik immer mit viel mehr Aufmerksamkeit und Propaganda versehen, als politisch gut wäre. Weil rechts so gefährlich ist, kommt niemand auf die Idee, dass es viel besser wäre, die Rechten einfach zu ignorieren. Stattdessen wird jede unmaßgebliche Äußerung von unmaßgeblichen Leuten so lange medial zurückgewiesen, bis auch noch der Letzte gehört hat, dass da irgendwas geäußert wurde. Das hat Jörg Haider in Österreich als Erster erfolgreich praktiziert, und die Medien haben bis heute nicht gelernt, dass man Gesagtes auch mal unkommentiert sein lassen kann. Ein anderes Beispiel sind diese Leute, die auf sogenannten Hygienedemos gegen angebliche Grundrechtsverletzungen, gegen Bill Gates, die Juden, Weltraumstrahlen und wahrscheinlich auch Mundgeruch und die Vogonen demonstrierten. Die wurden umgehend in Talkshows bedeutsam gefunden und der sächsische Ministerpräsident Kretschmer fuhr gleich mit dem Fahrrad los, um mit ihnen zu diskutieren. Meine Güte!

Man könnte auch sagen, vorweggenommener Gehorsam gegenüber den Realitäten, die sich mit der letzten Bundestagswahl substanziell verändert haben. Einerseits durch den Verlust der Substanz der großen Volksparteien und andererseits durch den Substanzgewinn der AfD mit ihren 12,6 Prozent. Auch die Tatsache, dass die Türkei Flüchtlinge nach Griechenland schickt, wird mit dem Hinweis debattiert: Wir wollen doch nicht Entscheidungen treffen, die die antidemokratischen Kräfte der AfD in Deutschland stärken, und dafür müssen wir in Kauf nehmen, dass wir Kreide fressen und den Mund halten, wenn fundamental demokratische Prinzipien wie das Asylrecht für vier Wochen von einem Mitgliedsland der EU einfach so ausgesetzt werden. Damit machen wir uns mitschuldig und mitverantwortlich. Einen Präzedenzfall darf es nicht geben. Kein Zweck, kein Ziel heiligt dieses Mittel. Ein Mitgliedsland der Europäischen Union hat offiziell das Asylrecht für vier Wochen ausgesetzt. Ein Skandal! Die Genfer Menschenrechtskonvention gilt für vier Wochen nicht. Ein Skandal! Und das EU-Mitgliedsland Deutschland sagt nichts. Ein Offenbarungseid.

Doch, wir sagen, wir nehmen ein paar Kinder.

Ein paar Kinder? Nach langem Gezerre hat die Bundesrepublik Deutschland wenige Hundert unbegleitete Kinder und Jugendliche aufgenommen.

Im Sinne von Hannah Arendt ist die Aussetzung des Asylrechts etwas, das nicht geht, das nicht hätte geschehen dürfen. Ist aber geschehen. Was bedeutet das?

Einen Rückschritt. Der zivilisatorische Konsequenzen nach sich ziehen wird. Unsere Standards wackeln. Wie wollen wir Diktatoren, mörderische Regime, autokratische Systeme kritisieren, wenn wir unsere eigenen Maßstäbe nicht respektieren? So viel Heuchelei und Doppelmoral sind kaum aushaltbar.

Ja, das geht nicht. Und der Augenblick, in dem man es praktisch passieren lässt, ist schon der Unterschied ums Ganze.

Humanität und Aufklärung beginnen in der Unverhandelbarkeit von Menschenrechten. Dazu gehört auch das Asylrecht. Es kann nicht sein, dass einfach mal so beschlossen wird, dieses Recht für einige Wochen außer Kraft zu setzen. Ein Aufschrei in Deutschland, Massendemonstration gegen diese Entscheidung, Aktivitäten in den sozialen Netzwerken – eher Fehlanzeige, oder?

Es gibt zum Beispiel die Bewegung »Seebrücke«, die sehr engagiert ist.

Du bist schon sehr bescheiden geworden.

Ich möchte bitte zu Protokoll geben: Es gibt ein paar Tausend junge Menschen, die auf die Straße gegangen sind, um für ein offenes Europa und die Rettung der Flüchtlinge zu demonstrieren. Und sie haben das sogar unter den Bedingungen der Bewegungsbeschränkungen wegen Corona gemacht. Ich finde das großartig, die haben sofort den riesigen unaushaltbaren Widerspruch zwischen menschenrechtlichen Ansprüchen und der inhumanen Realität erkannt.

Humanität und Aufklärung beginnen in der Unverhandelbarkeit von Menschenrechten. Dazu gehört auch das Asylrecht.

Sicher gibt es in Gesellschaften immer eine Differenz zwischen ihren Selbstansprüchen und ihrer Praxis. Aber die Frage ist, ob ab einem gewissen Punkt dieser Unterschied zwischen Selbstanspruch und Praxis so groß wird, dass das zerstörerisch für die Gesellschaft selbst wird. In so einer Situation befinden wir uns gerade, befindet sich auch die ganze Europäische Union. Die Kluft ist zu groß und das fällt auf das Binnenverhältnis in den Gesellschaften zurück. Das hat eine zerstörerische Kraft.

Bevor ich mich aufrege, noch mal zusammengefasst: Wir hatten, wenn man sich Westeuropa anschaut, über einige Jahrzehnte eine Phase der Zivilisierung, in vielerlei Hinsicht. Jetzt befinden wir uns in einer Phase der Entzivilisierung. Über die Indikatoren für diese Entzivilisierung sprechen wir gerade. Ein Indikator ist das Auseinanderklaffen von Selbstansprüchen und konkretem Handeln, und das in einer Ausprägung, wie wir sie vielleicht vorher so nicht kannten. Also was kann ich dann einklagen? Wie belastbar ist eine politische Haltung? Ein weiterer Indikator ist die Ignoranz – jetzt haben wir wieder das Generationenthema – gegenüber legitimen Ansprüchen nachfolgender Generationen. Zum Beispiel die vollkommene Indolenz gegenüber dem Klimawandel. Das ist ja obszön. Wenn die Eliten nicht integrativ agieren, ist das ein weiterer Erosionsfaktor. Hinzu kommen große Probleme innerhalb der staatlichen Institutionen, so zum Beispiel das Bundesamt für Verfassungsschutz unter Hans-Georg Maaßen, das eine Fahrlässigkeit an den Tag gelegt hat, die haarsträubend ist.

Einspruch. Fahrlässigkeit ist ein verharmlosender und fahrlässiger Begriff.

Es gibt auch, so nehme ich das wahr, den Versuch gegenzusteuern. Sowohl beim Verfassungsschutz als auch beim Bundeskriminalamt hat man jetzt gute Leute, Haldenwang, Münch, das sind sicher integre Personen. Aber zurück zu den Indikatoren: Bei vielen politischen Akteuren fehlt es an historisch-politischer Bildung. Viele wissen gar nicht, wie sie Zeiterscheinungen zuordnen, wie sie die kontextualisieren sollen. Das hängt mit einer radikalen Gegenwartsfixiertheit zusammen. Keinen historisch-politischen Horizont nach hinten, aber auch nicht nach vorne. Sehr interessant war zu sehen, wie sich das in der Krisensituation Corona auswirkte: ein hervorragendes momentbezogenes Krisenmanagement, nicht das Geringste daran auszusetzen. Aber keinerlei Perspektive, wenn es um die Modernisierungschance in der Zeit danach geht. Politik ist extrem pragmatisch geworden, ist vor allem Management. Sie entwickelt aber keine Visionen, keinen politischen Horizont für das Gemanagte. Das heißt, es gibt gar keinen Überbau – wohin will diese Gesellschaft? Was sind ihre Chancen und Perspektiven? So eine transzendentale Obdachlosigkeit ist natürlich fatal, weil es automatisch restaurativ und reaktiv wird, wenn der einzige Bezugspunkt die Gegenwart ist, der Status quo, der auf alle Fälle gehalten werden muss.

Bei vielen politischen Akteuren fehlt es an historisch-politischer Bildung.

Und ein weiterer Punkt, mein Thema: eine monothematische Konzentration von allem Sinnen und Trachten auf Konsum, koste es, was es wolle. Hinzu kommen die vielen Epiphänomene, die sich darum herum ranken, dann eine Entleerung von Inhalten im Bereich der Wissenschaft durch diese ganze Quantifizierung, durch Wettbewerb, Rankings und anderes Wissenschaftsfremdes, das übrigens völlig widerstandslos Einzug in den Wissenschaftsbetrieb gehalten hat. Und – sehr wichtig, bislang völlig unterschätzt – dieser ganze identitätspolitische stalinistische Unterschleif, der sich auch im politischen Diskurs eingerichtet hat. Mich nervt, dass in der sogenannten linken Szene, auch in Teilen der feministischen Szene, die Adaptierung von totalitären Gedankengängen und politischen Strategien unkritisch stattfindet. In der Theorie der *critical whiteness* etwa wird überhaupt nur noch standpunktbezogen argumentiert und Rederecht erteilt, das wird dann selbst rassistisch und totalitär.

Das berühmteste und schon für sich verheerende Beispiel ist die Geschichte mit dem Gomringer-Gedicht. An der Fassade der Alice-Salomon-Hochschule in Berlin stand in großen Lettern ein Gedicht von Eugen Gomringer, einem der Urväter der konkreten Poesie. 2016 forderte der Asta der Hochschule das Gedicht, das aus dem Jahr 1951 stammt, zu übermalen, da das Gedicht unter anderem »unangenehm an sexuelle Belästigung, der Frauen alltäglich ausgesetzt sind« erinnere. Dabei ist Gomringers Gedicht *concrete poetry*, es geht um die Ästhetik der Worte, nicht um Inhalte. Da argumentieren die Studierenden allen Ernstes, dass Bewunderung auch eine Form von Diskriminierung sei, weil bei Gomringer »mujeres y un admirador« vorkommen, also Frauen und ein Bewunderer. Da muss man mal hinkommen! Und die Hochschulleitung geht darauf ein und lässt das Gedicht übermalen. Oder die Parallelfälle an der Humboldt-Universität, wo eine totalitäre studentische Gruppe, die sich Münkler-Watch nennt, anonym einen Blog betreibt, um den Professor für Politische Theorie Herfried Münkler zu diffamieren, weil sie zu dumm ist, zwischen einem Inhalt und seiner Vermittlung zu unterscheiden. Auch hier: eine kuschende Hochschulleitung.

Autoritäre Gruppierungen, auch gerade in der Studentenschaft, aber nicht nur dort, gab es auch schon zu meiner Studienzeit.

Ja, aber neu ist, dass man einknickt vor denen. Neu an der ganzen Geschichte ist, dass du diesen Totalitarismus nicht thematisieren darfst, weil das ist ja antiprogressiv, das ist ja rechts.

Hast du gerade gesagt, man darf es nicht thematisieren?

Natürlich darf ich es thematisieren. Aber im Diskursuniversum dessen, was sich heute als progressiv, in Ermangelung anderer Begriffe, selbst beschreiben würde, da dürfte man das nicht sagen. Für mich ist daran interessant, inwieweit totalitäres Gedankengut und totalitäre Argumentation bis hin zu gespiegelter rassistischer Argumentation in einem sich als kritisch dünkenden Spektrum etabliert ist und seinerseits nicht mehr kritisiert werden darf, ohne dass es dann wirklich massive Ausgrenzungswünsche gibt.

Also muss man doch die Frage stellen, in welchem Zustand die demokratische Streitkultur ist. Vielleicht sollten wir erst darüber sprechen, was demokratische Streitkultur überhaupt ist und wie sich eigentlich die Diskurskultur in der Bundesrepublik nach 1945 bis heute entwickelt hat. Die Frage ist, ob die Streitkultur in dieser Republik im Prinzip nicht doch aus dem Autoritären, aus dem Schweigen heraus, entstanden ist, man vergleiche sie nur mit der angelsächsischen Streitkultur.

Es gab diese strikte Aufteilung in Falsch und Richtig, meiner Meinung nach ein mentales Erbe der Elterngeneration. Was unser beider Generation gegenüber der 68er-Vorgängergeneration auszeichnet, ist eine höhere Ambivalenztoleranz. Unsere Generation und die zwei, die danach gekommen sind, sind wesentlich ambivalenztoleranter, was ich für einen Zivilisierungsschub halte. Jetzt sehen wir an solchen Beispielen wie den eben erwähnten und vielen anderen, dass diese als progressiv sich dünkenden Gruppen zu Ambivalenztoleranz überhaupt nicht mehr fähig sind, sondern einfach draufhauen.

Kann es sein, dass die von dir positiv beschriebene Ambivalenztoleranz bei nicht wenigen zu einer Beliebigkeitstoleranz geführt hat? Und kann es sein, dass wir eine Renaissance des Autoritären, des Entweder-oder-Denkens erleben? Übrigens: Ich verwende den Begriff der Toleranz bewusst ungern. Schon Johann Wolfgang Goethe meinte: »Toleranz sollte nur eine vorübergehende Gesinnung sein. Sie muss zu Anerkennung führen. Dulden heißt beleidigen.« Eine emanzipierte Gesellschaft, in der es nicht mehr um Minderheits- und Mehrheitsperspektiven geht, sondern um die Gleichheit aller Bürgerinnen und Bürger, muss das Prinzip der Toleranz durch die Prinzipien der Autonomie und des Respekts ersetzen.

Ich wollte aber eigentlich sowieso lieber Ambivalenzfähigkeit sagen anstatt Ambivalenztoleranz.

Es gibt eine verstärkte Tendenz zur Beliebigkeit. Viele Dispute enden, ohne dass klar ist, wer eigentlich welche Position vertritt.

Genau: »Gut, dass wir darüber gesprochen haben.« Ich möchte das Phänomen noch ein bisschen zuspitzen, weil es ja eine gesellschaftliche Oberflächenwahrnehmung gibt, dass das, was aus den Universitäten und von der Studentenschaft kommt, schon aus Prinzip fortschrittlich sei. Dieser Mythos entlarvt sich genau an solchen Beispielen. Wir wissen nun auch, wenn wir uns Anfang der dreißiger Jahre die Universitäten ansehen, dass dort die NS-Avantgarde gewesen ist. Insbesondere auch in den Studentenschaften, gerade bei denjenigen, die formal hoch qualifiziert und vielleicht auch intelligent sind, gibt es eine hohe Empfänglichkeit für totalitäre Vorstellungen, schon aus einer elitären Selbstperspektive heraus.

Diese Empfänglichkeit gibt es bis heute. Und auch heute müssen wir aufpassen, weil unsere Debattenräume diese Verbalgewalt aufnehmen.

Ja, diese Räume verändern sich rapide. Der springende Punkt, und dafür steht die Aussetzung des Asylrechts für vier Wochen, ist –

das sage ich hiermit dem Juristen –, dass alles davon abhängig ist, dass das rechtsstaatliche Gebäude intakt ist. Denn darauf kann man als Referenz jeden abweichenden Akteur verpflichten.

Unabhängig von der juristischen Perspektive bewegen wir uns im Politischen. Die politische Interpretation von stattfindenden politischen Ereignissen ist oftmals erschreckend. Auch die rot-grüne Regierung mit Kanzler Gerhard Schröder hat nicht sehen wollen, dass es sich bei den NSU-Anschlägen um Rechtsterroristen gehandelt hat. Es hat immer schon Rechtsterrorismus in der Bundesrepublik gegeben, den es offiziell nicht geben durfte. In diesem Zusammenhang wurde auch die Frage gestellt, was denn das Ausland über Deutschland denken würde. So wichtig das Ausland auch ist, ist es an dieser Stelle irrelevant, denn es geht um die innere Beziehung zum Rechtterrorismus, nicht um die äußere. Es entsprach der Erzählung der geläuterten Bundesrepublik Deutschland, dass es keine Nazis mehr geben durfte. Wann immer ein solcher Vorfall passierte, war es ein Einzelfall. Ein Einzeltäter. Ein Verirrter. Von organisiertem Rechtsterrorismus keine Spur. Das war deutsche Verdrängungskultur. Weil nicht sein kann, was nicht sein darf. Erst nach den Ereignissen der letzten Jahre und den Wahlerfolgen der AfD öffnet sich dieser verschlossene Blick. Innenminister Seehofer und der Präsident des Bundesverfassungsschutzes erklären der Öffentlichkeit, der größte Gegner der Demokratie ist der Rechtsterrorismus.

Was dieser Innenminister vorher geäußert hatte, war signifikant anders.

Richtig. Wenn man im politischen wie auch im gesellschaftspolitischen Diskurs begonnen hat, vieles auszusprechen, was man unter der Überschrift »Man muss doch mal sagen dürfen« subsumieren könnte, wenn man gehört hat, was auch Politiker und andere Eliten beispielsweise über Ausländer und Muslime gesagt haben, wenn man sich an Zitate der konservativen Parteien erinnert, dann muss man die Frage aufwerfen, warum dieses Gift, das in die Gesellschaft einsickert, als ein Phänomen der Gegenwart bezeichnet wird, und man damit wieder verdrängt, dass es

schon immer da war. Ich kann mich nicht daran erinnern, dass ich in meinem Leben dieses Einsickern, dieses Einträpfeln, nicht gehört hätte. Es war immer ein Teil der Grundmelodie dieses Landes, mal lauter, mal leiser.

Ja, ich stimme dir zu, was die Latenz von bestimmten Ressentiments angeht und den gesellschaftlichen Rahmen, der diesen Dingen mehr oder weniger Raum bietet. Meine Hypothese wäre, dass der Raum dafür schon mal kleiner war oder er jetzt größer ist.

Aber entweder ist dieser innere Raum größer geworden oder der äußere Raum, der größer war, ist kleiner geworden.

Je besser, in einem normativen Sinne, Demokratie und eine Staatlichkeit wie unsere funktioniert, desto enger ist der Raum für Ressentiments, vor allem für die Äußerung des Ressentiments. Dass Ressentiments vorhanden bleiben, das sage ich als Sozialpsychologe, ist einfach so, es gibt keine vorurteilsfreien Menschen. Es gibt vielleicht unterschiedlich gewaltbereite Menschen. Es gibt auch unterschiedlich ausgeprägte Orientierungsbedürfnisse bei Menschen, manche brauchen mehr, manche brauchen weniger Orientierung.

Adorno sagt schon in den *Studien zum autoritären Charakter*, der absolut Vorurteilsfreie ist genauso ein Problem wie der Vorurteilsvolle. Beiden fehlt die Urteilskraft. Die Frage ist daher: Hat das Ressentiment eine Handlungskomponente? Möchte ich den, den ich nicht gut finde, umbringen? Der gesellschaftliche Raum bestimmt, ob dieser Wunsch exekutierbar ist oder nicht. Ich habe immer diese Vorstellung gehabt, dass sich nach den üblichen Talkshowrunden erzkonservative CSU-Leute nachts im Bett wälzen und ärgern, dass sie sich verkniffen haben, zu sagen, was sie eigentlich denken. Aber sie haben es halt nicht gesagt, weil es nicht zum Raum des Erwartbaren, Sagbaren und Akzeptablen gehört hat. Das hat sich verändert, weil vieles wieder sagbar geworden ist, was eine Weile nicht sagbar war. Bislang war der Raum für das Ressentiment wesentlich kleiner und dementsprechend ist auch das Entäußern solcher Ressentiments sanktioniert worden. Wenn der

Raum des Sagbaren größer wird, verändern sich auch die Handlungsbereitschaften. Dann werden Menschen nicht nur verbal attackiert, sondern ermordet.

Schauen wir uns das Ganze noch mal an: Der Einzeltäter ist ein Begriff, der über Jahrzehnte immer wieder bemüht wurde, wenn es um Rechtsterrorismus ging. Die Frage, gibt es Rechtsterrorismus in Deutschland, ist bis vor Kurzem verneint worden, obwohl dieser immer existierte. Da muss man jetzt gar nicht erst beim NSU anfangen. Wir haben auf Länderebene erlebt, dass in Sachsen von den Generalstaatsanwaltschaften »harmlos« ermittelt wurde und die Bundesanwaltschaft übernehmen musste, um Anklage wegen der Bildung einer terroristischen Vereinigung zu erheben. Wir verbinden seit Jahrzehnten die Formulierungen »Es gibt ein Umfeld, es gibt eine Sympathisantengruppe« immer mit Linksterrorismus. Die »Hilflosigkeit« gegenüber dem Rechtsradikalismus ist auch ein seit Jahrzehnten übliches Argument.

Wir wissen, dass es bei der RAF einen breiten Konsens gab, man müsse da durchgreifen – man kann dazu stehen, wie man will, ob die Maßnahmen gerechtfertigt oder übertrieben waren. Beim Rechtsterrorismus wird immer gefragt: Wie können wir denn da vorangehen? Wir spielen die Hilflosen. Als ob wir nicht den Maßnahmenkatalog, der zur Bekämpfung der RAF entwickelt wurde, auch bei Rechtsterroristen anwenden könnten. Wir wollen nicht zur Kenntnis nehmen, dass es eine intellektuelle rechtsextremistische Szene gibt. Wider besseres Wissen. Lediglich bei der Buchmesse gibt es mal eine Reaktion, wenn der rechtsextreme Antaios-Verlag einen Stand dort hat. Aber im Alltag wird es in der intellektuellen Debatte nach wie vor eher ignoriert. Ich frage noch mal rhetorisch in den Raum: Wenn selbst der Mord an Regierungspräsident Walter Lübcke, der in seinem Haus mit einem Kopfschuss getötet wurde, weil er sich für Geflüchtete eingesetzt hat, nicht dazu führt, dass wir alle in dieser Republik verstehen, dass es uns alle angeht, was muss denn dann noch passieren, damit Menschen mit meiner Biografie das Vertrauen entwickeln können, dass wir alle verstanden haben, dass wir bedroht sind?

Was mich fertigmacht, ist so eine Obszönität des Diskurses, der sich selbst als intellektuell versteht, dem es aber um nichts anderes geht, als sich interessant zu finden. Wenn man die Geschichte von Helmut Lethen nimmt, der als Alt-Linker Jahrgang 1939 tölpelhafterweise sich liiert findet mit einer jungen Frau, die zu einer der Vordenkerinnen der neuen Rechten wird, in aller rassistischer Ekelhaftigkeit. Da schreiben die dann wechselseitig Bücher übereinander (*Mit Linken leben*) und das gehobene Feuilleton ergeht sich umgehend darin, dass detailreich zu diskutieren. Es gibt da keine intellektuelle Hygiene, die sagen würde: Das fassen wir doch gar nicht an. Und in diesem Sinn gibt es eine verbreitete intellektuelle Obszönität, der es um gar nichts geht als um die Vorführung der vermeintlichen eigenen Brillanz. Ich habe mal in einer Rezension gelesen: »X gräbt nur tief, um zu zeigen, wie groß sein Spaten ist.« Super zusammengefasst. Das Problem ist nur, dass solche intellektuelle Hybris politisch unzuverlässig und eben überall anschlussfähig ist. Deshalb versagen Intellektuelle als Klasse immer, wenn es drauf ankommt.

Vielleicht sollte ich dazu eine persönliche Geschichte erzählen: Nur meine Mutter, mein Vater und meine Großmutter seligen Angedenkens haben den Holocaust überlebt. Zu Hause wurde viel geweint, viel getrauert. Angst begleitete meine Kindheit. Wenn wir Feste feierten und Freunde mit meinen Eltern einen fröhlichen Abend hatten, reichte es, dass ein Anwesender die Frage stellte: »Erinnerst du dich an Sarah?« In der gleichen Sekunde verstummten die Erwachsenen, Tränen flossen und sie erinnerten sich an ihre ermordeten Brüder und Schwestern, Freunde und Freundinnen. So viel Traurigkeit schwebte plötzlich in den Raum. Ich wollte all diese Erwachsenen umarmen und die, die ihnen das angetan haben, bestrafen. Ich war wütend auf das Leben und auf die Menschen und auf das, was Menschen in der Lage sind, anderen Menschen anzutun. Diese existenzielle Erfahrung hat mich geprägt. Die Frage nach dem Warum und die Frage nach der Gerechtigkeit und die Frage, wieso Menschen sowohl Barbaren als auch zivilisierte Lebewesen sein können.

Als ich auf dem Gymnasium war, beschimpfte mich wieder einmal ein Kind als »Judensau«. Ich kam nach Hause, ich war sehr aufgeregt, sehr aufgewühlt. Mein Vater kam wie immer zum Mittagessen nach Hause und wir saßen zu dritt am Tisch. Meine Mutter sagte: »Michel, geh jetzt ins Bad und schau dich mal im Spiegel an.« Ich erwiderte: »Was soll ich jetzt im Badezimmer?« Sie sagte: »Geh hin!« Als ich zurückkam und mich setzte, habe ich sie gefragt, was das eigentlich sollte mit dem Bad. Da sagte sie: »Hör mir zu und denke bitte dein Lebenlang daran, was ich dir jetzt sage: ›Der Hassende ist vergifteter als der Gehasste, weil er 24 Stunden mit seinem Hass leben muss.‹« Ich habe das damals nicht verstanden, es hat mich noch wütender gemacht, weil ich den Eindruck hatte, meine Mutter verteidige den Jungen, der mich beschimpft hatte. Es brauchte Jahre, bis ich begriff, was sie mir sagen wollte. Sie hatte recht und ich bin froh, dass ich kein Zyniker geworden bin. Das lag auch daran, dass der Deutsche Oskar Schindler meine Eltern und Hunderte weiterer Menschen gerettet hatte. Was für eine Sauerstoffzufuhr! Dank seiner konnte ich nie sagen »die Deutschen«. Ich lernte, nicht zu verallgemeinern. Ich lernte, dass Menschen, die einen Kompass haben und bereit sind zu handeln, Erfolg haben können. Die Frage, die sich mir stellte, war: Vertraue ich dem Leben und den Menschen oder misstraue ich dem Leben und verzweifle an den Menschen? Werde ich Zyniker oder nicht? Ich habe mich für das Vertrauen, für das Leben entschieden. Dieses Vertrauen erlebt Erschütterungen. In letzter Zeit frage ich mich, wie lange dieses Vertrauen noch hält. Wann für mich die rote Linie überschritten ist. Wo Vertrauen Naivität bedeuten würde und damit Gefahr. Ab welchem Punkt halte ich es nicht mehr aus, mit dem Hass der anderen zu leben? Ab wann vergiftet dieser Hass mein Leben so, dass ihm keine Demonstration oder Petition oder Sonntagsrede oder Solidaritätsaktion der zerstörten Statik etwas entgegensetzen kann?

Das ist der Punkt, um den es in diesem Gespräch geht. Wenn wir ein Buch machen könnten, das als eine Art infinitesimale Übung dazu beiträgt, dass dieser Punkt, dieses »Ab wann?«, nicht eintritt, dann wäre es gut. Das wäre so etwas wie mein politisches Credo, die kleinste Moral.

Für viele Minderheiten in unserem Land ist dieser Punkt, an dem sie sich fragen, ob sie so noch weitermachen können, schon erreicht.

Ich hatte vorhin schon den Begriff der *shifting baselines* erwähnt, der für mich etwas sehr Instruktives hat. Ich sage in Vorträgen den Leuten immer, sie sollten kein Vertrauen in Überzeugungen haben, am wenigsten in ihre eigenen. Die verändern sich auf erstaunlich geschmeidige Weise mit dem sogenannten Zeitgeist, und man selbst glaubt auch bei der allerneuesten Überzeugung, die habe man immer schon gehabt. Uns fehlt, wenn sich alle in ihren Wahrnehmungen und Orientierungen verändern, der Referenzpunkt.

Lass uns mal ein Gedankenexperiment versuchen. Ich bin auf deine Reaktion neugierig. Nehmen wir an, die AfD würde einen Teil der Bundesregierung stellen. In anderen Ländern kennen wir das ja schon. Also, was ist jetzt?

Die normale, die erwartbare Reaktion wäre, dagegen zu demonstrieren. Dieser Protest wäre natürlich symbolisch, weil er daran nichts ändern würde. Es sei denn, er würde eine solche unkontrollierbare Dimension erreichen, dass das Volk auf die Barrikaden ginge.

Die AfD stellt den Kanzler oder die Kanzlerin.

Dann würde es die erwartbaren Reaktionen geben in Form von Protest, in Form von Abwiegelung, in Form von sophistischen Feuilletonanalysen. Alle werden sie *shiften* und mitteilen, dass das jetzt nun mal ein Sachverhalt ist. Und je nachdem Gesichtspunkte erwägen, weshalb das eigentlich gar nicht so schlimm ist oder nur in Teilbereichen oder nur für die Minderheiten oder was auch immer. Das durften wir in Österreich betrachten, bis mit dem Ibiza-Video die kriminelle Energie dieser Leute von der FPÖ greifbar wurde. Wir können es aber alles schon bei Sebastian Haffner nachlesen. Seine *Geschichte eines Deutschen* ist für mich das wichtigste analytische Buch für solche *shifting*-Phänomene. Alles das würde ganz genauso passieren, und davon möchte ich nicht Teil sein. Ich würde einfach weggehen.

Du würdest das Land verlassen. Warum?

Weil ich nicht Teil dieses Abrutschens sein will und mir nicht traue, auch dann resistent zu bleiben, wenn ich da bliebe.

Es gibt aber auch die These, dass, wenn die Demokraten gehen, die Demokratiefeinde schon endgültig gewonnen haben.

Man muss für sich eine rote Linie festlegen, die man nicht überschreiten will. Das hilft, wenn sich die Dinge dynamisch zu verändern beginnen, das ist die Referenzlinie, wenn man will.

Deshalb fand ich vorhin das Thema »Aussetzung des Asylrechts« auch signifikant. Ist da schon die Linie überschritten? Vielleicht müssen wir uns darüber verständigen und dann leider feststellen, dass wir nicht mehr da bleiben können. Auch wenn man nicht aktiv dazu beigetragen hat, kann man sich auf der falschen Seite platzieren. Es gibt Dinge, die gehen nicht.

Auch wenn man nicht aktiv dazu beigetragen hat, kann man sich auf der falschen Seite platzieren.

Inzwischen gehen viele Dinge, von denen wir vor ein paar Jahren gesagt hätten, dass sie nicht gehen würden.

Ich habe gerade – das ist ein anderer Zusammenhang, aber exakt diese Argumentation – in der gestrigen FAS im Wirtschaftsteil ein Pro und Contra grüne Investments oder nichtgrüne Investments gelesen. Der Sachwalter des nichtgrünen Investments argumentierte exakt so: Man muss gerade die Aktien von Bayer oder BP kaufen, weil man ja dann Besitzer ist und Einfluss nehmen kann, während die, die Aktien nachhaltig wirtschaftender Unternehmen kaufen, auf ihren Einfluss auf die Bösen verzichten. Es gibt, wie sich immer wieder eindrucksvoll zeigt, Formen von Intelligenz, die von Dummheit nicht zu unterscheiden sind.

Ich weiß nicht, ob das eine Frage von Intelligenz und Dummheit ist. Ein entscheidendes Kriterium ist aber die Eigen- und die politische Verantwortlichkeit, wenn es um (geistige) Gewalt geht. Viele Anfangspunkte der Gewalt werden zu einem Endpunkt, weil die Reaktion ausbleibt. So folgt ein weiterer Anfangspunkt dem nächsten Endpunkt, bis wir erschrocken und überrascht aufwachen, wenn es ein Schlusspunkt wird. Wir gewöhnen uns daran und verschieben dadurch unsere eigenen Koordinatensysteme.

Ja, aber ich stelle mir diese Fragen eher stellvertretend, am Beispiel von Freunden und Freundinnen. Was Thilo Sarrazin mit seinem Buch angerichtet hat und was seine Botschaft – »Ihr gehört nicht dazu« – bei vielen ausgelöst hat, in deren Namen mehrere Üs vorkommen. Ich scheue den hirnrissigen Begriff des »Migrationshintergrundes«, den gibt es ja nur in diesem Land. Sarrazins Botschaft und die aller Käufer seines Buches wird von denen in einer viel existenzielleren Weise empfunden, als ich sie als Biodeutscher empfinde – kein Wunder, mir gilt der Angriff ja auch nicht, das Thema hatten wir vorhin schon. Das sind Entwicklungen, bei denen man gut sehen kann, was ins Rutschen gerät, ab wann die Entzivilisierung beginnt. Der entscheidende Punkt lässt sich auch an Haffner festmachen. Haffner geht nämlich weg, er bleibt nicht in Nazideutschland. Übrigens ist seine Analyse nicht rein rational, er schreibt sich eine Geruchsempfindlichkeit zu, das ist ziemlich interessant. Er beschreibt sich als jemanden, natürlich kokett, der das Geschehen intellektuell nicht vollständig durchdringt, auch nicht darauf vorbereitet ist, aber der ein gutes Riechorgan dafür hat, was zunächst noch undeutlich geschieht, aber sehr schnell sehr klar wird. Es gibt vielleicht so eine Intuition oder ein Sensorium für das Gegenmenschliche selbst dann, wenn es noch schwach dosiert ist.

Ein paar kurze Bemerkungen. Die Sehnsucht der westlichen Gesellschaften nach Überlegenheit ist nicht zu ignorieren. Ich erinnere mich, wie ich vor drei, vier Jahren eine Bekannte im Krankenhaus besucht habe, normales Bildungsniveau, mittleres Alter. Sie klingelte, denn sie wollte einen Arzt oder eine Ärztin sprechen. Es kam eine Dame herein mit dunkler Hautfarbe. Daraufhin sagte meine Bekannte zu ihr: »Schwester, ich wollte mit einem Arzt sprechen.« Worauf diese antwortete: »Ich weiß, Sie haben ja geklingelt.« Meine Bekannte sagte noch mal: »Das ist schön, dass Sie es wissen. Können Sie bitte jetzt einen Arzt rufen?« Die Dame sagte: »Ich bin übrigens die Oberärztin.« Das führte zu einer beklemmenden Stille. In dieser Szene drückte sich die kolonialistische Kultur Europas, die Überheblichkeit gegenüber People of Color aus. Diese spiegelt sich auch in unserer Diskussion über Menschen, die aus Afrika flüchten, wider. Ein Narrativ, das die AfD gnadenlos verstärkt und instrumentalisiert.

Dazu kann ich auch eine Geschichte beisteuern. Wir hatten mal ein schwarzes Au-pair-Mädchen. Und unser ganzer superliberaler, vorurteilsfreier, wohlmeinender Bekanntenkreis kam plötzlich mit Sorgen hinsichtlich von Erziehungsnormen und Auffassungen von Kindheit um die Ecke: »Meint ihr nicht, dass Hajiba euren Kleinen doch ganz anders erzieht, als ihr euch das vorstellt?« Komischerweise hatte bei französischen oder auch peruanischen Au-pairs niemand pädagogische Bedenken. Das war der reine Rassismus, verkleidet als pädagogisches Argument. Die hätten nie gesagt: »Wie könnt ihr denn eine Afrikanerin auf euer arisches Kind loslassen?« Sie waren in der Lage, ihre rassistische Hintergrundüberzeugung mit einem intellektuellen Kleidchen zu camouflieren. Und vermutlich haben sie es selbst nicht mal gemerkt.

Rassismus überträgt Vorurteile und tradierte Stereotype auf ein Individuum. Das Ich verschwimmt in ein diffuses Wir. Die Fremdbestimmung drängt sich auf. Identitätszuweisungen sind schwer erträglich. Mit geistiger und tatsächlicher Gewalt konfrontiert zu werden, nur weil man einer Religionsgemeinschaft angehört oder eine andere Hautfarbe hat oder Migrant ist oder Flüchtling ist oder einfach ist, wie man ist, hinterlässt tiefe Spuren. Viele Minderheiten kennen diesen ausgrenzenden Zustand.

Und doch: Die Akzeptanz des Pluralismus, der Vielfalt, der multikulturellen Realität, diese Herausforderung ist unverzichtbar. Jeder Mensch ist Rassist. Wir wachsen mit stereotypisierten Erzählungen auf. Mit Geschichten von anderen Kollektiven, die undifferenziert und von Vorurteilen gespickt sind. Unsere Herausforderung besteht darin, uns durch Reflexion und Anstrengung davon zu befreien. Auch ich erlebe diese Herausforderung immer wieder. Vor einigen Jahren habe ich einen Vortrag über eine weltoffene Gesellschaft und die doppelte Staatsbürgerschaft gehalten. Dabei sprach ich auch von der beschleunigten Option, dass Menschen aus der »Dritten Welt« diese Möglichkeit erhalten sollten. Als es zur Fragestunde kam, meldete sich ein Mann aus dem Publikum und sagte: »Guten Abend, Herr Friedman, darf ich mich Ihnen vorstellen? Ich bin Ihr ›Drittweltler‹. Wer hat Ihrem Land eigentlich den Titel der ›Ersten Welt‹ gegeben? Und meinem, Indien, die Bezeichnung ›Dritte Welt‹?« In diesem Augenblick war ich zutiefst beschämt, aber auch dankbar. Beschämt, weil ich wieder einmal merken musste, wie viele unreflektierte Gedanken, Einordnungen und Begriffe ich verwendete, die andere diskriminierten, und dankbar für diesen aufklärenden Augenblick. Ich habe diesen Begriff nie mehr verwendet. Ich habe gelernt. Das können wir alle.

Statt im 21. Jahrhundert über das »Wie« einer weltoffenen pluralen Gesellschaft und nicht mehr über das »Ob« zu verhandeln, sehen wir uns konfrontiert mit einer wachsenden Zustimmung, das Ob infrage zu stellen. Eine moderne Gesellschaft geht von der Gleichberechtigung und der Würde aller Menschen aus und unterstützt emanzipatorische Prozesse. Diese sind nur wirksam, wenn sich unsere Gesellschaft darauf einigt, dass mehr Demokratie, mehr Bürgerrechte unverzichtbar sind. Eine moderne Gesellschaft entwickelt sich nur, wenn sie keine Angst vor der Vielfalt hat. Ich jedenfalls habe keine Angst vor der Vielfalt, sondern vor der Einfalt von Menschen.

Leider gibt es im Moment auch keine Partei, die das personell repräsentiert. Das gehört zu dem Empfinden derjenigen, die sich auch in der Zusammensetzung der Regierung nicht repräsentiert sehen, dazu. Wenn man sich diese Bundesregierung und die zugehörige Staatssekretärsriege ansieht, ist ja niemand da, der in Person migrantische Gruppen repräsentieren würde. Das ist irre.

Nein, das ist Realität. Warum sagst du, das ist irre?

Es ist irre, weil das eine Retardierung ist. Immerhin hat ein Viertel der Bevölkerung einen migrantischen Hintergrund. Jetzt benutze ich diesen Begriff schon selbst. Es kann doch nicht sein, dass das politisch nicht repräsentiert ist. Und zwar nicht nur, weil das diskriminierend für das betreffende Viertel ist, sondern weil es die Demokratie selbst schädigt. Oder anders gesagt, mit dem Argument, bei dem wir vorhin schon waren: Das ist das Gegenteil eines gelebten Universalismus.

7

DANN IST DAS NICHT MEIN LAND

MF: Wir beide kennen uns nun schon seit vielen Jahren. Neben anderen Dingen eint uns die jahrzehntelange Beschäftigung mit dem Holocaust. Wieso wurde er für dich zu einer Art Lebensthema?

HW: Ich kann diese Frage nicht einfach beantworten. Ich kann nur versuchen, aus Fragmenten eine Antwort zu konstruieren. Zum Beispiel könnte ich erzählen, dass ich als Schüler mit der Klasse – ich schätze mal sechste oder siebte Klasse – in Bergen-Belsen gewesen bin. Der Ort, das Gelände dort, ließen mich merkwürdig unbeeindruckt, es gibt ja auch nichts zu sehen, weil die Baracken kurz nach der Befreiung von den Briten wegen der Seuchengefahr niedergebrannt wurden. Aber damals gab es noch das alte Dokumentenhaus, es war Anfang der siebziger Jahre. Ich bin in dieses Dokumentenhaus reingegangen, habe drei, vier Fotos gesehen und bin wieder rausgegangen, ich habe das nicht ausgehalten. Aber in gewissem Sinn habe ich es seither nie mehr verlassen. Es war ein Schlüsselerlebnis. Das ist so ein autobiografisches Fragment, ein Teil der Antwort.

Ein anderes Fragment: Ich kenne meine Familiengeschichte nicht, zumindest nicht über die Lebensgeschichten meiner Mutter und meines Vaters hinaus. Alles, was vor ihnen kam, ist unklar und nicht richtig dechiffrierbar. Ein Umstand, der vielleicht meinen Umgang mit Geschichte und Erinnerung beeinflusst hat.

Ein drittes Fragment, das klarste: Meine konkrete Beschäftigung mit der Täter-Thematik begann, als ich wissenschaftlicher Mitarbeiter am Psychologischen Institut der Uni Hannover war. Da hielt eines Abends ein Psychoanalytiker einen Vortrag über den Auschwitz-Kommandanten Rudolf Höß. Der packte sein psychoanalytisches Besteck aus und analysierte nun Höß. Während des Vortrages und besonders, nachdem er fertig war, hatte ich den bedrückenden Gedanken, dass dieser Analytiker auf seine Weise das, was Höß mit Menschen gemacht hat, mit Höß machte, nämlich eine Art professionelle Behandlung mit einem definierten Ziel. Das habe ich in der anschließenden Diskussion auch gesagt, was nicht gut ankam. Dann habe ich mich hingesetzt und *Meine Psyche*, die Autobiografie von Höß, gelesen, habe mich in diese Thematik eingearbeitet und gedacht: Das wird alles völlig falsch verstanden. Das Handeln der Täter ist ein Phänomen, das man psychoanalytisch überhaupt nicht erschließen kann. Das hat völlig andere Dimensionen; man kann so ein Lager aufbauen und leiten, es zum Vernichtungslager ausbauen, ohne ein biografisch zurückzuführendes Motiv zu haben. Es genügt, die professionelle Haltung eines Sozialingenieurs zu haben.

Das Handeln der Täter ist ein Phänomen, das man psychoanalytisch überhaupt nicht erschließen kann.

Das war der Beginn. Das hat mich wahnsinnig interessiert, warum, kann ich dir nicht beantworten. Das weiß ich nicht. Aber das war damals der Ausgangspunkt meiner langen Beschäftigung mit dem Thema. Ich habe dann dazu publiziert und auch meinen Habilitationsvortrag dazu gehalten. Der war hoch umstritten, weil ich in meinem Versuch der Rekonstruktion des Täterhandelns zeigte, weshalb Erklärungsansätze, die sich auf die Persönlichkeit der Täter, ihre Charaktereigenschaft und ihre psychische Verfassung richten, nicht weiterführen. Man muss den sozialen und situativen Rahmen betrachten, den Referenzrahmen, gebildet aus professionellen Standards, zeitgenössischen Normen, Gruppennormen, Bedingungen der Situation. Ich finde diesen Zugang bis heute richtig und wichtig. Mich beschäftigt bis heute die Frage nach dem Potenzial. Was bringen Menschen, unabhängig von ihrer konkreten besonderen Lebensgeschichte, an Handlungspotenzialen und Orientierungsbedürfnissen mit, damit sie unter bestimmten Bedingungen das tun, von dem sie glauben, dass es von ihnen erwartet wird? Das ist die Quintessenz des Ganzen und gilt im negativen wie im positiven Fall. Ganz normale Menschen können Massenmörder werden und umgekehrt können ganz normale Menschen auch zu Freiheitskämpfern oder Rettern von Verfolgten werden. Wir müssen auf die Handlungsbedingungen schauen, nicht auf die Persönlichkeiten der Täter.

Mitentscheidend war auch, dass ich bei der Auseinandersetzung mit dem Thema auf einen meiner akademischen Überväter gestoßen bin, den amerikanischen Politikwissenschaftler Raul Hilberg. Ich bildete mir ein, dass ich Hilbergs Arbeit nicht nur kognitiv, sondern auch emotional verstanden habe, besonders sein Standardwerk *Die Vernichtung der europäischen Juden.* Doch auch sein späteres Werk *Täter, Opfer, Zuschauer. Die Vernichtung der Juden 1933-45«* das erst kaum jemand verstanden hatte, begriff ich unmittelbar. Ich habe ihn dann, was nicht ganz einfach war, überzeugen können, dass wir in einen Austausch kommen, und traf ihn dann erstmals in Burlington, Vermont, wo er lebte und lehrte. Danach ist der Kontakt bis zu seinem Tod nicht abgerissen. Uns beide trieb die gleiche Fragestellung um: Wie entstehen auf der sozialen Ebene inklusive zugehöriger Begrifflichkeiten und Verwaltungsoperationen gefühlte Handlungsnotwendigkeiten, die den Leuten einleuchten? Wie geht so etwas vor sich, und wie machen die Einzelnen es sich zu eigen? Hilberg war für mich wahnsinnig wichtig, er hat verstanden, was ich gemacht habe, und hat mich bestärkt, gegen die Standardinterpretation zu forschen, er war meine Identifikationsfigur.

Wie war denn die Standardinterpretation?

Die Standardinterpretation war, pauschal gesagt, orientiert an Adornos Hypothese aus seinem Aufsatz »Erziehung nach Auschwitz«. Man müsse die Biografien der Täter studieren, um herauszubekommen, wie diese Menschen zu dem wurden, was sie waren. Das war exakt derselbe Gedanke, den die Amerikaner bei Kriegsende hatten, als sie dem »Nazi-Mind« auf die Spur kommen wollten. Aber man braucht weder viel Ideologie noch viel psychische Disposition, um sich zu entscheiden, die fürchterlichsten Dinge zu tun.

Ich komme von der Soziologie beziehungsweise Sozialpsychologie her, dort interessiert man sich für dieses Thema bis heute nicht wirklich. Da gibt es noch Stefan Kühl in Bielefeld, der organisationssoziologisch an die Sache herangeht, aber ansonsten ist das ein Null-Thema in der Soziologie. Das Buch des polnisch-britischen Soziologen Zygmunt Bauman über den Zusammenhang zwischen Moderne und Holocaust, *Dialektik der Ordnung. Die Moderne und der Holocaust*, ist völlig einflusslos geblieben. Und auch was Jan-Philipp Reemtsma gemacht hat, ist in gewisser Weise erratisch. Ich hatte eine kleine Konjunktur in der Geschichtswissenschaft, nachdem mein Buch *Täter. Wie aus ganz normalen Menschen Massenmörder werden* erschienen war. Das ist aber inzwischen alles wieder vorbei, ist wieder komplett exkommuniziert. Jetzt wird meist wieder die psychoanalytische Perspektive bemüht. Gerade weil Historikerinnen und Historiker meist nichts von Psychologie verstehen, adaptieren sie diese Perspektive und eiern mit Dingen wie Aggression, Abwehr und Verdrängung herum.

Aber man braucht weder viel Ideologie noch viel psychische Disposition, um sich zu entscheiden, die fürchterlichsten Dinge zu tun.

Wenn man dir zuhört, fragt man sich automatisch, warum das so ist. Eigentlich hätte sich die Soziologie, besonders in Deutschland, mit diesem Thema schon früher und viel intensiver beschäftigen müssen. Es wäre schon seit drei Generationen möglich gewesen. In den fünfziger Jahren hätten sich Professoren und Professorinnen und Intellektuelle und Politikerinnen und Politiker mit diesem Thema bereits deutlich mehr auseinandersetzen müssen, unabhängig davon, ob sie Teil des Systems oder ob sie aus dem Exil zurückgekehrt waren. Das gilt bis in die achtziger Jahre, in denen dann endlich die Auseinandersetzung begann.

Auch bei den Juristen, den Politologen, in allen Teilen der Gesellschaft kann man diese Vertuschungs- und Verdrängungsversuche wiederfinden. Wie kann es sein, dass man jahrzehntelang nach außen kommuniziert: Wir haben verstanden. Wir stellen uns dem Thema. Wir wollen es besser machen als die Generation vor uns. Und dass man gleichzeitig diesen Anspruch, wenn überhaupt, dann nur in Teilen der Gesellschaft konsequent umgesetzt hat? Kann es also sein, dass sich eine Legende im Fortsetzungs-Wiederholungs-Modus formuliert hat, um nach innen wie nach außen Entlastung zu produzieren, die einen beschwingten Blick nach vorne ermöglicht hat? Aber wie immer, wenn man individuell und kollektiv Themen, die schmerzen, in einen Safe legt und die Nummernkombination vergessen will, schafft man es trotzdem nicht, das Bedrückende zu entsorgen, sondern erlebt scheinbar überraschende Explosionen.

Ich glaube, du hast vorhin den entscheidenden Hinweis dazu selber gegeben, indem du auf das kulturelle Gedächtnis verwiesen hast. Eigentlich hätte ich selbst darauf kommen müssen. Als mein Täter-Buch erschien, 2005 war das, war ich Mitte vierzig. Damals gab es hierzulande, aber auch in den USA mit Christopher Browning (*Ganz normale Männer. Das Reserve-Polizeibataillon 101 und die »Endlösung« in Polen*) in der Geschichtswissenschaft ein vitales Interesse daran, diese Geschichte noch mal anders zu schreiben. Nicht auf der beschreibenden Ebene – »Da hat es so und so viele Tote gegeben und hier war die Vernichtungsanlage« –, sondern auf der Ebene der Handlungsbereitschaften beziehungsweise einen Zugang dazu über die Frage zu schaffen, wie Tötungsbereitschaften generiert werden. Das war hochspannend. Auf gewisse Weise gehört da auch Daniel Goldhagen (*Hitlers willige Vollstrecker*) dazu, auch wenn seine These nicht sehr tragfähig war. In der deutschen

Geschichtswissenschaft gab es auch Leute, die sich dafür interessiert haben. So wurde diskutiert, dass die Gedenkstättenarbeit nicht funktioniert, wenn sie zu sehr auf die Opfer fixiert ist. Wie Hilberg sagte: Ich kann von den Opfern nichts über die Herstellung eines Genozids lernen. Es gab damals eine Bereitschaft, dichter ranzugehen, sich für die Täter zu interessieren. In dem Zusammenhang stand auch *Opa war kein Nazi,* worüber wir schon kurz geredet haben, und die daraus resultierenden Folgestudien und Filme. Das war damals alles noch Teil des kommunikativen Gedächtnisses. Das wurde heiß diskutiert, jetzt ist es kalt. Das kulturelle Gedächtnis findet drei Generationen nach den Ereignissen ein festes Format. Man sagt »Nie wieder« und spricht, wie neulich der Bundespräsident, vom »Bösen«. Damit ist die Vergangenheit nur noch Vergangenheit und hat mit der Gegenwart nichts zu tun.

Die Frage kann aber auch sein, ob es eine Art *nonverbal agreement* gab, so viel Zeit vergehen zu lassen. Dadurch musste man sich weder auf der familiären noch auf der gesellschaftspolitischen Ebene dieser individuellen und kollektiven Gedächtnisarbeit stellen. Du erwähntest gerade Goldhagen. Ich kann mich sehr gut an die Reaktionen auf sein Buch *Hitlers willige Vollstrecker* in Deutschland erinnern. Seine Grundthese war: Ihr wart damals Millionen. Ihr habt versucht, das Thema in Deutschland kleinzureden. Eure Version der Geschichte war, dass es wenige und eben nicht viele waren. Diese wenigen waren Verrückte, Sadisten, Verbrecher, Korrupte, Demagogen, Populisten. Dazu gab es ein paar, die ihre Interessen verfolgten, aber der Rest bestand aus »unschuldigen Lämmern«, selbst Opfer. Diese Opferlegende war und ist bis heute für Millionen Biografien und ihre Nachkommen eine wichtige Überlebensstrategie, um die Geschichte zu verfeinern, die sie sich selbst und anderen erzählen, nämlich, dass sie naive und verführte Menschen waren, die, wenn sie gewusst hätten (was sie natürlich wussten), was damals geschah (Judenstern, Nürnberger Rassengesetze, Pogromnacht – das hätte schon gereicht), nie und nimmer mitgemacht hätten. Goldhagen sagt, in Wirklichkeit wart ihr doch aber Millionen. Mittäter. Mitwisser.

Dieses »Es waren Millionen« ist genau das, was in dieser Republik stets vernebelt wurde.

In dem Zusammenhang erinnere ich mich, wie damals viele Enkel dieser Nazigeneration noch einmal angefangen haben, in Ortschaften, in kleinen Dörfern, in der Familie die Biografie ihrer Heimatorte aufzuarbeiten, meist gegen großen Widerstand. Ich komme darauf nur noch mal zurück, weil man pointiert sagen könnte: Viele haben diese Phase der Leugnung, der Verneblung überlebt und sind, ohne dass sie sich ihrer Verantwortung stellen mussten, gestorben. Die, die jetzt übrig sind, ihre Kinder und Enkelkinder, sind mit ihrem Interesse an der Aufarbeitung alleingelassen worden. Die Historisierung findet mit ihnen erst einen Anfang.

Das hat mittelbar und unmittelbar Auswirkungen auf die Verankerung der Demokratie und die Diskussion über Menschenrechte und Menschenwürde. Der innere und äußere Widerspruch, der über sieben Jahrzehnte zwischen Anspruch und Wirklichkeit, Verinnerung und Veräußerung bei diesem Thema sichtbar wurde, zeigt bis in die Gegenwart problematische Konsequenzen. Dass der demokratische Standard, der in den ersten Artikeln unseres Grundgesetzes fixiert ist, nicht verhandelbar ist, scheint immer dann, wenn diese Aussage auf die Probe gestellt wird, nicht fundamental gesichert. Ob in der 9/11-Krise, der Finanz- und Bankenkrise, im Jahre 2015 in der Debatte um Menschen, die geflüchtet sind, oder auch während der Corona-Krise zeigen sich die Dilemmata, die zwischen unterschiedlichen Grundrechten sichtbar werden, in aller Deutlichkeit. Diese müssen immer abgewogen und in ein Verhältnis zueinander gestellt werden. Aber zu keinem Zeitpunkt gibt es eine Legitimation, irgendeines dieser Grundrechte an sich auszusetzen oder gar zu eliminieren. Gerade in Krisenzeiten ist es eine Herausforderung zwischen Anspruch und Wirklichkeit für diejenigen, die moralische Standards repräsentieren und die jeweiligen Grundrechte im Verhältnis zueinander abwägen. Bis auf eines: Artikel 1. Das Vertrauen, dass das Grundrecht »Die Würde des Menschen ist unantastbar« unangetastet bleibt, darf nicht erschüttert werden.

Ich würde dem noch etwas hinzufügen. Es gab noch eine intermediäre Phase, die Debatte um den Bombenkrieg. Damit gab es plötzlich auch ein Opfernarrativ für die nichtjüdischen Deutschen. Der Publizist Jörg Friedrich hat das 2002 mit seinem Buch *Der Brand. Deutschland im Bombenkrieg 1940–1945* eingeleitet. W. G. Sebalds Buch *Luftkrieg und Literatur* hatte vorher auf die untergründige Sprengkraft des Themas hingewiesen, das fand ich wahnsinnig interessant. Bei Jörg Friedrich aber bekam das eine ganz andere Codierung: Sein Buch war eine empathische Opfergeschichte der nichtjüdischen Deutschen. Bombenkrieg, Bombenterror, Trauma, das ganze Programm. Und dann kam der Traumatisierungsdiskurs auch noch für die nächste Generation, die Kriegskinder, mit Büchern von Sabine Bode und Co. Da hatte man nun eine Erzählung, die extrem attraktiv war. Einerseits konnte man sich wechselseitig rhetorisch versichern, dass der Holocaust das Schlimmste und so weiter gewesen ist. Aber man war sich einig darin, dass man doch auch die Traumatisierung, ausgelöst durch das angeblich große Schweigen in den Familien, berücksichtigen müsse. Es kam zu ziemlich perversen Verschwisterungen, einem Zusammentreffen zwischen Kindern von Holocaust-Überlebenden und Täterkindern, alle traumatisiert! Da habe ich gedacht, das kann nicht wahr sein! Dieser vereinheitlichende Opferdiskurs hatte viel mit Entsorgung von Vergangenheit zu tun. Das Ganze wurde dann noch ornamental eingebettet in totale Betroffenheit, totale Traumatisierung und ein »Wir sind eigentlich alle Opfer der Geschichte«. Dazu gab es einen großen Kongress 2005 in Frankfurt, den Jan Feddersen in der *taz* zutreffend ein »emotionales Selbstheizkraftwerk« genannt hat.

Die Erzählung lautete: Hitler hat euch Juden ermordet. Viele Menschen sind gestorben. Aber auch wir haben zerstörte Biografien. Auch bei uns sind Millionen Menschen umgekommen. Unsere Flucht. Unsere Armut. Das Zusammenbrechen unseres Lebens. Auch die Rolle der Wehrmacht war seit der Gründung der Bundesrepublik ein hochemotional besetztes Thema voller Verlogenheit, voller Doppelmoral. Man denke nur an die Wehrmachtsausstellung und die aggressiven Reaktionen, die es zum Teil darauf gab. Da war das Thema wieder. Und ja, wir haben verstanden, diese in der Menschheitsgeschichte einmaligen systemischen Ermordungen sind zu verurteilen. Aber die Millionen Soldaten, so wurde erzählt, haben nur ihre Pflicht getan. Sie waren »Anständige«, die ihren Befehlen gefolgt sind und die von Hitler und den Nazis missbraucht wurden. Die Massenerschießungen von Zivilisten oder Juden waren die Ausnahme. Und Befehl war eben Befehl. Aber die Wehrmacht und die Soldaten taten nur, was andere Soldaten auch taten.

Bei der Eröffnung der Ausstellung in Bremen habe ich die Eröffnungsrede gehalten. Ich erinnere mich an die Demonstration gegen die Ausstellung. Diese Wucht, der Affekt, die Ausstellung zu verhindern, war symptomatisch. »Beschmutzt nicht die Wehrmacht und die Millionen unschuldigen Soldaten, die nur ihre Pflicht getan haben.« Dieser Mythos sollte unangetastet bleiben. Die AfD greift das Bedürfnis, die Geschichte der Wehrmacht und von Millionen Soldaten zu korrigieren, in ihrer Rhetorik wieder auf. Alexander Gauland möchte wieder »stolz [...] sein auf die Leistungen deutscher Soldaten in zwei Weltkriegen«. Er sagt weiter: »Millionen deutsche Soldaten haben ihre Pflicht getan für ein verbrecherisches System, aber da ist das System schuld, nicht die Soldaten, die tapfer waren.« Die Verharmlosung und Entlastung dieser Aussage ist mit Händen zu greifen. Es ist eben nicht die Pflicht eines Soldaten, Zivilisten, unschuldige Männer, Kinder und Frauen in Massenerschießungen zu töten. Einordnung von Geschichte in der jeweiligen Gegenwart zeigt in Klarheit, in welchem Zustand die einordnende Gesellschaft sich gerade befindet. Der Maßstab dieser Einordnung ist das Thermometer, das anzeigt, ob eine Gesellschaft verbrecherische Geschichte als solche erkennt und anerkennt. Tut sie es nicht, zeigt auch diese Einordnung, auf wessen Boden sie steht. Auch bei der Errichtung des Berliner Mahnmals für die ermordeten Juden und Jüdinnen Europas gab es verstörende Haltungen und Argumente. Es war eine Initiative von engagierten Bürgern und Bürgerinnen, Lea Rosh und Eberhard Jäckel, die sich dafür eingesetzt haben. Die Politik, vor allen Dingen die Konservativen, waren davon nicht begeistert. Dass bis in die neunziger Jahre hinein das Land der Täter nicht ein solches Mahnmal errichtet hat, spricht Bände über das Bewusstsein und die Bereitschaft, die Verbrechen von Deutschen gegenüber Juden und Jüdinnen darzustellen. Dieses Thema störte die Bundesrepublik Deutschland. Schon immer. Bis heute.

Das ist der neuralgische Punkt: Das Bedürfnis, mit seiner Geschichte leben zu können und sie umzuschreiben, damit man Zukunft gestalten kann, ist ja wahrscheinlich universell. Aber wenn diese Geschichte das absolute Verbrechen und den Zivilisationsbruch enthält, gibt es einen extremen Konflikt zwischen dem Bedürfnis, Frieden mit der Vergangenheit zu schließen, und der politischen Notwendigkeit, die Verbrechen nicht *ad acta* zu legen. Aus diesem Konflikt ist man weder gesellschaftlich noch persönlich je herausgekommen, und weil das alles so verquer ist, kommt es dann immer wieder zu Ausbrüchen wie bei Walser.

Und das ist die Basis dafür, dass eine Partei wie die AfD diese Bedürfnisse radikal aufgreifen kann. In diesem Zusammenhang muss aber auch über die rhetorische »Hilflosigkeit« von selbst so engagierten Persönlichkeiten wie dem Bundespräsidenten Frank-Walter Steinmeier nachgedacht werden. Als er anlässlich der 75-jährigen Gedenkstunde zur Befreiung von Auschwitz als erster deutscher Bundespräsident in Yad Vashem eine Rede halten durfte, beklagte er das Erstarken des Antisemitismus: »Die bösen Geister zeigen sich in neuem Gewand.« Doch das Böse exkludiert, das Böse ist teuflisch, das Böse ist völlig irrational. Mit dieser Wortwahl wird der Judenhasser mystisch, teuflisch und ist eben nicht das, was er tatsächlich ist: ein Mensch, der voller Vorurteile das Menschsein von Juden bezweifelt oder aberkennt. Die »bösen Geister« sind übrigens keine Geister, sondern Menschen. Und wieso »in einem neuen Gewand«? Was ist an diesem Gewand neu?

Das Böse ist eine Exotisierung. Es hat mit der Welt der Guten nichts zu tun.

Das Böse ist eine Exotisierung.

Jedenfalls ist der Böse anders als die anderen, keiner wie du und ich. Und er hilft uns, die größtmögliche Distanz zwischen Judenhassern, Rassisten und dem Rest der Gesellschaft zu konstruieren, anstatt anerkennen zu müssen, dass Judenhass ein struktureller Bestandteil unserer Gesellschaft ist. Andere Metaphern wie »Wir schämen uns«, die nach jedem antisemitischen Vorfall im Sprachkanon der Verantwortlichen enthalten ist, oder Sprachbilder wie »Wir müssen dankbar sein, dass Juden nach der Shoa in Deutschland leben und uns damit ihr Vertrauen schenken« oder »Wir stehen an der Seite unserer jüdischen ›Mitbürger‹« zeigen die Verklemmtheit, die Verquertheit, die scheinbare Hilflosigkeit großer Teile unserer öffentlichen Diskussionen. Gut gemeint ist eben nicht gut.

Ich stimme zu. Trotzdem würde ich den Punkt festhalten, dass es ein Moment in dem Umgang mit dieser Geschichte gegeben hat, an dem man dicht dran gewesen ist. Und das musste dann irgendwie exkommuniziert werden.

Wann soll das gewesen sein? Das möchte ich bitte noch mal konkret wissen.

Wenn du dir die Bücher der »Schwarzen Reihe« ansiehst, die Walter Pehle im S. Fischer Verlag herausgegeben hat, findest du eine Menge damals junger Autoren und Autorinnen, die sich mit diesen Thematiken auf eine sehr schmerzhafte Weise beschäftigt haben. Jochen Böhlers *Auftakt zum Vernichtungskrieg: Die Wehrmacht in Polen 1939*, Michaela Christ mit ihrem Buch über Berditschew (*Die Dynamik des Tötens: Die Ermordung der Juden von Berditschew. Ukraine 1941-1944*), dazu die Sachen, die in der Hamburger Edition erschienen sind von Andrej Angrick, Christian Gerlach, Regina Mühlhäuser.

An den Universitäten gab es ebenfalls Leute, die das auch gefördert haben, Alf Lüdtke, Michael Wildt, Norbert Frei. Und es gab in den Gedenkstätten Versuche, die Konzepte zu de-ritualisieren und andere Formen für die Ausstellungen zu finden – ich nenne hier

Alfons Kenkmann oder Volkhard Knigge. Ich glaube, dass auch hier das Pendel wieder zurückgeschwungen ist. Man hat gesagt: »Wir machen jetzt mal Frieden damit. Wir haben die Wehrmachtsausstellung gesehen, ja, Täter gab es. Das ist jetzt erledigt, abgehakt.« Dann ging es in der Geschichtswissenschaft zur Erbsenzählerei zurück. Und das deutsche Fernsehen begann Mehrteiler vom Typ »Unsere Mütter, unsere Väter« oder »Die Flucht« zu produzieren. Die hatten dann die Storyline: War schon eine schlimme Zeit, aber auch für Frau Gräfin von Mahlenberg auf ihrer Flucht aus Ostpreußen.

Zurück zur Gegenwart. Eine Umfrage im Auftrag der Körber-Stiftung aus dem Jahre 2017 stellt fest: Das Wissen über den Holocaust nimmt ab. Bei den 14- bis 17-Jährigen wissen nur noch 47 Prozent davon. Vier von zehn Schülern kennen nicht einmal mehr den Namen des Vernichtungslagers Auschwitz. Nach einer CNN-Studie von 2018 haben fünf Prozent der 18- bis 34-Jährigen in Deutschland noch nie vom Holocaust gehört. 35 Prozent gaben an, sie wüssten nur wenig über den Völkermord. Was für ein Offenbarungseid für den Geschichtsunterricht und die politische Bildung! Und auch heute stellt sich die Frage: Beschäftigt sich diese Gesellschaft mit dem Holocaust aus eigenem Antrieb, aus eigenem Wissenwollen?

Ich halte nichts davon, solche Zahlen nur dramatisierend zu lesen. Wenn nur fünf Prozent der jungen Deutschen noch nie vom Holocaust gehört haben, würde ich das als Erfolg betrachten und nicht als Offenbarungseid. Außerdem sagt die Abfrage von Geschichtswissen nichts über das Vorhandensein demokratischer Orientierungen aus. Man kann ja etwas über Auschwitz wissen und trotzdem Neonazi sein. Und zu dem zweiten Punkt: Da könnten wir jetzt überlegen und versuchen, Personen zu identifizieren, die das so betrachtet hätten.

Wissen ist die Voraussetzung für Verstehen. Aber lass uns trotzdem weiter überlegen … Was hatte eine flächendeckende Wirkung, die substanziell

war, um den Kompass zu verändern? Ich würde sagen: Richard von Weizsäcker und seine Rede zum Jahrestag der Befreiung am 8. Mai 1985. Bis dahin wurde eine äußerst heftige Debatte geführt (übrigens bis heute), ob der 8. Mai ein Tag der Niederlage, sogar der Besatzung, oder ein Tag der Befreiung ist. Die revisionistisch-konservativen Kreise versuchen bis heute, die Meinungshoheit zu diesem Thema in ihre Richtung zu ziehen. Richard von Weizsäckers Rede war eine historische Einordnung und Markierung, die dies verhindern wollte. Aber auch bei ihm stehen politisches, historisches, moralisches Handeln und die persönliche Familienbiografie im Widerspruch. Er verteidigte seinen Vater, der tief im Nationalsozialismus verstrickt war, Ernst von Weizsäcker, Staatssekretär im Auswärtigen Amt, als dieser für seine Verbrechen nach 1945 vor Gericht stand.

Ich würde aber sagen, dass das eine überbewertete Rede ist. Stark war nur die Setzung, dass das Kriegsende eine Befreiung war.

Das war ein politischer, historischer Meilenstein.

Mit der Leerformel, dass »das Geheimnis der Erlösung Erinnerung« sei. Weiß kein Mensch, was das bedeuten soll.

Das Problem dieses Gedankens war und ist die Sehnsucht nach Erlösung. Das Geheimnis der Erinnerung aber ist nicht Erlösung, sondern dass man aus ihr etwas lernen kann.

Geschichtskulturell bedeutsam für die Bundesrepublik war sie, doch sie war schon damals eine historisch entkernte Rede. Jetzt komme ich noch mal auf Philipp Jenningers Rede zum 50. Jahrestag der »Reichskristallnacht« zurück: Bei ihm war das Gegenteil der Fall. Ich weiß nicht, wer dem die Rede geschrieben hat. Sie ging mitten rein in die Frage: Was heißt denn eigentlich »Täter«? Es ging auch mitten rein in die Fragestellung: Was heißt denn eigentlich »Zustimmungsbereitschaft« zu einem radikalen Ausgrenzungs- und später Vernichtungssystem? Da benennt er genau die tätige Teilhabe und Zustimmung der Majorität der nichtjüdischen Deutschen. Wie wir von Götz Aly wissen, hat im Zuge der Judenverfolgung die Systemzustimmung zugenommen. Insofern hatte Jenninger den neuralgischen Punkt genau getroffen. Und musste zurücktreten. Danach ist keine vergleichbare Rede mehr im Deutschen Bundestag gehalten worden. Außer möglicherweise von der großartigen Ruth Klüger nach dem Höhepunkt der sogenannten Flüchtlingskrise, als sie als Holocaust-Überlebende gesagt hat: Ich würde hier nicht sprechen, wenn Angela Merkel nicht diese Flüchtlingspolitik gemacht hätte.

Wir müssen noch einen Augenblick weiter nachdenken. Es gab trotz allem viele, die nach 1945 versucht haben zu lernen, zu verstehen, Standpunkte zu entwickeln, sie in die Gegenwart und die Zukunft zu übernehmen, trotz all dem, was wir kritisch bemerken. Diejenigen, die in der ehemaligen DDR gelebt haben, haben zwei ganze Generationen dieses Versuchs, aus der Geschichte zu lernen, übersprungen.

Ich kann mich an kaum eine einzige wichtige Person des öffentlichen Lebens nach 1989 aus der DDR erinnern – vergleichbar mit Weizsäcker oder Brandt –, die die Verantwortung für diesen Teil Deutschlands in der Zeit des Nationalsozialismus wegweisend eingeordnet und in die öffentliche Debatte eingeführt hätte. Eine ernsthafte und nachhaltige Debatte, wie sie in der Bundesrepublik Deutschland wenigstens versucht wurde, hätte es nach 1989 auch in Ostdeutschland geben müssen. Gab es aber nicht. Wundert uns das wirklich? War es nicht sowohl zwischen der alten Bundesrepublik Deutschland und den Millionen Deutschen aus der ehemaligen DDR ein *nonverbal understanding:* »Wir lassen uns die Freude der Vereinigung nicht zerstören durch eine Debatte über die Verantwortung Gesamtdeutschlands zwischen 1933 und 1945.« Auch hier wieder die Sehnsucht, es muss irgendwann Schluss sein, lasst uns nach vorne schauen. Ist das eine falsche Wahrnehmung? Wenn sie aber stimmt, welche Substanz haben Sätze wie »Nie wieder Auschwitz« oder »Kein Rassismus und Judenhass in Deutschland«. Wie groß und substanziell ist der Resonanzraum dafür? Und wie groß und substanziell ist der Resonanzraum der geistigen Brandstiftung, der Ausgrenzung, des Rassismus, des Judenhasses und der physischen Gewalt? Man denke nur an Hoyerswerda, Rostock, Mölln oder Solingen, Freital, Heidenau, eine gesamtdeutsche Gewaltexplosion des rechtsextremistischen Raums. In Ostdeutschland wurden Asiaten Opfer dieses Rassismus, in Westdeutschland Muslime mit vorwiegend türkischem Hintergrund. Sachsens Ministerpräsident Biedenkopf versicherte gebetsmühlenartig, dass es in seinem Bundesland keinen strukturellen Rassismus und Rechtsextremismus gebe, und setzte damit die »gute alte Tradition« der Verleugnung fort. Er war damit nicht allein.

Wenn man die Sachen so Revue passieren lässt, ist das Überraschungsmoment relativ gering, gebe ich zu.

Aber die Gesellschaft war immer wieder überrascht oder habe ich etwas übersehen?

Nein, du hast nichts übersehen. Jetzt komme ich auf den Moment zurück, als es um unsere unterschiedlichen biografischen Perspektiven ging, um die unterschiedlichen Familiengeschichten oder Nicht-Geschichten. Vielleicht muss ich noch eine andere Komponente einfügen: Ich habe als jemand, der aus armen Verhältnissen in Westdeutschland kommt, immer eine Perspektive auf diese Gesellschaft gehabt, die sehr kritisch gewesen ist. Das hat mit meiner eigenen Ausgrenzungs- oder Diskriminierungserfahrung zu tun, die sozial, nicht ethnisch motiviert war. Dadurch habe ich erst relativ spät gelernt, wertzuschätzen, was diese Gesellschaft – von der Nachkriegszeit bis in die neunziger Jahre – für Möglichkeiten geboten hat, auch für Leute wie mich. Insofern ist natürlich der Wunsch da, dass das alles eigentlich in Ordnung sei und bitte auch so weitergehe. Das legt sich schon über eine analytische Perspektive drüber. Das ist übrigens einer der stärksten Punkte bei Norbert Elias. Er hat immer darauf beharrt, dass viele dieser analytischen Perspektiven, und seien sie methodologisch noch so abgesichert, wunschgetrieben sind.

Aber wenn sie wunschgetrieben sind, dann müssen wir noch mal ernsthaft einen anderen Blick darauf werfen. Wir lernen mithilfe wissenschaftlicher Umfragen und der Wahlergebnisse, dass eine nicht zu unterschätzende Gruppe, in Ostdeutschland etwas mehr als in Westdeutschland, mit unserer Demokratie nicht zufrieden ist. Fragt man, was diese Unzufriedenheit konkret bedeutet, sind die Antworten sehr diffus, ambivalent und widersprüchlich. Fragt man dann aber diejenigen, die mit der Demokratie zufrieden sind, wie sie bereit sind, sich für diese zu engagieren, sind die Antworten auch diffus.

Juli Zeh hat in ihrer Rede »Wir tragen alle Mitschuld« sehr gut beschrieben, dass die Demokratie aus vielen Zweiflern an der Demokratie besteht und zu wenig begeistert Überzeugten. Wenn viele Demokraten sich so mit ihren Selbstzweifeln beschäftigen, dann stellt sich die Frage: Wie viel Kraft bleibt für die Grundsatzauseinandersetzung, für das Werben für diese Staatsform? Welche Leuchtkraft haben Millionen Demokraten, die mit 20 Watt leuchten, während diejenigen, die die Demokratie zerstören wollen, mit 80 Watt leuchten? Die niedrigere Leuchtkraft ist auch nicht dadurch kompensierbar, dass das die Mehrheit ist. Die Transformation von 20 auf 40 Watt ist unverzichtbar, und auf 60 und auf 80 Watt. Menschen können nur andere Menschen von ihren Überzeugungen überzeugen, wenn sie von ihnen selbst überzeugt sind. Sind die Lichterketten, diese Demonstrationen, der »Aufstand der Anständigen«, die vielen Initiativen, die alle außerordentlich wichtig sind, am Ende doch nur ein Tropfen auf den heißen Stein? Fehlt das Fundament? Vor einiger Zeit demonstrierte in Berlin eine Viertelmillion Menschen gegen Rassismus. Dies war so auffallend, weil es etwas Besonderes war. Besonders war es, weil es diese Demonstrationen nicht regelmäßig gibt. Auch jetzt nach der Ermordung von George Floyd ist positiv bemerkbar, wie viele Menschen für Gleichberechtigung demonstrieren. Doch reicht das alles aus? Dass es bislang nicht ausgereicht hat, beweist der Zustand, in dem sich die Gesellschaft heute befindet. Der Staats- und Verfassungsrechtler Ernst-Wolfgang Böckenförde hat recht, wenn er sagt: »Der freiheitliche, säkularisierte Staat lebt von Voraussetzungen, die er selbst

Welche Leuchtkraft haben Millionen Demokraten, die mit 20 Watt leuchten?

nicht garantieren kann.« Er braucht die engagierten Bürger und Bürgerinnen.

Michel, eine Viertelmillion Menschen bei der »Unteilbar«-Demo – das ist wirklich gewaltig. Eine solche Mobilisierung – übrigens quer durch die Gesellschaft und die Generationen – ist enorm, weil die Mehrheit der Menschen ja völlig unpolitisch ist. Ich glaube, du gehst von einer falschen Unterstellung aus. So, wie du das beschreibst, unterstellst du der Mehrheit ein allgemeines politisches Interesse und politisches Wissen und dann einigen Aufwand, mit Geschehnissen und Problemen umzugehen. Aber das stimmt nie, für keine Gesellschaft und für keine historische Epoche. Wir pflegen ein kognitivistisches Geschichtsbild, als würden die Leute ständig darüber nachdenken, was gerade so im Bundestag verhandelt wird und von wem. Aus unserer Auswertung der 200.000 Seiten Abhörprotokolle deutscher Kriegsgefangener (*Soldaten. Protokolle vom Kämpfen, Töten und Sterben*) habe ich gelernt, dass selbst zur NS-Zeit sich ungefähr 80 Prozent einen Dreck für das große Ganze interessierten. Da kommt etwa ein Wehrmachtssoldat nach einer Befragung durch einen amerikanischen Intelligence-Offizier in die Zelle zurück und klagt seinem Kameraden: »Da fragt der mich, was ich vom Nationalsozialismus denke. Da habe ich doch gar keine Ahnung von!«

Natürlich beschäftigt sich der Großteil der Gesellschaft auch heute nicht mit Fragen von Geschichtsaufarbeitung oder sogar der Flüchtlingsthematik.

Politisch im eigentlichen Sinn waren die expliziten Nazis und die expliziten Nazi-Gegner vielleicht jeweils so bei zehn Prozent, die Mehrheit fand Hitler toll und stimmte dem System zu, das ist aber nicht dasselbe, wie politisch zu sein. Die meisten Menschen haben gar keine durchreflektierte politische Position, und genau das bildet die Voraussetzung für schnelle Konsensverschiebungen. Die surfen so mit dem Zeitgeist mit und sagen: »Das ist jetzt nun mal so.« Man denke nur daran, wie sich durch Corona eine »neue

Normalität« eingenistet hatte und sogar so genannt wurde. Natürlich beschäftigt sich der Großteil der Gesellschaft auch heute nicht mit Fragen von Geschichtsaufarbeitung oder sogar der Flüchtlingsthematik. Die war vielleicht mal Ende 2015 akut, übrigens, wie ich fand, auf eine völlig überraschend positive Art und Weise. Aber ansonsten interessiert die Leute das nicht, außer eben die explizit Politikinteressierten. Das muss man berücksichtigen, wenn man diese verflochtene polyvalente Umgangsgeschichte mit der NS-Vergangenheit betrachtet. Diejenigen, die wirklich aktiv am politischen Geschehen teilhaben, sind jeweils an den Polen zehn Prozent und im mittleren Bereich so was wie das sanft interessierte Bürgertum, was aber keine verlässliche politische Größe darstellt. Das ist der Sachverhalt. Das große Problem ist, dass diese 80 Prozent in dieser wabernden Mitte natürlich empfänglich für das Agenda-Setting sind, weil sie selber über keine stabile normative oder politische Orientierung verfügen.

Das könnte nur dann stimmen, wenn man nicht gleichzeitig erleben würde, was für Abwehr- und Sublimierungssituationen, sowohl im individuellen als auch kollektiven Politischen, dann doch immer wieder stattfinden, wie der Pawlow'sche Reflex.

Das ist genau diese Dimension, dieses Subkutane, das, was diese ganze Zeit stets aktivierbar geblieben ist. Das Untergründige, vielleicht so etwas wie ein kollektives Unbewusstes. Da wird es interessant. In der Geschichte der Bundesrepublik, in ihrer intellektuellen Konstruktion, hat sich wahnsinnig viel getan – sie hat sich liberalisiert, diversifiziert, geöffnet, all das. Aber wenn meine Theorie der desinteressierten Mehrheit zutreffend ist, dann ist natürlich dieser mentale Untergrund genau der Ort dafür, wo solche nie befragten, nie reformierten, nie emanzipierten Grundierungen plötzlich aktivierbar sind.

Das Phänomen von 2015, als ich gedacht habe, es hat sich tatsächlich etwas getan, was für ein tolles Land!

Jetzt kommen wir zu dem Phänomen von 2015, als ich gedacht habe, es hat sich tatsächlich etwas getan, was für ein tolles Land! Es war die Zeit, in der wir die »Initiative Offene Gesellschaft« gestartet haben, wir haben überall Debatten initiiert, bei denen sich Menschen treffen konnten, um darüber zu diskutieren, in welchem Land sie leben wollen. Die Veranstaltung im Frankfurter Schauspielhaus – du warst da – war unglaublich. Es war brechend voll, Menschen, auch unterschiedlicher Meinung, haben darüber in Ruhe diskutiert, wie man mit den Flüchtlingen umgehen soll, welche Gesellschaft sie sich vorstellen, welche Ängste und Visionen sie haben. Das völlige Gegenteil von Hass und Hetze. Für einen kurzen Augenblick konnte man glauben, dass das möglich ist.

Die Bundeskanzlerin Angela Merkel nahm die verfassungsrechtliche Verantwortung ernst. Und sie nahm die Europäische Union als Institution ernst und erhielt dafür von vielen außerordentlichen Zuspruch.

Es war ein Wechselverhältnis. Weil die Reaktion positiv war, weil so viele Menschen aktiv wurden und halfen, war das natürlich auch ein Impuls für Merkel.

Erstaunlich war auch die Erwiderung von Merkel, als sie heftige Kritik für ihre Linie in der Flüchtlingspolitik erfahren hat. Bei einer Pressekonferenz mit dem damaligen österreichischen Bundeskanzler Werner Faymann sagte sie: »Ich muss ganz ehrlich sagen, wenn wir jetzt anfangen, uns noch entschuldigen zu müssen dafür, dass wir in Notsituationen ein freundliches Gesicht zeigen, dann ist das nicht mein Land.«

Das war der un-merkeligste Satz, den sie jemals formuliert hat. Der Hammer! Man muss sich das von heute aus noch mal auf der Zunge zergehen lassen, wie selbstverständlich und klar und zugleich positioniert dieser Satz ist. Heute wird der Spätsommer 2015 als eine Geschichte erzählt, in der der »Fehler« Merkels im Zentrum steht, »die Grenzen geöffnet zu haben«, was ja im Übrigen auch ein Quatsch ist, den man gar nicht mehr aus der Welt kriegt.

Das war ein Satz, den bis dahin noch nie ein Bundeskanzler oder eine Bundeskanzlerin formuliert hat. Sie macht den Deutschen deutlich, dass niemand ernsthaft glauben kann, dass sie oder sonst jemand in Deutschland den Menschenrechten nicht verpflichtet sei. Ihre radikale Kompromisslosigkeit war vorbildlich. Ein wachsender Teil der Bevölkerung, auch der Eliten, reagierte verstört auf diese Haltung. Sie warfen Merkel vor, die Interessen Deutschlands nicht in den Mittelpunkt ihrer politischen Entscheidungen zu stellen. Ich bin mir sicher, dass es Angela Merkel sehr ernst damit war und ist, dass Menschenwürde und Menschenrechte mit nichts abgewogen werden können. In der Frage der Bekämpfung des Antisemitismus hat sie ihre klare Haltung immer sichtbar gemacht. Sie war die Kanzlerin, die damals den deutschen Papst Benedikt XVI. öffentlich kritisiert hat, als er die Pius-Brüder empfangen hat. Wenige Monate nach Beginn der Flüchtlingskrise wurde der Ton rauer. Unmenschlicher. Sowohl was Angela Merkel anging als auch gegenüber den Menschen, die geflüchtet sind. Führende Mitglieder der CSU entwickelten eine Rhetorik, die sich an die der AfD annäherte. Diese Fehlentwicklung hat tiefe Spuren hinterlassen. Das Koordinatensystem von bürgerlichen Wählern und Wählerinnen wurde in dieser Zeit verändert. Gleichzeitig hatte Angela Merkel große Unterstützung in Teilen der CDU, aber vor allem bei Grünen und Sozialdemokraten. Heute haben sich alle in der Frage, wie man mit Menschen, die flüchten, umgeht, in eine weniger freizügige Richtung entwickelt. Das beunruhigt mich.

Dann ist das nicht mein Land.

Ja, gerade der Umgang mit dem Flüchtlingsthema ... Für sie war das geradezu ein Ausbruch, ich hatte damals wirklich Gänsehaut.

Angela Merkel stand mit beiden Beinen auf dem Boden des Grundgesetzes und der Genfer Menschenrechtskonvention. Und zeigte gleichzeitig Solidarität und Empathie. Für sie ist Menschenhass inakzeptabel.

Das ist das eine. Das andere ist natürlich die Identifikation. Zu sagen: »Dann ist das nicht mein Land«, als sie merkte, dass das Vertrauen in ihre Entscheidungen schwand.

Diese Aussage »Dann ist das nicht mein Land« ist konsequent und folgerichtig und resultierte aus ihrer Überzeugung, dass die Werte, die im Grundgesetz verankert sind, für sie die *conditio sine qua non* einer Gesellschaftsordnung darstellen. Wenn diese, auch nur teilweise, nicht mehr gelten würden, weil eine Mehrheit sie außer Kraft setzte, wäre dies übrigens auch nicht mehr mein Land. Kritisch muss allerdings hinzugefügt werden, dass dieselbe Merkel heute nicht lautstark protestiert, wenn das Asylrecht für Wochen ausgesetzt wird.

Fünf Jahre später. Merkel schweigt, sagt gar nichts dazu.

Wahrscheinlich hat sie ihre öffentliche Haltung zum Thema Flucht verändert, weil sie Kanzlerin geblieben ist, obwohl sie wusste, dass ein Teil ihrer Überzeugungen, die sie im Jahr 2015 repräsentierte, Schritt für Schritt von ihrer eigenen Partei relativiert wurden. Viele politische Entscheidungen im Zusammenhang mit Asyl, Migration und Flucht wurden verschärft. Übrigens mit der Unterstützung von politischen Kräften wie den Sozialdemokraten, die sich noch im Jahre 2015 deutlich für ihre Politik ausgesprochen hatten. Aber auch die Grünen in Baden-Württemberg oder die grün-schwarze Koalition in Hessen und andere zeigen beim Thema Abschiebung und Flüchtlingspolitik, dass die Dynamik sich verändert hat. Merkel hat 2015 Leadership bewiesen, die Frage jetzt ist, wer übernimmt sie zukünftig?

Dann lass uns mal überlegen, wer steht dafür? Wen hätten wir denn heute im Repertoire? Da fällt uns nicht viel ein. Das Interessante ist, brutal gesagt, dass wir in Sachen Demokratie, Menschenrechte, Unantastbarkeit der Würde und so weiter schon mal bessere Zeiten gesehen haben. Richtig? Jetzt überleg nicht lang, sondern sag Ja.

Ich denke trotzdem erst einmal nach. Wenn ich zum Beispiel Emanzipationsprozesse betrachte, wie die Frage von sexueller Orientierung, so ist es in Deutschland formal rechtlich, verfassungsrechtlich, aber auch politisch so gut, wie es noch nie war. Wir alle bestehen nicht aus einer Identität, sondern aus mehreren Identitäten. Diese sind plural, können auch widersprüchlich sein. Der moderne Humanismus, die aufgeklärte Gesellschaft will dies nicht unterdrücken, sondern einen privaten wie öffentlichen Raum der Entfaltung schaffen. Rollenbilder und Erwartungen werden infrage gestellt, neue kommen hinzu, alte lösen sich auf, Identitäten sind dynamisch und nicht statisch.

Das ist auch alles gut so.

Das macht den Begriff »mein Land« so spannungsgeladen, aber auch so spannend. Für mich ist das Besondere an der Frage, wer ist deutsch, dass dieses Singulare an sich bereits eine Absurdität ist. Die Realität ist plural. Deutsch ist plural, deutsch ist bunt, deutsch ist viele Kulturen, viele Religionen, viele Ursprungsnationalitäten, viele sexuelle Orientierungen, viele Hautfarben. Und vieles mehr, was ich noch gar nicht erwähnt habe. Aber deutsch ist auch Europa. Grenzöffnung. Physisch und mental. Zu verstehen, dass dies alles Konstruktionen sind, die wie alle Konstruktionen immer in Bewegung sind, ist die Herausforderung, vor der wir stehen. Wer schon fragt, wer oder was ist deutsch, muss scheitern, weil in dieser Frage auch eine Einengung steckt. Letztendlich ist die Spurensuche danach, wer und was deutsch ist, bereits eine gefährliche Kategorisierung, die absurd ist. Nur die Höckes dieser Welt meinen genau zu wissen, was deutsch ist. Jedenfalls wissen sie immer ganz genau, wer nicht dazugehört.

Wir alle bestehen nicht aus einer Identität, sondern aus mehreren Identitäten.

Jetzt tauschen wir mal die Rollen. Das ist auch alles zutreffend und bestens. Das Problem ist nur, dass alle diejenigen, die jetzt zum Teil aktiv, zum Teil passiv Teil solcher ehemals diskriminierter Gruppen sind, natürlich von ihrer eigenen mentalen Verfasstheit genau solche Ressentimentträger, Rassisten und Antisemiten sind wie alle anderen auch.

Das ist völlig unstreitig.

Ja, aber das ist ein Problem.

Es ist ein zusätzliches Problem.

Weil man von der leider irrigen Annahme ausgeht, dass diejenigen, die Diskriminierungs- und Ausgrenzungserfahrungen haben, selbst gewissermaßen einen internalisierten Lernprozess durchgemacht haben ...

Warum sollten sie? Sie sind doch Menschen wie alle anderen auch und deswegen gibt es unter Juden auch Verbrecher und Rassisten.

Wie unter Schwulen und Transmenschen, natürlich. Bei einer unserer »Welches Land wollen wir sein?«-Debattenreihe teilte so jemand mit, er fühle sich jetzt, wo so viele syrische Männer im Land seien, nicht mehr sicher. Die sollten bitte schön bleiben, wo sie herkommen, und unsere schöne Diversität in Ruhe lassen. So etwas ist allerdings lehrreich, weil man ja glauben möchte, dass Menschen aus Gruppen, die einen langen Kampf um Gleichheit hinter sich haben, auch Verteidiger der Gleichheit sein müssten. Sind sie aber nicht. Gegenwärtig kann man eher beobachten, dass die Angriffe parallel zu den Geländegewinnen radikaler werden und die Situation gerade nicht pazifiziert wird. Man muss ja zum Beispiel bei #MeToo sehen, dass die Skandalisierungsfähigkeit von männlichen Übergriffen ein Ergebnis der feministischen Kämpfe vor einer Generation ist.

Gerade weil die Geschlechterverhältnisse weniger gewaltvoll sind als früher, sind Übergriffe heute sofort skandalisierbar. Und die Fälle, um die es geht, sind ja Männer aus der Generation Wedel und Weinstein. Dasselbe gilt für diesen für mich theoriedummen Kram aus der Abteilung *critical whiteness,* wo Lizenzen für die Teilnahme an Debatten nach Geschlecht, Lebensalter und Hautfarbe verteilt werden. Das heißt, die Abwertungsspirale und die Antastbarkeit der Menschenwürde werden hier gerade nicht gestoppt, sondern ordentlich befeuert. Das ist auch deswegen ungut, weil es die gruppenbezogene Menschenfeindlichkeit der Rechten inklusive Rassismus und Abwertung nicht konterkariert, sondern spiegelt. Wenn wir also die Demokratie stabilisieren wollen, darf man nicht nur die Rechten als Risikogruppe betrachten. Dieses sich selbst – hilflos genug – als »progressiv« bezeichnende Spektrum bildet ebenfalls eine. Mein Freund Peter Unfried nennt das »Moral-Ariertum«, kriegt aber jedes Mal einen auf den Deckel, wenn er sich das zu sagen traut.

8

DEUTUNGSELITENVERSAGEN. MAN NIMMT NICHT AN SPIELEN TEIL, DIE MAN NICHT GEWINNEN KANN

MF: Was mich erstaunt, ist, wie viele Menschen damit leben können, dass es seit Langem so viele Demokratiefeinde und Menschenverächter in unserem Land gibt und dass sie sich davon nicht bedroht fühlen oder sich damit abfinden. Ich bin dazu nicht bereit. Erich Kästner sagte: »Später ist zu spät.« Und Martin Luther King sprach von der »Dringlichkeit des Augenblicks«. Mit jedem Tag, an dem wir nichts tun, wenn Demokratiestandards angegriffen werden und Rassismus in unseren Alltag einträufelt, tragen wir Verantwortung. Und deswegen betone ich: Es gibt Aussagen gegen Menschen, die, wenn sie öffentlich formuliert werden, auch sanktioniert werden müssen. Politisch und wenn nötig auch juristisch.

HW: Und im Gegenteil nicht weiter verstärkt werden sollten. Das wäre auch mein Punkt. Es wundert mich nicht, dass es jemanden mit dem geistigen Inventar eines Thilo Sarrazin gibt. Mich wundert es auch nicht, dass es eben dieses eine Fünftel in der Bevölkerung mit der gruppenbezogenen Menschenfeindlichkeit in unterschiedlichster Ausprägung gibt. Aber wir könnten eine Art stillschweigende gesellschaftliche Übereinstimmung formulieren. Wir könnten sagen: Das diskutieren wir nicht ernsthaft, das gehört nicht in unseren mentalen Haushalt.

So erweckt man den Eindruck, dass man es nicht diskutieren darf. Das halte ich für falsch. Wenn Positionen im öffentlichen Raum sind, müssen

Gegenpositionen deutlich gemacht werden. Ansonsten besetzen die anderen unverhältnismäßig den öffentlichen Raum.

Selbstverständlich kann man das, man konnte das schon immer, wenn auch nur in bestimmten Räumen, am Stammtisch, an der Straßenecke, im Dorfgemeinschaftshaus. Das ist der Unterschied, der die Brisanz der gegenwärtigen Situation ausmacht. Wenn in irgendeiner Kneipe faschistisches Zeug gefaselt wird oder es vereinzelt Pegida-Demonstrationen gibt, habe ich kein Problem damit. Aber ich habe eines, wenn in der Tagesschau regelmäßig darüber berichtet wird.

Aber ich habe damit ein Problem, wenn in der Kneipe, wie du sagst, »faschistisches Zeug gefaselt« wird. Ein großes sogar. Genauso wie ich Probleme habe, wenn in elitären bürgerlichen Zirkeln bei einem Abendessen rassistische und totalitäre Fantasien ausgetauscht werden. Oder im Bundestag. Die Tatsache, dass dies mittlerweile ganz offen und selbstverständlich in der Öffentlichkeit ausgesprochen wird, ist nur ein Hinweis auf Enthemmung und darauf, dass sich auch im öffentlichen Raum die Debattenkultur radikalisiert hat. Umso mehr habe ich kein Problem, dass über ein politisches Phänomen, das durch Wahlentscheidungen von Millionen Menschen unterstützt wird, eine kritische Berichterstattung stattfindet. Was denn sonst?

Das sagen sie alle, so wie damals die Medienleute, mit denen ich wegen Sarrazin gesprochen habe. Die verwiesen dann auf ihre Aufklärungspflicht, was natürlich Bullshit ist. In Wirklichkeit geht es um das auflagen- und quotenträchtige Erregungspotenzial, das darin liegt, wenn ein sozialdemokratischer Bundesbanker rassistisches Zeug publiziert.

Diese Antwort ist unterkomplex. Natürlich ist auch diese Perspektive ernst zu nehmen. Aber eben nicht nur diese. Wenn Millionen Menschen ein politisches Buch, das solche extremistischen Ansichten beinhaltet, kaufen und befürworten und dessen Thesen durch alle Schichten hindurch bejubelt werden, muss kritischer Journalismus dies sowohl beschreiben und einordnen als auch kommentieren. Erinnert man sich an die Zeiten, als die NPD bei knapp fünf Prozent im Bund lag, als die Republikaner in Baden-Württemberg groß waren, als die *Nationalzeitung* an jedem Kiosk dieser Republik hing, als Nazis in hohen öffentlichen Ämtern und anderen Teilen der Eliten anerkannt wurden und sehr angenehm lebten und auch zu diesen Zeiten bereits Rechtsterrorismus existierte, wurde es leider viel zu selten in der Presse thematisiert. Insofern halte ich die Gegenwart für positiver.

Aber das ist ein Unterschied. Da weiß man, es gibt diese rechte Szene. Aber sie ist nicht in der Lage, Agenda-Setting zu machen, das in der Gesamtgesellschaft wirksam wird. Das Sarrazin-Buch wurde ja zum Bestseller, weil sich niemand zu blöd war, es zu diskutieren.

Wir müssen im 21. Jahrhundert davon ausgehen, dass sich der öffentliche Raum durch die sozialen Medien substanziell verändert hat. Es ist absurd, zu sagen, dass man manches besser ignoriert, wenn Millionen Menschen in den sozialen Medien ein politisches Phänomen diskutieren und teilen.

Ich bin da völlig anderer Meinung. Es hat eine Zeit gegeben, in der die *FAZ* jede SMS eines Herrn Gauland kommentiert und breitgetreten hat. Jeder abseitige Mist ist plötzlich debattenfähig geworden, indem man das regelmäßig mit aller Entschiedenheit und Empörung zurückgewiesen hat. So sind diese Leute großgeschrieben und auch in Fernsehtalkshows großdiskutiert worden. Der Sündenfall schlechthin war seinerzeit Björn Höcke in der Talkshow von Günther Jauch. Eine unglaubliche Geschichte. Mir geht es nicht um die Medien als Medien. Mir geht es darum, dass es ein Versagen der Deutungseliten gibt. Auch ein Jauch muss sich über seine staatsbürgerliche Verantwortung Rechenschaft ablegen, und der ist er zugunsten der Quote eben nicht nachgekommen. Darüber diskutieren wir doch die

Mir geht es darum, dass es ein Versagen der Deutungseliten gibt.

ganze Zeit. An welchem Punkt muss ich denn meine eigene Wahrnehmung und meine eigene Routine verändern, weil qualitativ etwas anderes im politischen Raum passiert?

Ich möchte den von mir geprägten Begriff des »Aufstands der Zuständigen« aufgreifen und die These aufstellen, dass das Versagen in diesem Bereich besonders problematisch ist. Beispiel Justiz: In den letzten Jahren und Jahrzehnten haben Teile der Polizei, der Staatsanwaltschaften und der Gerichte versagt. Dort, wo Rassismus und Antisemitismus, geistige Brandstiftung, Friedhofsschändungen bis hin zu Körperverletzung mit rassistischem Hintergrund stattgefunden haben, wurden die Ermittlungsverfahren von den Staatsanwaltschaften meist eingestellt. Bagatelldelikte, hieß es dann. Selten kam es zu Gerichtsurteilen. Dadurch wurde das Unrechtsbewusstsein, dass Rassismus kein Kavaliersdelikt ist, verwässert. Beispiel Politik: Rechtsextremistischer Terrorismus wurde für Jahrzehnte in Deutschland abgestritten. Straftaten wurden als Handlungen von Einzelnen oder von »Spinnern und Verrückten« verharmlost und eingeordnet. Rechtsextremistische Netzwerke wurden kleingeredet. Dabei wusste jeder, der Verantwortung trägt, wie tief verankert rechtsnationalistisches Gedankengut in der Bevölkerung war.

Rassismus ist kein Kavaliersdelikt.

Dass nun zum ersten Mal seit der Existenz der Bundesrepublik Deutschland von den Repräsentanten der Sicherheitsbehörden formuliert wird, dass der Rechtsextremismus eine Bedrohung der Demokratie ist, ist einerseits ein Fortschritt. Andererseits waren es genau die, die uns jahrzehntelang vorgegaukelt haben, am rechten Rand gebe es kein ernst zu nehmendes Problem. Ist dies eine substanzielle Umkehr? Haben Politik und die Sicherheitsbehörden wirklich verstanden, dass der Rechtsextremismus nicht nur ein Problem der von den Rechtsextremisten gehassten Minderheiten ist, sondern für alle in diesem Land, weil die AfD, die Identitären, Pegida und all ihre Anhänger und Sympathisanten ein anderes Deutschland, ein autoritäres, ein undemokratisches wollen? Oder ist dies nur eine kurze Momentaufnahme? Schaut man sich ein wenig um, in Ländern wie Ungarn und Polen, in denen demokratische Standards von den rechtsextremistischen Regierungsparteien mit Füßen getreten werden, kann man sich auf jeden Fall nicht mehr hinter die Schutzbehauptung zurückziehen, man habe es nicht gewusst.

Es sind normative Entscheidungen, die man treffen muss. Die kann ich letztlich auch nicht ans Bundesverfassungsgericht delegieren, im strengen Sinn ist das meine ureigenste Angelegenheit.

Also sprichst du direkt mit Höcke?

Nein, würde ich nicht tun. Wozu?

Dann würde er sagen, dass du dich offensichtlich antidemokratisch verhältst.

Natürlich, darauf will ich die ganze Zeit hinaus. Indem ich mit ihm spreche, transportiere ich das öffentliche Gespräch mit dem Nazi in den Bereich gesellschaftlicher Normalität. Und automatisch wertet man damit seine Reden auch als satisfaktionsfähig. Ich diskutiere auch nicht mit Wahnsinnigen, die irgendwelche Theorien über Chemtrails haben oder den Klimawandel leugnen. Wo willst du denn ansetzen, um mit solchen Leuten zu reden?

Herr Gauland würde dir erwidern, Sie sprechen nicht mit demokratisch von Millionen Bürgern dieses Landes gewählten Repräsentanten. Sie ignorieren mit Ihrer Überheblichkeit diese Menschen und nennen sich dabei sogar noch einen Demokraten.

Der einzige Punkt, an dem ich Gauland zustimmen würde. Wenn die menschenfeindlich sind, rede ich nicht mit denen. Warum sollte ich das tun?

Wie gehen Sie denn, Herr Welzer, mit den menschenfeindlichen Bürgern um? Wir leben doch alle gemeinsam in diesem Land.

Ich tue ihnen ja nichts. Ich spreche nur nicht mit ihnen. Diese Bürger und diese Gaulands haben aber in letzter Konsequenz das Ziel, dich und mich aus diesem Land rauszuschmeißen oder Schlimmeres mit uns zu machen. Das heißt, es geht hier doch nicht um einen herrschaftsfreien Diskurs unter Bürgerinnen und Bürgern auf dem Boden der Demokratie, sondern um die Herstellung anderer politischer Verhältnisse. Um die Zerstörung der Demokratie und des Rechtsstaats. Was hier in den letzten zehn Jahren passiert ist, das ist ein extrem erfolgreiches Agenda-Setting der Menschenfeinde. Ihnen ist es hervorragend gelungen – da könnten wir die Indikatoren alle noch mal benennen –, unseren Raum der Freiheit anders zu definieren und einzuschränken.

Wir haben eben nach 2015 keine Öffnung in Bezug auf das Jahrhundertthema der Migration gehabt, sondern eine Schließung – ein nationalistischer Irrsinn, übrigens auch ein europapolitischer Irrsinn. Wer hätte denn vor 2015 geglaubt, dass die EU libyschen Warlords dreistellige Millionenbeträge bezahlt, damit sie Flüchtlinge einsperren, foltern, vergewaltigen und töten? Dass die debile Rede von der »Festung Europa« eine Art *common sense* werden könnte? Heißt: Nicht wir haben das Agenda-Setting gemacht, sondern die Rechten. Das ist der Sachverhalt. Ich nenne ein Beispiel. Wir haben, wie gesagt, Ende 2015 die »Initiative Offene Gesellschaft« gegründet, ein zunächst sehr erfolgreiches Projekt. Wir haben nahezu tausend öffentliche Debatten durchgeführt, mit jeweils vielen Hundert Teilnehmerinnen und Teilnehmern. Wir haben den »Tag der Offenen Gesellschaft«, ein bundesweites Dinner, erfunden, einen riesigen Freundeskreis gegründet, ein Buch gemacht, jede Menge Aktionen, und unsere Leute haben alles gegeben, um ein Gegengewicht zur Rechtsdrift zu sein. Und doch waren die, gegen die wir mit der Initiative angetreten sind, viel erfolgreicher. Ihnen ist das Agenda-Setting gelungen, uns nicht. Heute redet man anders über Flüchtlinge. Heute benutzt man andere Begrifflichkeiten. Heute sitzt die AfD in den Landtagen und im Bundestag.

Übrigens ist genau das ein Modus, in dem Konsensverschiebung passiert: Man findet sich so toll in seinem Aktivismus und merkt nicht, dass die anderen den Raumgewinn machen. Als das zweijährige Bestehen unserer Initiative und das Erscheinen eines tollen Magazins gefeiert wurden, habe ich gesagt, dass wir nichts erreicht haben. Gar nichts. Außer eine NGO mit Büros, Computern, Newslettern und Veranstaltungsprogramm aufzubauen. Da waren alle Beteiligten beleidigt.

Ein Teil dieser Konsensverschiebung ist auf ein erfolgreiches Themen-Setting der Rechtsextremen zurückzuführen. Der andere Teil des Erfolges auf den Misserfolg der Demokraten, die für ihre Überzeugungen im Alltag nicht laut genug und selbstbewusst werben. Wer seine politischen Überzeugungen nicht vertritt, darf sich nicht wundern, dass diejenigen, die ihre Prinzipien vertreten, den gemeinsamen politischen Raum immer mehr beschallen. Da aber viel zu viele viel zu lange keine Erfahrungen mehr gemacht haben, sich im politisch-öffentlichen Raum einzumischen, sind sie durch wenige Aktionen schon ermüdet und haben politischen Muskelkater. Da sind Antidemokraten trainierter. Und doch: Jeder, der etwas tut, verändert den öffentlichen Raum. Deswegen ist deine Zusammenfassung, »Ihr habt nichts geschafft«, falsch.

Die Majorität der Bevölkerung ist, wie gesagt, unpolitisch …

Du hast eine falsche Theorie. Du gehst davon aus, dass die Leute das zur Kenntnis nehmen, aber das tun sie nicht. Die Majorität der Bevölkerung ist, wie gesagt, unpolitisch.

Vielleicht machst du es dir zu einfach. Und so einfach will ich die Bevölkerung aus ihrer Verantwortung nicht entlassen. Ich bestehe darauf: Jeder Mensch in Freiheit, der in einer Demokratie lebt, trägt Verantwortung für sich und andere. Unpolitisch zu sein, ist eine Entscheidung, für die man zur Verantwortung gezogen werden kann.

Das ist normativ zutreffend. Es ist aber empirisch unzutreffend, weil es ihnen egal ist. Es ist wichtiger, dass das Auto in die Waschanlage kommt, als dass die Demokratie verteidigt wird. Es ist ihnen so lange egal, bis sie selber in irgendeiner Form von Ausgrenzung betroffen sind.

Was ist ihnen egal? Um was kümmern sie sich nicht? Frieden, Freiheit, Menschenwürde, Respekt, Demokratie? Ist es ein Problem der mangelnden politischen Bildung oder der mangelnden Empathiefähigkeit? Und stimmt dieses Bild überhaupt? Und selbst, wenn es stimmen sollte, wäre es doch umso mehr eine Herausforderung und Aufgabe, die Repolitisierung zu dynamisieren, also Politik im Alltag wieder attraktiver zu machen. Deswegen fordere ich, dass politische Bildung bereits in den Schulen ein Kernpflichtfach wird. Wenn ich davon ausgehe, dass sich keiner kümmert und dass es keinen interessiert, was mit seinem Nachbarn passiert, ob wir in einer Demokratie oder einer Diktatur leben, ob wir in einer Gesellschaft leben, die Solidarität und Gerechtigkeit stärken will, dann habe nicht nur ich mit meiner Biografie keine Zukunft in diesem Land.

Doch!

Welche?

Dass die, die sich zuständig fühlen, und die, die von Amts wegen zuständig sind, Verantwortung übernehmen.

Auf die Zuständigen ist, nicht nur seit der AfD, nur bis zu einem gewissen Grad Verlass. Hinzufügen muss ich allerdings, dass nach meinem Verständnis in einer freien Gesellschaft jeder und jede zuständig ist, sich für die Freiheit zu engagieren. Und jeder und jede dafür die Verantwortung trägt. Bismarck formulierte das so: »Es gibt keine Handlung, für die niemand verantwortlich wäre.« Auch brauchen die Zuständigen, die für eine moderne, weltoffene Gesellschaft in politischer Verantwortung stehen, das Feedback der zuständigen Bürger und Bürgerinnen. Dieser Kreislauf ist unverzichtbar.

Aber diese Graduierung ist, sage ich jetzt mal etwas hochtrabend, in einem demokratischen Rechtsstaat ausreichend, wenn er denn funktioniert.

Unser Rechtsstaat funktioniert. Und trotzdem ist das nicht ausreichend. Und selbst wenn alle Zuständigen ihre Hausaufgaben machen würden, aber in unserer Gesellschaft kein mehrheitlicher politischer Konsens bestünde, dass diese politischen Werte von Bedeutung sind, könnte ich in einem solchen Land nicht leben. Minderheiten, die im Alltag Diskriminierung und Ausgrenzung erleben, deren Kinder stigmatisiert werden, die sich nicht in allen Teilen unseres Landes angstfrei bewegen können, würden sich dann zwar auf den Staat verlassen können, aber ihre Alltagserfahrung unterschritte ein würdiges Leben. Deine Position ist ein sehr elitenkonzentriertes Analysieren.

Ich bin Sozialpsychologe. Tut mir leid, die Leute interessieren sich dafür, was in ihrem Job los ist, was im Sportverein, in der Schule ihrer Kinder los ist. Aber die meisten wissen nicht mal, wie der Innenminister ihres Bundeslandes heißt. Der Erfolg einer totalitären Gesellschaft wie der NS-Gesellschaft liegt nicht darin, dass die meisten Leute überzeugte Nazis gewesen sind, sondern unpolitische Leute, die dann denken: Ja, das sind jetzt andere Zeiten, das ist jetzt so. Kein Grund, nicht mitzumachen. Man lese dazu Hans Falladas Roman *Jeder stirbt für sich allein.*

Deine These lautet also: Man kann sich nicht auf Menschen verlassen. Eine Möglichkeit wäre es aber dann, sich in einem demokratischen Rechtsstaat auf Rechte und Gesetze, auf Strukturen zu verlassen. Daraus folgt, dass eine politische Emanzipation von Minderheiten dort, wo es nötig ist, durch Gesetze gestärkt werden muss, wie wir es mit der Entscheidung Ehe für alle vorgemacht haben.

Ja, meine Rede!

Wenn wir also jetzt über die rechtliche Absicherung sprechen, müsste man auch die Frage der Anwendung, aber auch der Verschärfung von Schutzrechten deutlicher machen. Das beginnt übrigens nicht erst, seit es das Internet und die sozialen Medien gibt, sondern immer auch schon in der realen Welt. Diskriminierungstatbestände müssen ernst-

haft und in aller Konsequenz strafrechtlich sanktioniert werden. Aber auch für diese Politik brauchst du Bürgerinnen und Bürger, Wählerinnen und Wähler, die entsprechend bei Wahlen den politischen Parteien den Rücken stärken, die eine moderne Gesellschaft repräsentieren. Und Polizistinnen und Staatsanwältinnen und Richterinnen, die diesen Gesetzen zum Leben verhelfen.

Das ist genau der Punkt. Wenn ich einen juristischen Pflock einschlage, dann habe ich einen Referenzpunkt, an dem ich messen kann: »Das geht nicht. Das sagst du jetzt bitte nicht mehr, sonst hat das Konsequenzen.« Dann gibt es keine *shifting baseline*.

Wir sehen aber an Ländern wie Ungarn und Polen, dass juristische Referenzpunkte nur so lange stabil sind, wie politische Mehrheiten diese unangetastet lassen. Das Recht ist letztendlich dann doch wieder abhängig von der Interpretation und Auslegung der Verantwortlichen. Justiz ist in einer Demokratie nie politische Justiz, gleichzeitig wäre es naiv, nicht zuzugeben, dass Justiz immer auch politisch ist.

Ich habe kein Vertrauen, deshalb bin ich für den Rechtsstaat und das Grundgesetz. Sebastian Haffner hat in den sechziger Jahren mal geschrieben, dass die Weimarer Verfassung auf einem optimistischen Menschenbild basierte und das Grundgesetz auf einem pessimistischen. Zuständigkeiten sind geregelt und lassen sich auch nicht suspendieren. Und bislang hat sich das Grundgesetz mit seiner pessimistischen Grundhaltung gut bewährt und leistet, was es eben als Ordnung leisten kann. Unser Problem liegt möglicherweise dort, wo es etwas nicht leisten kann: nämlich auf die persönliche demokratische Verantwortung zu verpflichten und andererseits im Sinn des Gemeinwohls zu handeln. Ich zitiere das berühmte Böckenförde-Paradox: Der freiheitliche Staat lebt von Voraussetzungen, die er selbst nicht garantieren kann. Das heißt in schlichten Worten: Jede und jeder in einem freiheitlichen

Ich habe kein Vertrauen, deshalb bin ich für den Rechtsstaat und das Grundgesetz.

Staat muss das Gefühl haben, Teil von etwas zu sein, von dem die anderen auch ein Teil sind. Es gibt etwas sozial und normativ Gemeinsames, die Unterstellung, dass man einem gemeinsamen Ziel nachstrebt. Und da beginnt unser Problem. Wo diese nichtcodifizierte, nicht in ein Gesetz zu gießende Voraussetzung erodiert, durch Hetze, durch Hass, durch Reden vom »Kontrollverlust des Staates«, durch Angriffe auf Menschen, durch Antasten der Menschenwürde, da muss man gegensteuern.

Bislang habe ich darauf beharrt, dass wir hinsichtlich der Zivilisierung schon etwas weiter gewesen sind, als es jetzt der Fall ist. Dass wir uns in einem Modus der Entzivilisierung befinden, das kann man an verschiedenen Begrifflichkeiten festmachen und an bestimmten Akteuren identifizieren. Die politische Frage, die sich daraus ableitet, ist doch schlicht und ergreifend die: Wie kriegt man das eingehegt? Wie bekommt man den Geist in die Flasche zurück?

Was nicht synonym mit Zivilisationsfortschritt ist.

Da haben wir ein riesiges Problem. Momentan, nach dem Mord an Lübcke und dem Anschlag in Hanau, gibt es eine leichte Verunsicherung, was den Rechtsterrorismus angeht. Selbst so Leute wie Seehofer erkennen inzwischen, dass es da ein Problem gibt. Auch die Rolle der sozialen Netzwerke als Hassbeschleuniger ist erkannt. Aber auf der anderen Seite ändert das zum Beispiel gar nichts an der Zunahme von Menschenrechtsverletzungen wie dem Aussetzen des Asylrechtes.

In einer pluralen Gesellschaft wie der Bundesrepublik Deutschland werden ununterbrochen Inklusions- und Exklusionsdebatten geführt. Wenn man nicht in Deutschland geboren ist, also nach Deutschland eingewandert oder geflüchtet ist, die deutsche Sprache lernt, sich nach den deutschen Gesetzen verhält, sich sogar »anständig verhält«, ist eine Inklusion noch lange nicht selbstverständlich. Wenn Kinder dieser eingewanderten Eltern an sich und an ihnen diese Ausgrenzung erleben, ist neben der persönlichen Kränkung eine »Wir-Identität« äußerst ambivalent. Gesellschaftspolitisch kann dann aus diesen exkludierten Ichs kaum ein gesellschaftliches Wir entstehen. Vorurteile und Sündenbocktheorien triggern sich von einer Generation in die nächste weiter. Extremistische, demokratiefeindliche Bewegungen triggern solche Prozesse, indem sie von »kulturellen Unterschieden« sprechen.

Die antisemitische Erzählung lautet deswegen: »Der Jude kann nie dazugehören. Dem Juden kann man nie vertrauen, weil er eben Jude ist. Alles an ihm ist anders, als wir es sind. Seine Religion, seine Kultur. Selbst wenn er deutscher Staatsbürger ist, ist und bleibt er vor allen Dingen ein Jude.« Schein-Begründung: weil ein Jude eben ein Jude ist. Dann folgt die »naive« Frage der Hassenden, warum werden Juden eigentlich seit Jahrtausenden gehasst? Und weil sie selbst Täter und nicht Opfer sind, fragen sie: Könnte es nicht an den Juden selbst liegen, dass das so ist? Bis hin zu der »naiven« Aussage »Juden sind selbst daran schuld, dass man sie hasst – wären sie keine Juden, müsste man sie nicht hassen«. Der Judenhass ist konstitutiv für den Rechtsextremismus. Aber nicht nur für ihn.

Es gibt aber auch einen linksideologischen Judenhass. Für beide Ideologien verkörpert der Jude das Weltkapital, und der Staat Israel zieht als Repräsentant des Judentums Vernichtungsfantasien auf sich. Hinzu kommt ein Antisemitismus, der aus der islamistischen und aus der arabisch-islamischen Welt kommt. Wir sprachen schon vom kollektiven und kulturellen Gedächtnis. In der arabisch-islamischen Welt ist der Jude ein Narrativ für »das Böse in der Welt«. Den »jüdischen Staat« zu vernichten, »die Juden« ins Meer zu jagen, sind Slogans, die im Erziehungs- und Lebensalltag nicht selten sind. Diese Meinung teilen aber auch viele Deutsche. Wenn man in Deutschland oder Europa Umfragen betrachtet, stellt Israel immer die größte Gefahr für den Weltfrieden dar. Nicht Länder wie Nordkorea, wie Saudi-Arabien oder der Iran. Der Hass gegen das Judentum und den jüdischen Staat blockiert rationale Betrachtun-

Es gibt auch einen linksideologischen Judenhass.

gen. Wer für die Vernichtungsfantasien der Israelkritiker Verständnis hat, muss sich zu Recht fragen, ob er Antisemit ist. Bei dieser Gelegenheit ist es interessant, auch darüber nachzudenken, dass bei aller Kritik gegen Regierungen oder Präsidenten, wie den amerikanischen Präsidenten Donald Trump, dass von Trumps Kritikern nicht die Vernichtung der Vereinigten Staaten verlangt wird.

Diese Widersprüchlichkeiten, diese Verirrungen und Verwirrungen sind möglich, weil diese Betrachtungen im Diffusen, Nebligen bleiben. Ich will diesen Begriff des Diffusen auch noch einmal aufgreifen, weil du angesprochen hast, dass die meisten Menschen sich nicht für das Politische interessieren. Daraus folgt, dass wir umso mehr öffentlich debattieren müssen, dass das Diffuse ans Licht geholt werden muss, dass man den Diskursnebel, auch den intellektuellen Nebel, hinterfragen muss.

Die stereotypen Redewendungen dafür sind: »Das ist unendlich kompliziert.« »Einer sagt so und der andere sagt so.« Das ist das, was du mit dem Nebel meinst.

Der tschechische Philosoph Tomáš Masaryk sagt: »Demokratie ist Diskussion.« Ich füge hinzu: Diskutieren, Streiten bedeutet den Versuch unternehmen, sich infrage stellen zu lassen und sich infrage zu stellen, nach mehr Wissen, nach mehr Verstehen zu streben, neugierig zu sein. Der Satz »We agree to disagree« ist in Deutschland ein beliebtes Beruhigungsmittel. Nach dem Motto: Danke für dieses gepflegte Gespräch. Reicht eben nicht.

Das ist repressive Toleranz. Man lässt das dann mal stehen, ohne die Differenzen auszutragen. Aber ab da würde die Differenz erst fruchtbar.

Fruchtbar ja, wenn Argumente ausgetauscht werden.

Die Behauptung, dass die Dinge komplex seien, ist ohnehin in den meisten Fällen Ideologie. Dass man etwas so oder eben auch anders sehen könne oder alles mit allem zusammenhängt, stimmt immer und deshalb nie. Komplexitätsbehauptungen kaschieren Ideologie.

In Wirklichkeit sind die meisten Dinge im Leben sehr einfach: Soziales Leben ist strukturiert nach Beziehungen, und diese Beziehungen sind strukturiert nach Macht und Interessen. Sehr einfach. Auf einem endlichen Planeten kann es kein unendliches Wachstum geben. Sehr einfach. Glück hängt ab dem Erreichen einer recht niedrigen Schwelle von materieller Sicherheit nicht von mehr Geld und mehr Konsum ab. Sehr einfach. Niemand möchte sterben. Alle möchten geliebt werden. Sehr einfach. Komplexitätsbehauptungen dienen meist dem Bedürfnis, klare Sachverhalte nicht zur Sprache zu bringen, nicht zum Gegenstand von Debatten werden zu lassen. Da wirft man lieber die Nebelmaschine an.

Ich beschäftige mich viel mit Nachhaltigkeit und Klima. Jedes Mal, wenn ich die einschlägigen Artikel lese, kriege ich die Krise. Extrem simple Sachverhalte, die jeder Achtjährige ohne Weiteres versteht, werden so kompliziert gemacht und durch so viele Variablen relativiert, dass am Ende gar kein Verhalten mehr als richtig identifiziert werden kann. Der Apfel aus Neuseeland ist dann nachhaltiger und klimafreundlicher als der aus dem Alten Land und solche Dinge. Die Papiertüte schlechter als die Plastiktüte; es gibt bestimmt auch jemanden, der ausrechnen kann, dass Fahrrad fahren schlechter fürs Klima ist, als das Flugzeug zu nehmen. Und egal, was du machst, es ist irgendwie verkehrt und zerstörerisch. Das ist eine normative Entleerung und eine Entwertung von Urteilskraft. Bei den meisten Komplexitätsbehauptungen werden nämlich die Voraussetzungen nicht benannt. So kann der neuseeländische Apfel nur dann eine bessere Ökobilanz haben, wenn man voraussetzt, dass es ein allgemeines Menschenrecht auf ganzjährig frische Äpfel gibt. Urteilskraft wird durch Expertenquatsch substituiert. Das ist auch eine Entleerung des politischen Raumes zugunsten von pseudowissenschaftlicher Komplexität.

Machst du es dir nicht zu einfach? Komplexität sollte nicht erschrecken, Vereinfachung eher.

Nein. Komplexitätsbehauptungen sollten durchaus misstrauisch machen, Einfaches kann wahr sein. Das ist ja nicht identisch mit Vereinfachung. Es kommt aber ein Faktor noch dazu, den haben wir erst ganz kurz angesprochen. Es kommt eine Mentalitätsverschiebung dazu, die die Welt als Lieferdienst versteht. Die Hyperkonsumgesellschaft, die permanent Versprechungen macht, die da lauten: Wenn du mich kaufst, dann kriegst du eine Befriedigung, die dir zusteht. Damit hat sich auch eine Verschiebung im politischen Raum vollzogen: dass Politik als Lieferdienst verstanden wird. Da wird an Merkel und andere adressiert: Du musst jetzt liefern, und wenn du nicht lieferst, dann wählen wir dich nicht. Da sind die Anne Wills dieser Welt Teil des Problems. In ihren Sendungen geht es ständig um den Nachweis des Nichtlieferns. Sie fragt inquisitorisch Positionen ab, nur um demselben Politiker nachzuweisen, dass er vor drei Monaten noch etwas anderes gesagt hat. Oder fragt, wie in der Corona-Krise, wenn der Finanzminister sieben Maßnahmen aufzählt, warum er eine achte noch nicht veranlasst hat. Das gibt ein falsches Bild von Politik, ihren Funktionen und Möglichkeiten. Und dann denken die Leute, die Kanzlerin sei für ihr individuelles Wohlergehen höchstpersönlich verantwortlich.

Dass der Konsument in einer Konsumgesellschaft eine »Lieferdienstmentalität«, wie du sie beschreibst, auch im Politischen entwickelt, ist eine interessante These. Dieses Narrativ muss reflektiert werden. Viele Menschen, die sich alles nur noch nach Hause liefern lassen, wollen sich weder anstrengen noch Ware, die sie bestellen, vorher prüfen und mit anderen Angeboten unmittelbar vergleichen und wissen gleichzeitig, dass sie das Gelieferte, wiederum ohne sich anstrengen zu müssen, zurückschicken können. Das ist der passive politische Wähler, den es aber auch schon weit vor den Lieferdiensten gegeben hat.

Der These, dass die politischen Gesprächssendungen daran Mitschuld haben sollen, widerspreche ich. Bei aller Kritik an diesen Formaten – ich selbst moderiere seit Jahrzehnten politische Talkshows – sind sie in der

Regel wichtige Diskursräume, in denen sich unterschiedliche Positionen begegnen und miteinander streiten. Dabei soll für die Zuschauer deutlich werden, dass politische Prozesse multidimensional sind. Eindimensionale politische Aussagen, wie es sich autoritär orientierte Wähler wünschen, können nur von extremistischen Parteien formuliert werden. Für die Gaulands, die Höckes ist die Welt entweder schwarz oder weiß. Indem sie Komplexität, Ambivalenz und Widerspruch, der in jeder politischen Entscheidung steckt, ausblenden, banalisieren sie Politik und ziehen autoritär orientierte Wähler an. Ich glaube, dass politische Gesprächssendungen dem etwas entgegensetzen.

Du unterstellst denjenigen, die Klarheit haben wollen, dass sie den Typus Klarheit AfD möchten. Ich mache aber auch oft die Erfahrung, und ich vermute du auch, dass viele dankbar sind für offene Worte. Ich bekomme viele E-Mails oder positive Kommentare, die genau das hervorheben.

Offene Worte stehen nicht im Widerspruch zur Komplexität.

Das ist trotzdem interessant. Wenn wir empirisch konstatieren, dass dieser Nebel der widerstreitenden Informationen ein Problem ist, dann ist es doch erst mal nachvollziehbar und zum Teil auch erfreulich. Ich verstehe meine Bücher, die ich für ein großes Publikum schreibe, wie zum Beispiel *Alles könnte anders sein: Eine Gesellschaftsutopie für freie Menschen,* in einer einzigen Funktion. Von der Kritik wird mir häufig vorgehalten, dass nichts Neues drinsteht, was völlig zutreffend ist. Aber es stehen Arrangements von Argumenten drin, die Menschen verwenden können, um für sich selber eine Orientierung herzustellen, um in irgendwelchen Diskussionssituationen argumentieren zu können. Die Begründung dafür ist, dass ich Zeit und das Privileg gehabt habe, bestimmte Sachen studieren zu dürfen und denken zu dürfen, und viel mehr Zeit habe, über Dinge nachzudenken als Leute, die zum Beispiel im Drogeriemarkt an der Kasse sitzen und ihren Job machen müssen. Insofern sehe ich die Funktion meiner Bücher darin – und ich finde das überhaupt nicht elitär, sondern eine Frage von Verantwortung –, das bereitzustellen, was ich bereitstellen kann. Das ist für mich der entscheidende Punkt. Wir sind doch verantwortlich dafür, wie immer das dann gelingt, in diesen Nebel etwas mehr Klarheit zu bringen.

Haltung deutlich zu machen, einfach nur dadurch, dass man sie zeigt, funktioniert.

Haltung deutlich zu machen, einfach nur dadurch, dass man sie zeigt, funktioniert. Das bedeutet auch, mit bestimmten Leuten nicht zu reden und bestimmte Dinge nicht zu tun, in bestimmten Medien nicht zu publizieren, zu bestimmten Diskussionsrunden nicht zu gehen. Ich glaube, das ist einfach etwas Unausweichliches, wenn man wirksam sein will und gleichzeitig noch Übereinstimmung zwischen dem, was man denkt, und dem, was man tut, erreichen will.

Das würde ich gern noch mal konkretisieren. Du wirst eingeladen zu einer Veranstaltung oder in eine Sendung. Fünf Gäste sind eingeladen. Einer davon ist Herr Gauland. Gehst du hin oder gehst du nicht hin?

Nein, ich gehe nicht hin.

Das ist aber Teil des öffentlichen Diskussionsraums. Wenn ich Herr Gauland wäre, würde ich denken, hoffentlich folgen viele, die gegen uns sind, diesem Beispiel. Dann könnte ich noch mehr Raum unwidersprochen beanspruchen. Ist diese Strategie – ich weigere mich, im öffentlichen Raum am selben Tisch zu sitzen – eine, die man verfolgen kann? Würdest du von Parteipolitikern verlangen, sie sollten an Talkshows nicht teilnehmen, wenn Herr Gauland auch da ist? Wäre es richtig, dass ein Vertreter der CDU, der Grünen, der SPD bei einer politischen Veranstaltung nicht mehr zusagt, wenn er weiß, dass Herr Meuthen da ist? Würdest du dir auch solche Absagen von anderen Intellektuellen, Publizisten und Wissenschaftlern erhoffen? Ich erzähle dir ein anderes Beispiel. Wir haben als Hochschule eine Veranstaltung zur Europawahl organisiert. Wir haben von allen Parteien, die kandidiert haben, die Spitzenvertreter

eingeladen. Es kamen damals noch Justizministerin Barley von der SPD, Herr Bartsch von der Linken und Herr Meuthen von der AfD. Wir sind als Hochschule des Landes Hessen dem Neutralitätsgebot verpflichtet. Dagegen gab es Proteste, die ich auch nachvollziehen kann.

Ich würde bei einer Hochschulveranstaltung wie dieser von vornherein sagen: Ich beteilige mich nicht an einer solchen Veranstaltung. Als Angehöriger der Hochschule würde ich sagen: Ich beteilige mich auch nicht an der Organisation einer solchen Veranstaltung, ich versuche im Gegenteil, sie zu verhindern. Aus ebendiesem Grund, den du beschrieben hast. Und schon gar nicht mit Herrn Meuthen.

Du sagst: Ich nehme nicht teil an Veranstaltungen, bei denen AfD-Politiker eingeladen sind. Deine Begründung ist, dass du nicht dazu beitragen willst, dass das als Normalität akzeptiert wird. Würdest du fordern, dass Repräsentanten der Grünen, der CDU, der FDP, der SPD bei Veranstaltungen, an denen auch ein Spitzenfunktionär der AfD mit an einem Podium sitzt, in Zukunft nicht mehr teilnehmen?

Ja, ich würde sagen, wenn ich in der Situation eines Parteifunktionärs wäre, würde ich da nicht hingehen.

Was würde das letztendlich bedeuten?

Dass die Talkshow total uninteressant wird.

Ich rede nicht nur von Talkshows. Ich rede von anderen öffentlichen Veranstaltungen.

Wenn die dann alleine da sitzen, dann können sie sich selber was erzählen. Das ist die ultimative Konsequenz. Wir hatten schon den Sündenfall Höcke bei Jauch erwähnt. Diese Sendung ist uns allen, glaube ich, noch in schlechter Erinnerung. Aber das Interessante war, dass Politiker wie Heiko Maas sich nun zu Björn Höcke verhalten mussten – das ist immer Wasser auf die Mühlen der anderen, das ist die Strategie. Man muss diesen Mühlen das Wasser abgraben. Als Höcke seine Deutschlandfahne ausgepackt und über der Armlehne drapiert hat, hätte ich gesagt: »Zeigen Sie mal, wo ist denn die gemacht? Ach, die ist ja gar nicht in der Schorfheide geklöppelt, die kommt aus China? Unsere Deutschlandfahne! Sagen Sie mal, Herr Höcke, das geht aber nicht!« Wenn du diese Leute in so einer signifikanten Situation auf eine von dir definierte Ebene zwingst, dann verlieren sie. Aber so funktionieren diese Formate nicht und deshalb geht man da nicht hin.

Aber wir sprechen nicht nur über das Fernsehen allein. Wir sprechen von den Tausenden Veranstaltungen, die es überall gibt. Wir diskutieren die Frage, ob dort, wo AfD-Repräsentanten sind, der Diskurs verweigert werden soll.

Da würde ich fundamentalistisch sein, und zwar aus Gründen der Beobachtung der letzten zehn Jahre und dieser Konsensverschiebung, die unter anderem eben deshalb stattgefunden hat, weil man permanent in der sich selbst verliehenen Notwendigkeit der Empörung das Geschäft für die Nazis gemacht hat. Jörg Haider hat dafür die Blaupause geliefert, es funktioniert bis heute. Man nimmt nicht an Spielen teil, die man nicht gewinnen kann.

Ich sehe das differenzierter. Ich bin ambivalent. Ich habe Schwierigkeiten, mir vorzustellen, dass ich den Diskursraum den Antidemokraten überlasse, weil ich davon überzeugt bin, dass man Zuhörenden immer auch eine Gegenposition zumuten und vermitteln sollte, in der Hoffnung, dass man mit Argumenten überzeugen kann. Das gilt sowohl für politische Fernsehsendungen als auch für öffentliche Veranstaltungen. Erst recht in der digitalen Welt. Die Zuhörenden sind ja nicht alle a priori demokratiefeindlich, wenn es sich nicht um eine AfD-Veranstaltung handelt, sondern es sind immer auch Unentschiedene anwesend. Würde ich öffentlich allein mit einem Rassisten oder einem Antisemiten diskutieren, der mich als minderwertig ansieht, als »Mensch zweiter Klasse« definiert? Der demokratische Dis-

Man nimmt nicht an Spielen teil, die man nicht gewinnen kann.

kurs setzt ein gegenseitiges Anerkennen des Menschseins voraus, was hier nicht gegeben ist. Im Grundsatz wäre meine Antwort: Nein. Würde ich als Journalist mit Extremisten wie Herrn Gauland Interviews oder Gesprächssendungen führen, im Grundsatz: Ja, weil es zu meiner beruflichen Aufklärungspflicht gehört.

Ja, exakt das bezeichne ich als Konsensverschiebung, und das ist ein Problem.

9

DAS ENDE DER GESCHICHTE WAR DER ANFANG EINER ANDEREN GESCHICHTE

HW: Der Ausgangspunkt unseres Gesprächs ist, dass wir nicht mehr guten Gewissens voraussetzen können, dass mit der Demokratie alles so ganz gut weiterläuft und wir im gewohnten Format in der Lage wären, mit objektiven Stressoren wie Klimawandel und ökologischen Problemen umzugehen. Hinzu kommen noch andere Faktoren: Die außenpolitische Situation hat sich fundamental verändert, die geopolitische Situation ist eine völlig andere als noch vor zwanzig Jahren. Die Migrationsbewegungen und zugleich die Abschottungsversuche nehmen zu, zum Teil mit unglaublicher Gewalt. Dazu gehört auch, dass sich das schöne europäische Projekt nicht so entwickelt, wie man sich das idealerweise vorgestellt hat. Das alles, und zwar buchstäblich alles, hat sich durch die Corona-Krise nochmals tiefer ausgeprägt oder steht konturierter da. Diese Krise wirkt wie eine Lupe, die alles sichtbarer macht, was bis dato eher schemenhaft und undeutlich schien und das man deshalb auch ganz gut ignorieren konnte.

Nun haben wir schon darüber gesprochen, welche Rolle soziale Ungleichheit auch bei uns für Lebenschancen spielt. Ich denke an Unterschichtenkinder, die zu Zeiten der Kontaktbeschränkungen nicht mal mehr ein paar Stunden in die Schule konnten, um ihren Eltern zu entfliehen. Dieselbe Klarsicht auch dort, wo Mittelstandskinder mithilfe der Eltern ganz gut mit dem Homeschooling zurechtkommen und arme Kinder weder taugliches Equipment noch Hilfestellung haben. Da sind wir direkt bei der Veränderung von kommunikativen Kulturen und ihrer sozialen Dimension durch die Digitalisierung und die sozialen Netzwerke. Damit verbunden sind auch andere Selbstverhältnisse, das Ich von Instagram ist ein anderes als das Ich der 68er. Und, *last, but not least,* sind wir mit sozialer Ungleichheit konfrontiert – was wiederum durch die Corona-Krise noch einmal im globalen Maßstab transparent geworden ist. Selbst zum Händewaschen darf man einfach nicht zu arm sein, sonst hat man kein Wasser. Und das war jetzt nur eine sehr zufällige und lückenhafte Aufzählung.

MF: Ich würde noch zwei Ereignisse hinzufügen wollen, die unseren Blick auf unsere heutige Welt substanziell verändert haben. Eine fundamentale Erschütterung war 9/11. Die Anschläge unter anderem auf die Twin Towers in New York und das Pentagon in Washington im Jahre 2001 haben nicht nur die Vereinigten Staaten von Amerika, sondern die gesamte freie Welt und erst recht Europa tief getroffen. Die Annahme, dass unter der militärischen Führung der Vereinigten Staaten unsere freie Welt unverwundbar sei, ist an diesem Tag untergegangen. Gerade Westeuropa und Deutschland hatten Jahrzehnte mit dieser Prämisse außenpolitische, verteidigungspolitische, geostrategische, ökonomische Grundsatzentscheidungen verknüpft. All diese wurde durch diesen Terrorakt infrage gestellt.

Die Irritationen, die Unsicherheiten, die Risse, die dadurch auch in Deutschland erst sehr spät sichtbar wurden, prägen bis heute die politische Debattenkultur. Wenige Jahre danach, 2008, folgt die Finanz- und Bankenkrise. Sie zerstörte eine weitere Säule der Identität, auch in Deutschland. Der Wert des Geldes zerbröselte. Staaten standen vor dem Bankrott. Hunderte Millionen Menschen hatten Angst vor ihrem privaten Bankrott, weil sich sowohl Banken als auch Regierungen so gnaden- und gewissenlos verzockten, dass ihre Existenzen auf dem Spiel standen. Auch in diesem Zusammenhang wurde das Sicherheitsgefühl wieder infrage gestellt. Millionen Europäerinnen und Europäer erlebten, dass die Europäische Union am Ende doch eher eine nach nationalen Interessen statt nach supranationaler Solidarität handelnde politische Institution ist.

Die Krise wurde in Deutschland schnell überwunden und führte bis zur Pandemie zu einem neuen »Wirtschaftswunder«. Gleichzeitig leben seit über einem Jahrzehnt junge Menschen in Spanien oder Italien, selbst in Frankreich, in Arbeitslosigkeit bis zu teilweise 30 Prozent. Der Vorwurf, Deutschland hätte mehr tun können, ist berechtigt. Eine solidarische Lösung wären unter anderem Eurobonds gewesen. Die Gegner dieser Idee argumentierten, es seien Regierungen daran schuld gewesen, dass die Staaten so hoch verschuldet wären. Diese Regierungen mit Eurobonds für ihr Fehlverhalten zu »belohnen«, statt sie dazu zu zwingen, ihren Staatshaushalt in Ordnung zu bringen, sei kontraproduktiv. Die Pandemie hat das Thema Eurobonds revitalisiert. Das oben genannte Argument gegen Eurobonds kann nicht erneut angewandt werden, weil erstens diese Staaten ihre Haushalte deutlich saniert haben – was auch dazu geführt hat, dass das Gesundheitssystem eingeschrumpft ist – und zweitens die Regierungen keine Verantwortung für das Virus haben. Die Zukunft der Europäischen Union und der Anspruch, eine Werte- und Solidargemeinschaft zu sein, wird in den nächsten Jahren endgültig entschieden. Die neueste Erschütterung und substanzielle Veränderung der deutschen politischen Statik heißt Donald Trump. Die Abkehr von Europa als strategischem Partner der USA wird immer sichtbarer.

Soziale Gerechtigkeit ist ein globales Kernthema des dritten Jahrzehnts dieses Jahrtausends. Das gilt auch für die Schere zwischen Arm und Reich unter den Mitgliedsstaaten der Europäischen Union, erst recht zwischen ihren Bürgerinnen und Bürgern. Der Länderfinanzausgleich, den wir in der Bundesrepublik Deutschland als ein Instrument entwickelt haben, ärmere Bundesländer wie Bremen und das Saarland zu unterstützen, ist ein gutes Modell für Europa. Das würde allerdings voraussetzen, dass man nationale Interessen zurückfährt und die Europäische Union endlich in eine politische Zukunft transferiert, nämlich den Staat Europa.

Die Realitäten zeigen aber in die umgekehrte Richtung. Die Europäische Union scheint so handlungsunfähig wie noch nie seit ihrer Gründung. Und dann der nationale Reflex, als Corona kam: Als

Erstes werden die Grenzen dichtgemacht, überall in Europa! Das kann nicht anders verstanden werden, als dass es das Ergebnis einer massiven Re-Nationalisierung ist. Nicht der Beginn, sondern ein Ergebnis. Wesentlich schwieriger erschien dann, die Grenzen wieder zu öffnen.

Durch die Renationalisierungspolitik vieler Länder der EU sind dramatische Entsolidarisierungseffekte entstanden. Wenn sich das Motto »Jeder kämpft für sich« weiter durchsetzt und die europäischen Institutionen ihre Aufgaben nicht wahrnehmen, werden die Konsequenzen zerstörerisch sein. Wir würden uns in das 20. Jahrhundert zurückentwickeln. Nur zur Erinnerung: zwei Weltkriege. Der Kalte Krieg. Europa geteilt in Ost und West. Die Mauer quer durch Berlin. Demokratie für ein paar privilegierte Länder. Nicht ein »weniger Europa«, sondern ein »mehr Europa« ist erst recht im Interesse der Bundesrepublik Deutschland. Und es muss ein demokratisches sein.

Michel, darf ich mal was Spielverderberisches sagen? Oder besser nochmals fragen: Wir groß ist denn die Chance auf »mehr Europa« in unseren zwanziger Jahren? Ich habe vorhin schon mal gesagt, dass immer neue »Bewährungsproben« gesehen werden, bei denen es sich in Wahrheit um eine ununterbrochene Kette des Versagens gemeinsamen Handelns handelt. Unser Problem ist, wie in ganz vielen anderen Politikfeldern auch, dass man Anstrengungen vermeidet, wenn man die Begriffe nur pathetisch genug macht. Das kann dann immer gar nicht fettig genug sein. Im Fall Europas vermeidet man – nach Brexit und während Orbán –, das völlig unkoordinierte Handeln in der Corona-Krise als Indikator für Zerfall zu werten. Was bleibt denn als Entwicklungschance des europäischen Projekts, wenn es dahin driftet, dass Mitglieder aussteigen oder zu faschistischen Diktaturen werden? Wenn der Nationalismus in der Krise die spontane Reaktion ist? Das ist der Titanic-Moment für Europa: Die Kollision mit dem Eisberg hat schon stattgefunden, das Orchester spielt aber noch. Ich glaube, wir müssen uns die ehrliche Frage stellen, wo wir Ansatzpunkte für eine Re-Animation von Europa sehen, wenn wir welche sehen. Oder was die Alternative wäre.

Alles wehrt sich in mir, dir zuzugestehen, dass deine Analyse nicht falsch ist. Selbst als vorsichtiger Optimist, der ich bin, sehe ich die Verfallsspuren dieser revolutionären Friedensidee Europäische Union. Europa liegt auf der Intensivstation. Nur Deutschland und Frankreich zusammen können die notwendige Medizin entwickeln und verabreichen, damit der Patient nicht stirbt. Es sieht noch nicht danach aus, als ob die Regierungen beider Länder dies ausreichend verstanden haben. Betrachtet man die parteipolitische Landkarte, ist bei kaum einer Partei festzustellen, dass sie bereit wäre, ein substanzielles Element nationaler Autonomie abzugeben. Die Abschaffung der nationalen Währungen, wie zum Beispiel der D-Mark, und die Erfindung einer europäischen Währung, des Euro, war und ist nicht nur wirtschaftspolitisch ein extrem mutiger Schritt der damals Verantwortlichen – übrigens auch ein erfolgreicher. Ohne den Euro hätten viele Länder, auch Deutschland, die Finanzkrise nicht überlebt. Ein weiterer mutiger Schritt ist Voraussetzung für eine Zukunft der europäischen Idee.

Aber wo stehen wir denn? Die Siegesgewissheit von 1989, die angebliche Überlegenheit des westlichen Gesellschaftssystems – wir haben jetzt gewonnen, das »Ende der Geschichte« ist erreicht und so weiter –, hat sich als eine der größten Täuschungen des vergangenen Jahrhunderts herausgestellt. Francis Fukuyama, der den Begriff »The End of History« geprägt hat, und mit ihm der komplette Westen haben damals nicht verstanden, dass sich die gesamte Spielanordnung, die historische Figuration, verändert, wenn ein Spieler seine Position wechselt oder ganz ausfällt. Die naive Wahrnehmung war, der Systemkonkurrent verschwindet vom Feld, wir besetzen seinen Platz und das Spiel läuft weiter. Aber dass die Spielanordnung durch das Abtreten des Spielers völlig verändert ist und dass sich sogar infolgedessen die Spielregeln auch verändern, das ist nicht antizipiert worden. Ich glaube, es gibt generell eine Blindheit der Gegenwart, man sieht die Details, die man sehen möchte, aber nicht das Ganze, zu dem sie gehören. So betrachtet war 1989 nicht das Ende der Geschichte, sondern der Beginn des Abstiegs des Westens.

Ich würde gerne 1989 aus historischer Perspektive aufgreifen. Die Bundesrepublik Deutschland hatte mit den Bürgern in der Deutschen Demokratischen Republik, mit Ausnahme der familiären Beziehungen, wenig Berührungspunkte. Der Großteil der politischen Eliten war der Meinung, dass der Status quo ante unumstritten sei, und die Mehrheit der bundesrepublikanischen Bevölkerung hatte mehr Sympathie mit Italien als mit der DDR.

Ähnlich wie in den Lebensgeschichten in der Bundesrepublik Deutschland nach 1945 spielen auch in den Lebensgeschichten nach 1989 Heuchelei, Doppelmoral und Geschichtsverleugnung eine große Rolle. Dies gilt auch für den politischen Raum. 1989 ist eine Zeitenwende gewesen. Deren endgültige Konsequenzen sind noch nicht sichtbar.

Zwei Dinge dazu: Bei dem ersten Punkt sind wir wieder bei Norbert Elias.

Ich verstehe die Gesellschaft nicht, wenn ich den Beobachtungszeitraum sehr eng halte. Erst wenn ich ihn ausdehne, fange ich an zu begreifen, welche Verwerfungen, welche Umfigurierungen stattgefunden haben. Elias hat den Nationalsozialismus mit dem Brutalisierungsschub des Dreißigjährigen Krieges zusammengebracht, eine soziologisch ganz ungewöhnliche Perspektive, die aber sehr hilfreich ist, wenn man scheinbar Unverständliches verstehen will. Wenn ich 1989 als Momentaufnahme betrachte, fällt mir nicht viel mehr ein als das Standardwort jenes Jahres: »Wahnsinn!« Wenn ich 1989 im Kontext der Zeit von 1945 bis 2020 betrachte, ist das Jahr so etwas

> *Wenn ich 1989 im Kontext der Zeit von 1945 bis 2020 betrachte, ist das Jahr so etwas wie ein Relais.*

wie ein Relais, das die geopolitische Lage komplett umgeschaltet hat, kein Ende der Geschichte, sondern nur das Ende einer Geschichte, die nicht mal ein halbes Jahrhundert gedauert hat.

Jetzt kommt noch ein weiterer faszinierender Gedanke von Elias dazu. Er spricht vom sogenannten Nachhink-Effekt. Auch wenn sich die objektiven Verhältnisse längst verändert haben, leben die Leute und ihre politischen Repräsentanten noch lange in der vergangenen Welt weiter. Die Holländer sind mental viel länger weltbedeutende See- und Handelsmacht geblieben, als sie es *de facto* waren. Die Briten imaginieren sich heute noch in der Perspektive des Empire, sind aber spätestens seit David Cameron nur noch eine Episode von Monty Python. Aber seien wir nicht arrogant. Auch die Kulisse der Weltbedeutungsachse im Zentrum Berlins mit Stadtschloss ist nur nachhinkendes Bewusstsein. Deshalb kann man ein Schloss nur noch imitieren, weiß dann aber nicht, wofür es da ist.

Setzt man deine Gedanken fort, führen sie zu der Frage, ob die Idee Europas und die Bedeutung der Europäischen Union einen Nachhink-Effekt beinhaltet. Ist Europa überhaupt noch ein so wichtiger Kontinent, wie er es in den letzten 300 Jahren war? Schaut man sich China, Indien und andere Teile Asiens an, erkennt man, dass sich die globalen Machtzentren verschoben haben. Europa muss sich endlich modernisieren und neben dem ökonomisch-ökologischen Anschluss vor allem die Idee der Demokratie und der Überwindung von Grenzen stärken und dynamisieren. Wenn nicht, würde diese Region bestenfalls ein Museum, schlimmstenfalls ein verlorener Kontinent werden. Historisch hat es das übrigens immer wieder gegeben. Und wieso sollte nicht Afrika in den nächsten Jahrzehnten eine der großen Erfolgsgeschichten der Zukunft werden? Unsere stereotypisierte Sicht auf diesen Teil der Welt verbaut uns eine solche Vorstellung. Zum einen passiert bereits viel Positives in vielen Teilen Afrikas. Zum anderen braucht es nur wenige Voraussetzungen wie Bildung und Demokratie.

Also, Gesellschaften und ihre Bewohnerinnen konstruieren ihre Deutungen nach Maßgabe dessen, was sie aus ihrer alten Welt kennen. Sie hinken der Wirklichkeit nach, die längst schon eine andere ist. Auch das ist ein Merkmal von Zeitenwende, würde ich sagen, besonders wenn wir uns politische Strategien ansehen. Die passen zu der Zeit zuvor, aber möglicherweise nicht auf die veränderten Anforderungen der Gegenwart. Das ist das Problem, wenn die Dinge so sehr in Veränderung begriffen sind. Das Einzige, was konstant bleibt, sind die Normalitätserwartungen. Und wenn die enttäuscht werden, was in der Geschichte eben immer mal vorkommt, stehen alle da wie Kempowskis Mutter Grete und sagen: »Nein, wie isses nun bloß möglich?« Für mich als Sozialwissenschaftler ist die Frage wahnsinnig interessant, wie wir jetzt verstehen könnten, was gerade los ist. Erfahrungsgemäß gibt es nie auch nur einen Einzigen, der den großen Bruch antizipiert, der am nächsten Tag passiert: den Mauerfall, 9/11, die Finanzkrise, die Pandemie …

Zurück zu 1989. Von da ab sollte die Geschichte des vereinigten Deutschlands lauten: Wir wollten schon immer ein Land sein. Wir sind neugierig aufeinander. Wir sind solidarisch miteinander. Der Westen respektiert, dass es Ostdeutsche waren, die ihre Freiheit selbst erkämpft haben, und ab jetzt sind wir ein Volk, ein Land, eine Demokratie. In vielen Teilen entspricht diese Geschichtserzählung allerdings noch nicht den Realitäten. Das Interesse füreinander und die Neugier aufeinander sind bis heute relativ beschränkt. Noch immer sprechen wir von »Ossis« und »Wessis«.

Das Interesse füreinander und die Neugier aufeinander sind bis heute relativ beschränkt.

Das ist der Klassiker: Je mehr man erzählen muss, dass man »ein Land« ist, desto weniger ist man das. Man spricht nur über das, was man als Defizit empfindet oder was man nicht ist. Deshalb reden alle heute über »Nachhaltigkeit« oder »Innovation«. Weil wir als Gesellschaft maximal nicht nachhaltig wirtschaften und mental komplett *locked-in* sind, müssen wir uns dauernd versichern, wie nachhaltig und innovativ wir sind. Man stelle sich ein Paar vor, dass sich jeden Morgen beim Frühstück erzählt, was für ein tolles Paar es ist. Jeder Psychologe wüsste: unrettbare Partnerschaft, bitte trennt euch! Also: Wir sind, mindestens politisch, eben keineswegs ein Land, sondern zwei oder noch mehr. Der andere Punkt in der Geschichtsbetrachtung von 1989, der immer vergessen wird: Der Zusammenbruch der DDR wurde eingeleitet durch die jungen Leute, die weggegangen sind. Das ist ein extrem starker Faktor. Hier hast du wieder den Fall einer jungen Generation, der die Partizipationsmöglichkeiten weggenommen wurden: Wir werden hier nichts, das verrottet alles, wir haben hier keine Zukunft. Da wurden immer mehr Ausreiseanträge gestellt, und sobald es ging, flohen Tausende junger Menschen über die Prager Botschaft und über die Grenze Österreich/Ungarn. So entstand eine dynamische Bewegung, die dann am 9. November 1989 tatsächlich endet. Eigentlich ist diese Gruppe historisch vergessen. Wir haben, damals noch an der Uni Hannover, 1989 und 1990 Interviews mit diesen Leuten gemacht, die mehrheitlich um die 20 gewesen sind und junge Facharbeiter und Facharbeiterinnen waren. Das Motiv ihrer Republikflucht war nicht politisch, sondern es war das Motiv, das wir jetzt auf andere Weise schon angesprochen haben: Ich habe keine Zukunft in diesem Land, das wird nichts mehr. Die Fabrik funktioniert nicht, die Maschinen sind kaputt. Ich habe keine Aufstiegschancen. Soll ich die nächsten 60 Jahre meines Lebens noch so weitermachen?

Die Sprengkraft einer Entwertung von Zukunft, eben auch einer autobiografischen Zukunft, ist unglaublich groß.

Das ist ein sehr interessanter historischer Sachverhalt, weil die Sprengkraft einer Entwertung von Zukunft, eben auch einer autobiografischen Zukunft, unglaublich groß ist. In der Großerzählung der Wiedervereinigung und auch in dieser falschen Trauma-Erzählung kommen diese sogenannten Herbstübersiedler überhaupt nicht vor. Diese jungen Leute waren sogar sauer über den Mauerfall, denn sie hatten doch ein ungeheuer großes autobiografisches Investment getätigt. Ihre Flucht war gefährlich, und sie gingen in der Gewissheit, nicht zurück zu können, ihre Familien nie mehr wiederzusehen. Und dann fällt plötzlich die Mauer und jeder Dödel kann jetzt einfach in den Westen spazieren. Und das sind die eigentlichen Profiteure, kriegen 100 Mark Begrüßungsgeld und gehen erst mal ins KaDeWe. So haben es unsere Interviewten damals gesehen.

Das ist mir zu einseitig. Die DDR ist auch zusammengebrochen, weil es eine große Bürgerbewegung gab, die friedlich demonstrierte, die sich friedlich engagierte und beispielsweise mit den Montagsdemonstrationen sichtbar wuchs. Sie kämpften für mehr Freiheit und Demokratie. Interessant ist, wie schnell nach der Vereinigung diese Menschen aus dem Fokus der öffentlichen Wahrnehmung herausfielen. Gleichzeitig hievten sich ehemalige SED-Funktionäre in einer umbenannten Partei, der PDS, die sich noch einmal in Die Linke umbenannte, wieder an die Macht. Die Seilschaften funktionierten noch Jahrzehnte weiter.

Dann hast du noch verblüffend schnell die Gerichtsverfahren gegen DDR-Richter gehabt, wie ein *Re-Enactment* der ausgebliebenen juristischen Aufarbeitung der NS-Zeit.

Einzelne Stasimitarbeiter und Spitzel wurden demaskiert. Die meisten konnten ihre Biografie retuschieren und »erfolgreiche« Demokraten werden. Die wenigsten SED-Funktionäre wurden abgeurteilt. Das Prinzip der professionellen Unterlassung von Aufarbeitung totalitärer Verantwortlichkeit wurde auch nach der Auflösung der DDR umgesetzt. Führende Funktionäre im SED-Regime wurden nicht zur Rechenschaft gezogen. Die meisten Mitarbeiterinnen und Mitarbeiter der Polizei, der Verwaltung und der Justiz des Unrechtsstaates DDR wurden in das bundesrepublikanische System übernommen. Diese Form der Inklusion war schon einmal in der Geschichte der Bundesrepublik Deutschland im Jahre 1945 durchgeführt worden. Eine Art Resozialisierungsstrategie für Menschen, die »nur den Befehlen gefolgt« sind, nach dem Prinzip »Ende gut, alles gut«. Totschweigen.

Lass uns diesen Bereich für einen Moment verlassen, um zur BRD zurückzukehren. Die Thematik »Ende der Geschichte«, das damals der Politikwissenschaftler Francis Fukuyama postuliert hatte, hatten wir schon. Die Botschaft lautete schlicht, der »wirtschaftliche und politische Liberalismus« habe gewonnen, die Zukunft gehöre allein der Demokratie und der Marktwirtschaft. Der wirtschaftlichen Liberalisierung werde die gesellschaftliche Liberalisierung folgen, und zwar in allen Gesellschaften, die sich jetzt auf den kapitalistischen Weg machen. Alles falsch! China zeigt das deutlich. Kapitalismus geht auch im Rahmen eines diktatorischen Systems.

China ist die erste erfolgreiche kapitalistische Diktatur. Auch das ist eine Zeitenwende. Bis dahin standen sozialistisch geprägte Diktaturen für wirtschaftliches Chaos. Die Masse der Bevölkerung war verarmt. Funzelige 20-Watt-Glühbirnen, unbefahrbare Straßen, nicht existierende Infrastruktur symbolisierten diese Diktaturen. Anders China heute. Schanghai könnte auch New York sein, nur in moderner, ohne Schlaglöcher. Sozialpolitisch konnten Hunderte Millionen arme Chinesen den Aufstieg in den Mittelstand erleben. Währenddessen wurde in kapitalistischen Demokratien die Angst des Mittelstandes vor dem Abstieg real. Diese Irritationen sind äußerst bedeutsam.

Und führen unsere ganzen Überlegenheitsfantasien ad absurdum.

Ultramoderne Städte, davon 15 Megastädte mit mehr als 260 Millionen Menschen, viele aus dem Nichts heraus gebaut. Menschen, die vor Kurzem noch in tiefster Armut lebten, haben nun Aufstiegsmöglichkeiten, ein komfortables Leben. Das Einzige, was sie als Preis bezahlen müssen, ist, dass sie ihr Regime nicht kritisieren, die Diktatur akzeptieren, sich 24 Stunden vom Staat kontrollieren lassen. Das vergoldete Gefängnis.

Übrigens vergisst man auch immer, dass der Aufstieg Chinas ein Wiederaufstieg ist. Das war eine Unterbrechung von 400 Jahren, von der geopolitischen Bedeutsamkeit und von der wirtschaftlichen Power her. Nicht umsonst nennen sie ihren heutigen Imperialismus »Neue Seidenstraße«. Das ist in mehrfacher Hinsicht interessant: Erstens, der Westen hat arroganterweise nicht damit gerechnet. Zweitens, die damit verbundene gesellschaftliche Modernisierung im Sinne von Demokratisierung und Liberalisierung hat nicht stattgefunden. Drittens, die Menschen dort haben überhaupt kein Problem damit. Protest gibt es nur in Hongkong, trotz manifester Unterdrückung und Lager in Xinjiang – so etwas braucht jeder totalitäre Staat als Drohung und Experimentierfeld, aber das ist eine andere Geschichte. Jetzt kommen wir zum Thema Zeitenwende: 1,4 Milliarden Menschen, das heißt ein sehr großer Teil der Weltbevölkerung, lebt in einem perfekt gesteuerten System, das über die weitreichendsten Überwachungsmöglichkeiten verfügt, die es in der Geschichte jemals gegeben hat.

Über eine halbe Milliarde Menschen, die darauf warten, Wirtschaftswachstum zu produzieren, weil sie der bittersten Armut entfliehen wollen.

Genau, vor allem, weil sie plötzlich autobiografische Perspektiven haben, einen eigenen Lebenslauf entwerfen können. Das ist noch mal eine Wiederholung der westlichen Nachkriegsgeschichte. Die Zukunft wird besser sein, und zwar nicht nur für mich, der ich kein Wanderarbeiter mehr sein muss, sondern auch für meine Kinder und für meine Enkelkinder. Die können Ärzte werden oder ein Start-up-Unternehmen gründen.

Allein, dass viele auf dem Land jetzt auch über einen Stromanschluss und Kanalisation verfügen, gleicht einer zivilisatorischen Explosion an Lebensqualität.

Unsere Beziehung zu China, die unter dem Eindruck ökonomischer Interessen steht, verändert uns. Skrupellos, wie wir sind, kaufen und verwenden wir Produkte aus China. Unser Gewissen ist ruhig. Wir nennen das Pragmatismus. Die Bundesregierung antichambriert beim chinesischen Staatspräsidenten Xi Jinping und beklagt viel zu leise und viel zu selten, dass er die Menschenrechte seiner Bevölkerung mit Füßen tritt. Das kostet Glaubwürdigkeit. Unsere Blindheit und Korrumpierbarkeit hat die Corona-Krise brutal verdeutlicht. Wir haben einen Teil unserer medizinischen Infrastruktur aus Kostengründen einer Diktatur überlassen und mussten während der Pandemie feststellen, wie gefährlich diese Abhängigkeit ist. Um diese wirtschaftliche Abhängigkeit zu legitimieren, mussten wir die Wertigkeit von Demokratie hintanstehen lassen. So veränderten sich unsere Standards schleichend, aber nachhaltig und die Macht Chinas proportional direkt mit.

Plakativ könnte man das folgendermaßen formulieren: Hätten die Chinesen Menschenrechte, hätten wir keine Smartphones. Das stammt aus einer Satiresendung, bildet aber die Wirklichkeit ab. Es kommt zu einer Veränderung unserer Standards, einerseits durch den wirtschaftlichen Erfolg der chinesischen Gesellschaft, andererseits durch die Radikalität der Managements der chinesischen Konzerne, die westliche Unternehmen unter Druck setzen. Sei es, was die Form der Kommunikation angeht, oder die Freiheit, die sie ihren Leuten geben. Auch hier sieht man allenthalben repressive Toleranz – man fügt sich aus wirtschaftlichem Interesse. Im Übrigen herrscht politisches Appeasement gegenüber der überwachungs- und kontrolltechnisch perfektesten totalitären Gesellschaft, die die Geschichte jemals gesehen hat. In der Schule lernen die Kinder im Geschichtsunterricht, dass Chamberlains Appeasementpolitik gegenüber Hitler ein Fehler war, aber in der Gegenwart lernen sie, dass man mit China nicht über Menschenrechte, Folter, Todesstrafe und Umerziehungslager redet, weil das schlecht fürs Geschäft ist. Das ist die moralisch abschüssige Bahn, die wir bis zur Aussetzung des Asylrechts durch Griechenland ausziehen können. Wie gesagt: Ich glaube nicht, dass es Gesellschaften gibt, in denen eine völlige Kongruenz zwischen Werten und Praxis herrscht. Aber ich glaube, dass eine zu große Diskrepanz die Gesellschaft am Ende zerreißt.

Der Vergiftungspilz hat sich überall reingefressen. Im März verkündete die Europäische Union inklusive der Bundesrepublik Deutschland es als Erfolg, dass um die 1500 Kinder und Jugendliche aufgenommen werden sollen. Aber dann ist wiederum eine Verschiebung zugunsten des sogenannten Protestwählers vorgenommen worden. Ausdrücklich erwähnt wurde, dass es vorwiegend Mädchen sein sollen. Diese Kategorisierung ist eine Standard-Veränderung des Absenders zugunsten eines Empfängers, der eigentlich nicht mehr bedient werden sollte und nicht unsere Prinzipien beeinflussen dürfte. Selbst diejenigen, die sich gegen den Widerstand vieler für diese Menschen engagieren, halten es für notwendig, so etwas zu betonen. Zu Protokoll: Während wir dieses Gespräch führen, hat die Bundesrepublik Deutschland noch nicht einmal hundert Jugendliche aufgenommen. Deutschland lässt zu, dass in Griechenland, also mitten in Europa, Flüchtlingslager seit Monaten in einem menschenunwürdigen Zustand sind. Die grundlegendsten Voraussetzungen für ein menschenwürdiges Leben wie Toiletten, ein Dach über dem Kopf, Hygiene sind in diesen Lagern nicht gewährleistet.

Der Vergiftungspilz hat sich überall reingefressen.

Ja, man muss solche Entwicklungen genau nachzeichnen, um überhaupt mitzukriegen, wie der Abstand zwischen Selbstanspruch und Einlösung des Anspruchs sich vergrößert. Hier erodiert die eigene Gesellschaft. Genau hier sehen wir das. Und wir stellen fest, dass auch niemand mehr sagt: Augenblick mal, das geht aber nicht. Es gibt niemanden mehr. Am Ende werden wenige Hundert Kinder aufgenommen.

Vor über zwölf Jahren habe ich eine Reportage über die Zustände auf der italienischen Insel Lampedusa geschrieben. Was wir jetzt »Flüchtlingskrise« nennen, war damals schon Alltag. Wir alle haben es schon damals gewusst. Ich habe gesehen, wie die Leichen angeschwemmt wurden, habe dieselben Strategien und Strukturen miterlebt. Für diese Reportage sprach ich mit wichtigen Mitgliedern der italienischen Regierung, die schon damals sagten: »Wir müssen mit Gaddafi reden, damit Libyen die Transferwege schließt.« Gaddafi ist tot. Heute ist Libyen ein *failed state.* Alles ist für die Flüchtlinge nur noch schlimmer geworden. Die Situation hat sich quantitativ und qualitativ dramatisch zugespitzt. Nach wie vor ist die deutsche Haltung in der Flüchtlingsfrage ambivalent und widersprüchlich. Abwehrend. Die Europäische Union ist deswegen hilflos und entspricht nicht den Standards einer humanen solidarischen Gemeinschaft, weil ihre Mitgliedsländer und auch Deutschland keine stringenten Antworten für sich selbst finden.

Die Solidarität hat an den Grenzen Europas ihre Grenzen gefunden. Das Asylrecht ist verhandelbar geworden. Bei diesem Thema herrscht unendlich viel Heuchelei und Doppelmoral. Die demokratischen Grundsäulen der Europäischen Union sind aber nicht nur in dieser Frage morscher, als wir es zugeben wollen. Wenn Mitgliedsländer der EU das Rechtsstaatsprinzip außer Kraft setzen oder wie in Ungarn während der Corona-Krise das Parlament in den Urlaub schicken, ohne dass sichtbare Konsequenzen gezogen werden, sind wir schon weit über die Anfänge hinaus, die nicht abgewehrt wurden. Wer soll noch die Grundwerte Europas ernst nehmen und respektieren?

Jetzt kommen wir langsam zum Kern der unterschiedlichen Entwicklungen, die wir unter dem Stichwort Zeitenwende identifiziert haben. Es könnte sein, dass die Entrechtlichung der Verhältnisse ihr gemeinsamer Nenner ist – also die Antastbarkeit der Menschenwürde. So kommen wir gleich von Donald Trump über Jair Bolsonaro zu all diesen Leuten, die jetzt auf der Weltbühne auftreten und deren zentrales Merkmal darin besteht, dass sie sich nicht an die Regeln halten. Absichtlich. Sie tun nicht mal so, als würden sie sie einhalten, und geben, wie gerade Orbán, noch damit an. Übrigens zum Thema Konsensverschiebung: Wir erinnern uns, wie Viktor Orbán von der CSU mehrmals nach Wildbad Kreuth eingeladen wurde, und das schon zu Zeiten, als er seinen antisemitischen Feldzug gegen George Soros längst begonnen hatte. Jedenfalls wird der obszön vorgeführte Regel- und Konventionsbruch aufseiten der Wähler dieses Typs Politiker als Stärke wahrgenommen.

Ein unverzeihlicher Vorgang. Der CSU wird lange nachhängen, dass sie dem Demokratieverächter Orbán, der während der Flüchtlingskrise die hässliche Fratze des europäischen Rassismus unterstützte, ein Forum gegeben hat.

Übrigens lässt sich parallel zum Aufstieg der Populisten und Regelverächter ein weiteres Phänomen ausmachen. Die Unfähigkeit der politischen Beobachter, etwa in der außenpolitischen Berichterstattung, zu verstehen, dass das nicht mehr Politik im Sinne der Nachkriegsordnung ist. Deren zentrales Merkmal besteht darin, integrativ für die ganze Bevölkerung wirken zu wollen, Systemvertrauen herstellen zu wollen. Gerade das wollen die Trumps dieser Welt nicht – sie zerstören Vertrauen, weil sie sich der Gunst ihrer Gefolgsleute versichern wollen, aber nur dieser. Alle, die nicht dazugehören, sollen nicht integriert, sondern bekämpft werden. So wird Demokratie zerstört, von innen.

Das ist ein anderes politisches Paradigma, der Staat wird als Beute betrachtet. Aber wenn man die Qualitätspresse liest, wie sie Trump interpretiert, dann entrüstet sie sich bis heute über die Regelbrüche und wiederholt immer das hergebrachte Mantra, dass er nun aber einen Fehler gemacht hat oder zu weit gegangen ist oder impeacht wird bla, bla, bla. Bis heute hält die Entrüstung über die permanenten Regelbrüche an, man versteht nicht, dass das ein anderes Paradigma ist. Das ist eben nicht das Paradigma, dass verschiedene Nationen auch ein Recht haben, auf dieser Welt zu sein, dass unterschiedliche Populationen Ansprüche artikulieren können, dass es so etwas wie Menschenrechte geben sollte, dass es internationale Organisationen gibt, um einen Konsens zu erreichen. Das ist die komplette Absage an all das.

Und alle, die noch im konventionellen System unterwegs sind, staunen, dass diese Regelbrüche alltäglich werden. Erst dachten sie noch, wie toll das Weltwirtschaftsforum in Davos im Januar 2020 gelaufen ist, endlich ging es auch mal ums Klima, und dann kommt Trump und sagt: »Ihr seid doch alle totale Weicheier, Idioten, das stimmt doch alles gar nicht mit dem Klimawandel. Wir stehen jetzt gut da, der amerikanische Traum ist zurück.« Er kann es so deutlich sagen, ohne auch nur eine einzige Wählerstimme zu verlieren, und alle anderen wollen diesen Paradigmenwechsel immer noch nicht zur Kenntnis nehmen. Oder er macht diese surrealen Pressekonferenzen zu Corona, alles windet sich vor Pein, aber seine Leute finden das super und protestieren gegen die Anti-Corona-Maßnahmen in demokratisch regierten Bundesstaaten. Ähnlich wie beim chinesischen Fall, natürlich auf eine ganz andere Art und Weise, sind das Verletzungen der Gewissheit, dass alles noch wie gewohnt weiter funktionieren wird.

Populisten, ob in Ungarn, in Polen oder Präsident Trump in Amerika, sind demokratisch gewählt worden. Und werden weiter von ihren Anhängern unterstützt.

Da müssen wir vorsichtig sein, nachher ist man immer schlauer. Wenn wir jetzt sagen würden: Nein das war keine Überraschung, dann ist das eine retrospektive Einordnung von Merkmalen, die einem zuvor schon hätten auffallen können. Ich war am Tag der ersten Trump-Wahl zufällig in Luxemburg und habe abends mit ein paar Leuten aus der Regierung zusammengesessen und wir haben ein paar Gläser Wein getrunken. Wir alle sind mit der festen Gewissheit ins Bett gegangen, dass am nächsten Tag Hillary Clinton die erste Präsidentin der USA sein würde. Als ich am nächsten Morgen den Computer angemacht habe, konnte ich es nicht fassen.

Und seit diesem Moment läuft die Weltgeschichte anders ab, genauso wie sie mit dem Aufstieg Chinas anders läuft. Wir haben jetzt diese vielen, vielen Faktoren. Und auch die Umweltstressoren gehören dazu. Wir haben sehr viele Faktoren, die von den unterstellten Gewissheiten des Fortgangs der Geschichte völlig abweichen und eine andere Geschichte, einen anderen Geschichtsverlauf bahnen. Deshalb ist das die Zeitenwende.

10

GENERATIONEN UND GERECHTIGKEIT

HW: Wir hatten bereits an mehreren Stellen das Gefühl, dass Gerechtigkeit ein zentrales Thema ist. Die nachrückende Generation ist von den Möglichkeiten ausgeschlossen, die die Vorgängergenerationen für sich in Anspruch genommen haben. Ich bin mir sicher, das Gerechtigkeitsthema wird uns länger beschäftigen.

MF: Dieses Thema bekommt in der Corona-Krise einen qualitativen Auftrieb. Die auch schon vorher existierenden Gerechtigkeitslücken werden zwar noch deutlicher und sichtbarer, aber sie werden auch noch mehr Probleme aufwerfen. Sowohl Kinder und Jugendliche aus den sogenannten bildungsfernen Schichten als auch Frauen werden langfristig zu den Verlierern dieser Krise gehören. Die Berliner Soziologin Jutta Allmendinger schreibt: »Wir erleben eine entsetzliche Retraditionalisierung. Die Aufgabenverteilung zwischen Männern und Frauen ist wie in alten Zeiten, eine Rolle zurück.« Bereits jetzt kann man erkennen, dass der Arbeitsmarkt sich zuungunsten gerade derjenigen entwickeln wird, die schon vorher Schwierigkeiten hatten. Schlechtqualifizierte, alleinerziehende Frauen, Menschen, die schon vorher in prekärer Arbeit beschäftigt waren. Ich empfehle allerdings, beim Gerechtigkeitsthema über den Tellerrand hinauszuschauen und sich nicht nur auf Deutschland zu konzentrieren. In europäischen Ländern wie Frankreich, Italien und Spanien wird sich für die nächste junge Generation Massenarbeitslosigkeit zu einer alltäglichen Erfahrung entwickeln.

Ob der Generationenvertrag eine Zukunft hat, ist fraglich.

Aber auch für Deutschland gilt: Die Gerechtigkeitsfrage ist das langfristige Projekt der Zukunft. Nicht nur für die Jugend stellt sich die Gerechtigkeitsfrage, es ist ein intergenerationelles Thema. Auch ältere Arbeitnehmer müssen befürchten, dass sie bei einer veränderten konjunkturellen Entwicklung arbeitslos werden könnten. Die jüngere Generation wird der älteren, wie schon in der Umweltfrage, vorwerfen, dass sie auf ihre Kosten gelebt hat. Ob der Generationenvertrag eine Zukunft hat, ist fraglich. Ohne eine hohe Zuwanderungsquote sogar unwahrscheinlich. Betrachtet man die Gerechtigkeitsfrage global, so fällt es nicht schwer zu diagnostizieren, dass wir unseren Wohlstand auf Kosten anderer erwirtschaften. Das globale Gerechtigkeitsgefälle ist eine der Ursachen, dass Millionen Menschen flüchten, was man nicht nur in Afrika, sondern auch in Lateinamerika beobachten kann. Ich bin der festen Überzeugung, dass das Gerechtigkeitsthema zu den drei Politikfeldern gehört, die die Zukunft bestimmen werden.

Es kommt darauf an, über welche Gesellschaft wir sprechen. In Deutschland war Jugendarbeitslosigkeit kein Thema, das Wohlstandsniveau Prä-Corona war gerade unglaublich hoch und wirtschaftlich gab es keine Friktionen in den letzten Jahren. Ein anderer Punkt ist, dass ein unglaubliches Aktivierungspotenzial vorhanden ist. Man erinnere sich nur an die Demonstration im September 2019 vor der Verabschiedung des sogenannten Klimapaketes. Das waren 1,4 Millionen Menschen, die auf die Straße gegangen sind. Wenn du davon 300000 wegstreichst, die älter waren als die Generation, über die wir sprechen, dann hast du immer noch eine Million oder ein bisschen mehr. Die komplette Alterskohorte der 15- bis 24-Jährigen umfasst in der Bundesrepublik aber nur etwas mehr als acht Millionen. Das heißt, du hast mehr als zehn Prozent einer Alterskohorte live auf der Straße. Das ist enorm, das hat es in dieser Größenordnung, glaube ich, noch niemals gegeben. Das verdeutlicht das Potenzial. Das heißt aber nicht zwingend, dass dieses Potenzial sich künftig nur auf das Klimathema konzentrieren wird. Im Kontrast dazu steht die spektakuläre Handlungsunfähigkeit der Bundesregierung in Bezug auf den Klimawandel. Unglaublich, wie dilatorisch dieses Thema trotz der ehemaligen Klimakanzlerin Merkel behandelt wird. Niemand geht das entschieden an. Warum? Weil es die Geschäftsgrundlage infrage stellen würde, wenn man sich ernsthaft engagieren würde.

Welche Geschäftsgrundlage?

Dass Wirtschaftswachstum essenziell ist, dass die gesellschaftlichen Subsysteme voneinander so abhängig sind, dass ständiger Konsum gefordert ist und dass du die Leute darauf eichen musst, diesen expansiven Lebensstil weiterzuführen. Irgendwann wird es uns zum Beispiel bizarr vorkommen, dass das fossile Auto durch das Elektroauto ersetzt wurde. Solche Clownereien wird man in der historischen Rückschau mit großer Verwunderung betrachten: Wieso wurden die Autos immer größer und die Urlaube immer luxuriöser, wenn doch klar war, dass dieses expansive Modell nur endlich sein kann? Interessant ist, in welchem stoischen Habitus man an diesem immer dramatischer werdenden Problem vorbei lebt, regiert, Politik macht, Wirtschaftspolitik macht. Das ist etwas, was nicht lange gut gehen kann. Es wird nicht funktionieren, weil der Umweltstress immer größer wird. Wir reden die ganze Zeit über die Verengung von Handlungsräumen. An dieser Stelle zeigt es sich noch mal auf einer ganz anderen Ebene. Sowohl aus der wirtschaftlichen Perspektive als auch im Hinblick auf Katastrophenschutz oder die Bewältigung von Extremwetterereignissen wird das Energien und Kapital binden. Und natürlich ist die Migrationsthematik eng daran gekoppelt. Ich nehme an, dass die Menschen auf einer sozialpsychologischen Ebene merken, dass da irgendetwas nicht in Ordnung ist und dass das nicht ewig so weitergehen kann. Auch hier ist die Frage: Wie ist die Reaktion darauf? Klimawissenschaftler in ihrer Naivität glauben irrigerweise, dass die Menschen die wünschenswerten Schlüsse ziehen, also umkehren, innehalten, sich besinnen, wenn sie schlechte Nachrichten zu hören bekommen.

Der erste Schritt der Modernisierung verlangt den Menschen Verzicht ab. Während der Corona-Krise wurde erkennbar, wie schwer das einer so satten Gesellschaft wie der der Bundesrepublik Deutschland fällt. Die Konsumgesellschaft, wie wir sie seit Jahrzehnten erleben, befeuert genau das Gegenteil von Verzicht.

Genau. Was machen die Menschen? Reagieren nicht wie gewünscht, sondern handeln anders, weil sie eben eigene Schlussfolgerungen aus den schlechten Nachrichten ziehen. Sie kaufen größere Autos, sie machen noch mehr Kreuzfahrten, weil sie sich denken: Mensch, der Professor Schellnhuber, der hat womöglich recht mit seinen Klimaprognosen. Dann ist das alles endlich! Also holen wir jetzt raus, was möglich ist. Wer weiß, wie lange das noch geht. Das ist eine plausible Reaktion. Ich nenne das partikulare Rationalität.

Das ist eine sehr pessimistische Sichtweise nach dem Motto: »Den meisten Leuten ist alles gleichgültig und sie wachen erst auf, wenn das Haus brennt.«

Nicht mal dann. Es gibt so eine Art Verelendungstheorie auf ökologisch, die geht so: Wenn die Leute erst mal die Folgen des Klimawandels und des Artensterbens spüren, dann werden sie umkehren. Diese Theorie wird aber nie geprüft, obwohl sie permanent in der Praxis falsifiziert wird. Die Menschen preisen die Folgen des Klimawandels in ihre Praxis ein, solange sie so milde betroffen sind wie in den westlichen Gesellschaften, die surfen weiter durch ihr Leben. Ich habe eine Doktorandin gehabt, die hat eine Dissertation über das Oder-Hochwasser geschrieben, das sogenannte Jahrhunderthochwasser 2013. Sobald das Schlimmste vorbei war, zogen die Leute sofort wieder in ihre Häuser ein oder bauten sie an derselben Stelle wieder auf!

Denselben Mechanismus erleben wir auch jetzt. Der Erfolg der Corona-Maßnahmen in Deutschland führte dazu, dass von Teilen der Bevölkerung das Problem relativiert wurde und die Maßnahmen als übertrieben gewertet wurden. Der Erfolg war also nicht motivierend, sondern führte zu dem Trugschluss, dass es eigentlich kein Problem gibt, und selbst wenn, dass man einfach so weitermachen könne, als ob nichts passiert sei. Sowohl dieser Mechanismus als auch der Mechanismus der Gleichgültigkeit ploppen immer wieder auf. Selbst wenn Stressoren benannt werden, ein Problembewusstsein formuliert wird, stellen wir fest, dass sich die Reaktionsmechanismen indirekt proportional zur Aufgeregtheit darstellen und dann in der Gleichgültigkeit verpuffen.

Oder, wie zuvor mein Beispiel mit den immer größer werdenden Autos, genau den paradoxalen Effekt haben. Denn eigentlich hätten die Autos nach der Ölkrise 1973 kleiner werden müssen.

Was steckt in dem Wort »eigentlich«?

In dem Wort »eigentlich« steckt, dass die Rationalitäten, die Menschen an den Tag legen, wenn sie mit einem Problem konfrontiert sind, völlig anderen Logiken folgen als Aufklärungsvorstellungen, Vernunftvorstellungen, Einsicht, Vertrauen in Wissensbestände et cetera es gerne hätten. Menschen reagieren eigensinnig. Da kommen wir natürlich in die anderen Bereiche, die wir schon besprochen haben. Sie machen das, was ihnen innerhalb ihrer konkreten sozialen Beziehungen und innerhalb der von ihnen wahrgenommenen Anforderungen am plausibelsten, einfachsten, profitabelsten und anerkennenswertesten erscheint.

Und was in ihrem sozialen Umfeld unstreitig ist, keine Konflikte auslöst ...

Exakt! Das ist das, was Leute tun. Deshalb ist zum Beispiel ein Effekt bei Fridays for Future interessant. In den Familien wird plötzlich über den Urlaub diskutiert. Vorher war das ein ganz selbstverständlicher Bestandteil der *assumptive world*: Das macht man eben so. Wir fliegen nach Teneriffa wie jedes Jahr! Und jetzt wird es plötzlich diskutiert und die Anschaffung des nächsten Autos ist plötzlich auch ein Thema in den Familien. Das ist ein interessanter intergenerationeller Effekt der Umkehrung: Die Kinder modernisieren die Familien.

Man könnte aber auch sagen, die Kinder reaktivieren bei ihren Eltern eine schon fast vergessene Selbstbetrachtung, einen verloren gegangenen Blick auf die Welt. Interessant dabei ist, dass es anscheinend eine intergenerationelle Harmonie gibt und der übliche generationale Konflikt unsichtbar bleibt. Wo ist eigentlich die Pubertät geblieben? Das Ausbleiben dieser sichtbaren Pubertät ermöglicht eine Anpassung der älteren Generationen an ihre Kinder und der Kinder an ihre Eltern. Wie weit allerdings sich diese Bewegung einen eigenen Platz schafft, nicht nur in der Frage von Umwelt und Klima, sondern in der grundsätzlichen Politisierung einer Generation, kann man jetzt noch nicht abschätzen.

Die Kinder modernisieren die Familien.

Da gibt es Zeichen. In diesem Gesamtszenario kannst du nicht nur die Fridays-for-Future-Kids einsortieren, sondern du musst auch Rezo dazu zählen. Der ist nicht allein: In der Szene der YouTuber und Influencerinnen hat sich eine Politisierung vollzogen. Rezos Video »Die Zerstörung der CDU«, in dem er auch mit der SPD abrechnet, wurde innerhalb weniger Tage millionenfach abgerufen. Darin verwendet er auch die Arbeiten von Tilo Jung, der in seinem Kanal »Jung & Naiv« politischen Journalismus macht und übrigens 90-minütige Interviews, unter anderem mit Politikern, die hunderttausendfach gesehen werden.

Kommen wir jetzt zum Positiven der neuen digitalen Technologie?

Es passieren seltsame Dinge. Leute, die bislang auf eine dezidiert konsumistische Art und Weise ihr Business verfolgt haben, positionieren sich durch ein bestimmtes Thema selber als politisches Subjekt und beginnen, ihre Follower, bei Rezo inzwischen über eine Million, mit anderen Inhalten zu füttern. Die Influencerin Diana zur Löwen ist auch so ein prominentes Beispiel. Sie hat mit einem Fashion-Blog begonnen und führt inzwischen in ihrem Podcast Interviews mit allerlei Experten und macht auf ihre Weise politische Bildung. Das ist ein Indikator für eine Politisierung dieser Generation.

Da tut sich was, obwohl das Potenzial schon aus einem demografischen Grund geringer ist, weil diese jungen Leute zahlenmäßig arg in der Minderheit sind. Aber wenn so jemand mehr als 800.000 Follower hat, erreicht sie mehr und zielgenauer Menschen als ein sich immer noch für wichtig haltendes Medium wie der SPIEGEL. Das ist ein unglaubliches Potenzial, übrigens wird – das hatten wir vorhin schon am Beispiel der Demos – ein größerer Teil ein und derselben Generation erreicht als je zuvor. Von wegen Filterblase!

Und wir? Wir sind ja als Babyboomer quantitativ stark vertreten, aber politisch als Generation wenig aufgefallen. Wir sind die eigentlichen Profiteure der wohlständigen, friedlichen, saturierten europäischen Nachkriegszeit, die Fettaugen auf der Suppe gewissermaßen. Das fällt übrigens auch unter das Stichwort Zeitenwende. Wir erleben seit circa 20 Jahren, radikal seit zehn Jahren, eine Zeitenwende der demografischen Veränderungen, die natürlich neben der soziologischen Komponente auch eine Diskurskomponente hat. Die größte Gruppe des Wählerpotenzials, das ist demokratisch außerordentlich ernst zu nehmen, ist eine Interessengruppe zwischen Rente, Geriatrie und Pflege.

Wir erleben seit circa 20 Jahren, radikal seit zehn Jahren, eine Zeitenwende der demografischen Veränderungen.

Die Vorstellung eines langen, gesunden und hoffentlich ökonomisch sorgenfreien Rentenlebens ist ein Versprechen, das die letzten Jahrzehnte dieser Republik geprägt hat. Es ist ein großer Erfolg, dass innerhalb der letzten hundert Jahre die Lebenserwartung deutlich gestiegen ist. Zu-

sätzlich erlebten sich die Menschen trotz höheren biologischen Alters deutlich jünger, als sie waren. Der medizinische Fortschritt einerseits, die Möglichkeiten einer Ästhetisierung der Körper andererseits verschieben die Bewertung des Alters ins Positive. Die Entwicklungen werfen wichtige Fragen auf: Wie werden wir mit den alternden Gesellschaften umgehen? Wie hoch werden die Kosten sein? Wer wird bereit sein, diese zu bezahlen? Wird es eine Altersdiskriminierung geben? Wird aus dem Generationenvertrag ein Generationskrieg?

Die demografischen Entwicklungen beeinflussen unsere Demokratie. Ein entscheidender Aspekt bei den Fragen der Gegenwart ist, dass ältere Gesellschaften Zukunftsfragen tendenziell nicht über eine Perspektive beantworten, die für die junge Generation relevant ist, sondern für die alte. Daraus könnte die Gefahr entstehen, dass die Diskussionen eher etwas rückwärtsgewandt Implodierendes haben als etwas innovativ zukunftsgewandt Explodierendes. Kein Wunder, dass Stagnation und der Wunsch nach wenig Veränderung eine große Rolle spielen, wenn die Gesellschaft hin zu den Älteren gewichtet ist. Es handelt sich um konträre Handlungsinteressen.

Wird aus dem Generationenvertrag ein Generationskrieg?

Gestaltungswille ist das Stichwort. Die Bereitschaft, Dinge zu verändern, nach den eigenen Wünschen und Vorstellungen zu formen.

So ist es. Der fehlende Gestaltungswille ist ein Hindernis, das interessanterweise bereits in der Generation 40 plus festzustellen ist. Meine Hoffnung besteht darin, dass die jetzt 16- bis 25-Jährigen, ähnlich wie beim Thema Klima, darauf bestehen, dass etwas in ihrem Sinne verändert werden muss. Nicht nur, weil sie unter den Konsequenzen ihr ganzes Leben lang leiden werden, sondern weil sie in dieser Verpuffung der Alterspyramide auch den Sauerstoff der perspektivischen Hoffnung nicht mehr entwickeln können.

Wenn wir über die Würde des Menschen verhandeln, reden wir auch über die Frage des Altseins und des Sterbens. Und auch hier gilt: Jegliche Diskriminierung ist ein Verstoß gegen die Würde des Menschen und damit gegen das Grundgesetz. Die demokratischen Gesellschaften bauen auf das christliche Menschenbild auf beziehungsweise sind von den drei monotheistischen Weltreligionen geprägt, die eine ganz bestimmte Beziehung zu diesem Prozess des Altwerdens und des Sterbens entwickelt haben. Auch in unserer weltlichen Ethik schützen wir sowohl das werdende als auch das sterbende Leben. Das Leben an sich. Wie sehr sich dieses Thema im Mittelpunkt der Debatten verankert, und dies erst recht, weil der medizinisch-technologische Fortschritt explodiert, erleben wir bei Themen wie Präimplantationsdiagnostik (PID), Abtreibung, aber auch aktiver und passiver Sterbehilfe.

Und mit der Corona-Krise haben viele dieser Aspekte des Altwerdens und Altseins eine neue Qualität bekommen.

Während der Corona-Krise eröffnen sich verschiedene, in sich und untereinander widersprüchliche Perspektiven. Zum einen sollen alte Menschen isoliert werden, weil man ihnen Gutes tun will. Sie schützen. Aber in diesem guten Willen steckt gleichzeitig eine Diskriminierung. Wie kommt man eigentlich dazu, eine ganze Generation zu entmündigen? Haben nicht alte Menschen, wie alle Menschen, das Recht, zu entscheiden: Ich nehme das Risiko einer Infektion und eines möglichen Sterbens auf mich, um meine Freiheit weiterhin genießen zu können? Zum anderen verschiebt die Corona-Krise die Diskussion über den erreichten Erfolg, dass das Älterwerden erstrebenswert und positiv ist, hin zu der Fragestellung, ob alte Menschen eine Belastung sein könnten. Dies drückt Boris Palmer, der Grünen-Oberbürgermeister von Tübingen, so aus: »Wir retten in Deutschland möglicherweise Menschen, die in einem halben Jahr sowieso tot wären.« Diese Aussage ist zynisch. Aber so wie Boris Palmer denken viele. Der Staat darf nie zulassen, dass das Alter und der Gesundheitszustand eines Menschen zu Diskriminierungskriterien werden. Unabhängig davon ist der demografische Wandel ein ernst zu nehmendes Thema, erst recht für die Länder in der Europäischen Union.

Perspektivenwechsel: Lass uns doch einmal sehen, was wir heute erreicht haben. Schauen wir nur zwei, drei Generationen zurück, dann sehen wir nicht nur die größten Massenmorde der Geschichte, sondern auch zum Teil bewusst herbeigeführte Hungersnöte, sogenannte ethnische Säuberungen, Massenvergewaltigungen, Vernichtung durch Arbeit und andere Verbrechen gegen Schwache und Unterlegene, die man sich heute kaum noch vorstellen kann. 60 bis 70 Millionen Menschen sind im Zweiten Weltkrieg gewaltsam zu Tode gekommen, Mao Tse Tung ließ 40 Millionen verhungern, Stalin ermordete 20 Millionen. Das größte aller Menschheitsverbrechen, der Holocaust, ist nicht länger als drei Generationen her, Millionen Opfer der Roten Khmer in Kambodscha starben in den siebziger Jahren, die Hunderttausende des Völkermords in Ruanda 1994.

Weltgeschichtlich ist es also noch nicht lange her, dass Gesellschaften und ihre Herrscher ohne Zögern und Skrupel bereit waren, große Gruppen von Minderheiten sterben zu lassen oder umzubringen. Heute sind die Kriege erheblich weniger geworden, die Völkermorde gleichfalls, und die Vorstellung, dass Menschen ganz unabhängig von ihrem Geschlecht, ihrem Alter, ihrem Glauben und ihrer Bildung das Recht auf Leben haben, hat sich im Vergleich zum vergangenen Jahrhundert in ganz enormer Weise ausgebreitet.

Das ist eine extrem wichtige Botschaft: Man muss sehen, dass alle Maßnahmen, die in den meisten Gegenden der Welt zur Eindämmung der Pandemie getroffen wurden, zugunsten von Minderheiten getroffen wurden. Dass man der Mehrheit fast überall auf der Welt erhebliche Einschränkungen auferlegt und dafür sogar die Zivilreligion Wirtschaftswachstum von der ersten in die zweite Reihe verschoben hat, ist ein unglaublich großer zivilisatorischer Fortschritt. Vor einer, zwei, drei Generationen hätten nicht wenige Staaten keine Sekunde gezögert, diese Minderheiten sterben zu lassen.

Man kann gar nicht laut genug sagen: Eigentlich haben wir eine Ausgangsbasis zur weiteren Zivilisierung, die absolut großartig ist. Natürlich kann man vieles kritisch sehen, aber es ist erst mal sehr viel da. Es gibt unglaubliche kulturelle Ressourcen und einen in diesem Sinne noch nie da gewesenen materiellen Handlungsspielraum, den man nutzen kann. Vor diesem Hintergrund kann man zuversichtlich sein, ein Epochengeschehen wie den Klimawandel abzumildern und in seinen Folgen bewältigbar zu machen. Unglücklicherweise steht dem aber ein Narrativ entgegen, das umstandslos naturwissenschaftliche Perspektiven auf die Gesellschaft überträgt, ein noch emittierbares CO_2-Budget berechnet und dann mitteilt: Wir haben nur noch sieben Jahre Zeit.

Eigentlich haben wir eine Ausgangsbasis zur weiteren Zivilisierung, die absolut großartig ist.

Wenn ich mit meinen konkreten Utopien zur ökosozialen Transformation der Gesellschaft komme, dann sitzt immer das arme Publikum da und sagt: Super, was Sie erzählen, aber wir haben doch nur sieben Jahre Zeit. Dieses Narrativ ist entpolitisierend, exakt das Gegenteil von dem, was man braucht.

Das führt noch zu einem weiteren Punkt, der in diese komplexe Gemengelage der Zeitenwende passt. Das seltsame Verschwimmen der unterschiedlichen Ebenen.

Wenn ich darüber spreche: Wie gestalte ich Gesellschaft? Wie tue ich etwas gegen den Klimawandel?, diskutiere ich in keiner Weise über wissenschaftliche Fragen, sondern ich bewege mich in einem politischen Raum. Ich folge dementsprechend vollkommen anderen Prämissen und Logiken, als wenn ich eine Messung mache und daraus zum Beispiel ein Szenario ableite. Bei der Corona-Krise haben wir in einer akuten Situation gesehen, wie Politik durch Wissenschaft angeleitet wird. Das war deshalb in Ordnung, weil eine Pandemie ein recht präzise zu definierendes Geschehen ist, weil man sie zeitlich eingrenzen kann und weil die Grundmaßnahme – Kontaktbeschränkung – klar ist. Aber was bedeutet ein wissenschaftliches Narrativ in komplexeren Zusammenhängen für Politik und Gesellschaft? Die Verwissenschaftlichung des Diskurses bedeutet eine politische Entleerung des öffentlichen Raumes, eine Überformung durch Pseudorationalität. Eine erstaunliche Entwicklung. Man darf in diesem Zusammenhang daran erinnern, dass die Einrichtung der Welt nach wissenschaftlichen Kriterien automatisch zum Totalitarismus tendiert, weil es ja »Gesetze« sind, nach denen Gesellschaft ausgerichtet wird, biologische bzw. rassistische im Fall des Nationalsozialismus, historische im Fall des Kommunismus. Beides tödlich.

Ein kleiner Einschub: Der Prozess der gelingenden Zivilisierung funktioniert ungleichzeitig, nicht vollständig, nicht auf einmal. In diesem Prozess der Zivilisierung selber gibt es retardierende Momente, gibt es Geschichtsbestände, die sich resistenter erweisen, zivilisiert zu werden oder sich selber abzuschaffen, als andere.

Da es sich eben um einen dynamischen Prozess handelt und da wir nicht allein auf dieser Welt sind, erleben wir sowohl in unserer Welt als auch in der Welt an sich die Destabilisierungen, die diese Prozesse auch wieder vernichten können.

Umso wichtiger ist das Konzept des demokratischen Rechtsstaates. Der Rechtsstaat ist eine unverzichtbare Leitplanke. Das Bundesverfassungsgericht ist ein unverzichtbares Korrektiv gegenüber Exekutive und Legislative. Die Aufteilung der Macht in viele Machtteile ein Garant gegen den Machtmissbrauch.

Ich würde da gerne zustimmen, möchte aber darum bitten, nicht den Begriff der Leitplanke zu verwenden. Die Leitplanke ist dafür da, wenn der Unfall schon passiert. Wenn du deinen Fiat nicht mehr in der Spur halten kannst.

Nein, sie ist dafür da, den Schaden zu begrenzen, falls etwas passiert. Aber lass uns nicht über Begriffe streiten. Wichtig ist mir: Das Prinzip des Rechtsstaats ist eine *conditio sine qua non* für die Demokratie. Wie sehr der Rechtsstaat von Bedeutung ist, zeigt sich darin, dass die Vertreter der illiberalen Demokratie sehr schnell die freie Gerichtsbarkeit abschaffen. Sie ist der Garant, dass Regierungen die Grundrechte wie zum Beispiel den Minderheitenschutz oder parlamentarische Mindeststandards relativieren wollen, durch Gerichtsentscheidungen daran gehindert werden. Die heutigen Standards der Demokratien sind durch Freiheitsbewegungen der letzten Jahrhunderte erkämpft und erweitert worden. Anders als die Vertreter einer illiberalen Demokratie behaupten, gibt es nicht zu viel Freiheit, sondern eher zu wenig.

Man sollte nicht die Verachtung der Populisten – egal ob links oder rechts – gegenüber den zivilisatorischen Errungenschaften, wie zum Beispiel der Solidargemeinschaft oder der Menschenwürde, in einen Diskurs übernehmen. Es gibt keinen Grund für eine fatalistische Depression. Die Moderne ist nicht gescheitert. Sie ist nicht am Ende. Ich behaupte, sie ist erst am Anfang. Sie könnte allerdings scheitern, wenn wir nicht die Kraft und die Bereitschaft aufbringen, diese Moderne fortzuentwickeln, die Herausforderungen anzugehen, sie in politische Entscheidungen zu transformieren und mit Selbstbewusstsein für diese Moderne zu werben. Tun wir dies nicht, werden die Demokratiefeinde das von uns hinterlassene Vakuum für ihren Machtausbau nutzen. Die fatalistische Haltung, dass die Werte, die Standards der Demokratie, also Freiheit, Menschenwürde, Solidarität, Gerechtigkeit, Gleichheit nicht realisierbar seien, basiert auf einem Trugschluss. Wir müssen das Prinzip Hoffnung stärken. Eine Hoffnung, die nicht aus Phantasmen und theoretischen Analysen besteht, sondern auch aus der Tatsache, dass sich Millionen Menschen dafür engagiert haben, die Freiheit real werden zu lassen und die Demokratie mit Leben zu füllen. Das Prinzip Hoffnung ist von existenzieller Bedeutung.

Es gibt keinen Grund für eine fatalistische Depression.

Wenn du Bloch liest …

Ernst Blochs *Prinzip Hoffnung* auf die Gegenwart zu übertragen, bedeutet, darauf zu bauen, dass Menschen in der Lage sind, in Zivilisiertheit – nicht nur aufgrund des Überlebensprinzips, sondern auch aufgrund moralischer, ethischer Kategorien –, Organisationsstrukturen zu bauen, eine Statik zu konstruieren, die ein würdiges Leben ermöglicht. Ich bin davon überzeugt, dass freie Menschen in der Lage sind, die jeweiligen tektonischen Bewegungen in der Zeit, in der sie leben, so mitzugestalten, dass Humanismus und Zivilisation Bestand haben. Dass es dabei auch Rückschläge gibt, ändert nichts an dem Prinzip, dass der Brückenbauer evolutionär erfolgreicher bleibt als der Zerstörer.

»Erfolglos« ist auch eine Frage der Perspektive. Wir haben schon viel darüber gesprochen, dass es retardierende Momente gibt, Prozesse der Entzivilisierung. Jetzt ist aber auch wieder die Frage des Zeitrahmens, in dem ich das betrachte, entscheidend. Die Gesellschaft der Bundesrepublik hat sich trotz aller Probleme, die wir schon diskutiert haben, als ausgesprochen stabil erwiesen. Einschneidende Ereignisse wie der Terrorismus der RAF, die Ölkrise, die Wiedervereinigung, die Finanzkrise und zuletzt die Corona-Pandemie haben dieses Land nicht aus der Kurve getragen. Man könnte daher die Perspektive auch umdrehen und sagen: Was sind denn die stabilisierenden Faktoren?

Mich interessiert die Salutogenese und nicht die Pathogenese. Die Pathogenese beschäftigt sich mit der Entwicklung und dem Verlauf einer Krankheit – da folgt dann die Diagnose: Wir haben keine Zeit mehr, es ist schon so viel kaputt. Das ist de-politisierend und damit kommt man nicht weiter. Endstation. Die Salutogenese hingegen kümmert sich um die Entstehung und Erhaltung von Gesundheit. Mir geht es um die Faktoren, die wir im Sinne des Zivilisierungsprozesses brauchen können und stärken müssen. Das war auch der Ansatz meines letzten Buches *Alles könnte anders sein.* Gleichzeitig müssen wir, wenn wir die Zeitenwende diskutieren, – also noch bei der Anamnese sind –, feststellen, dass gruppenbindende Systeme, ob das Religionsgemeinschaften sind, ob das Parteien sind, ob das Gewerkschaften sind oder ob das Popmusik ist, inzwischen anders funktionieren.

Viele dieser Systeme wie zum Beispiel Religionsgemeinschaften, Gewerkschaften, Parteien haben ihre Bindungswirkung und Attraktivität in Deutschland verloren. Die Kraft, die sie als Überbrückungskabel hatten, reicht nicht mehr aus, wie es in der zweiten Hälfte des 20. Jahrhunderts noch der Fall war.

Wir sprachen gerade über den Rechtsstaat.

Der Rechtsstaat ist eine wichtige Komponente unseres demokratischen Fundaments. Traut man den Umfragen, hat das Bundesverfassungsgericht immer noch eine hohe Bindungswirkung. Eine weitere wichtige Komponente ist der Minderheitenschutz. Hier hat sich durch den Populismus einiges verschoben. Die zivilisatorische Herausforderung, die eigene Perspektive – obwohl man die Mehrheit ist – in der Abwägung zur Minderheit immer wieder zu justieren, ist eine wichtige Brückenbildung. Dieses Prinzip überwindet das Naturprinzip vom Recht des Stärkeren.

Was eine gesellschaftliche Würdigung solcher Prinzipien und dessen, was da erreicht wurde, untergräbt, ist die permanente Routine des Kritisierens und Reklamierens. Das gehört zum Inventar der Dauerkritik an dem, was alles nicht funktioniert. Das ist auch eine Kritik der Institutionen, und diese findet heute statt, ohne dass überhaupt thematisiert wird, welche Leistungen diese Institutionen erbringen, damit Zivilisation aufrechterhalten wird. In Krisen wird das klar: Da treten das Robert-Koch-Institut, die Bundesagentur für Arbeit, die Kreditanstalt für Wiederaufbau prominent nach vorn; unter Normalbedingungen weiß keiner, dass es sie gibt. Das müssen wir ändern. Es ist natürlich völlig berechtigt, hier und da das nicht Erreichte zu kritisieren. Aber man muss doch mal wieder dahin zurückfinden, dass die Basis dafür, dass wir das überhaupt kritisieren können, das Funktionieren dieser Institutionen ist. Das ist politisch von hoher Bedeutsamkeit, weil viele Menschen nicht wissen, wie das funktioniert, wie das zusammen-

Und wichtig ist es, zu fragen, ob, wann und wo sich der Rechtsstaat bewährt und in welchen Fällen.

hängt. Viele Leute halten Verbände wie den BDI (Bundesverband der deutschen Industrie) oder den VdA (Verband der Automobilindustrie) für gesellschaftlich wichtig, aber das sind reine Lobbyorganisationen. Das Gesundheitsamt nicht, die Agentur für Arbeit nicht. Das Unverständnis geht zum Teil bis in die politische Klasse und die Institutionen selbst hinein.

Und wichtig ist es zu fragen, ob, wann und wo sich der Rechtsstaat bewährt und in welchen Fällen.

Die Übertragung des Gewaltmonopols an den demokratischen Staat war, ist und bleibt eine der wichtigsten zivilisatorischen und friedensstiftenden Entwicklungen der Menschheit. Das Racheprinzip wird ersetzt durch das Gerechtigkeitsprinzip. Dabei muss jedem jedoch klar sein, dass Recht nicht dasselbe wie Gerechtigkeit ist. Und doch: Das Recht hat auch eine Schutzfunktion. Dort, wo Menschen, insbesondere Minderheiten, diskriminiert werden, dort, wo die Würde des Menschen angegriffen, also angetastet wird, muss der Rechtsstaat intervenieren. Dabei ist der Zeitfaktor von großer Bedeutung. Dauert die Intervention zu lang, kommt sie zu spät, verliert sie ihre befriedende Funktion.

Du hast gerade eine interessante Spur gelegt. Über den Aspekt der Zeit haben wir bisher relativ wenig geredet. Es enttäuscht das Vertrauen in das System, wenn Dinge zu lange dauern. Es ist äußerst interessant, wie mit Zeit umgegangen wird, zum Beispiel, wie Politik Zeit behandelt.

Man kann beobachten, dass an vielen Stellen auf der operativen Ebene das Handeln und das Exekutieren von Recht durch das Setzen von Zielen ersetzt wird. Jetzt komme ich wieder auf mein Metier Klimapolitik zurück, die von dir geschätzte Angela Merkel ist hier ein Beispiel *par excellence*. Das Setzen von Zielen hat natürlich eine wahnsinnig charmante Komponente: Wenn du das Ziel nicht erreichst, setzt du halt das nächste Ziel. Das hat eine Zerdehnung und eine Form von Unernsthaftigkeit in die Problembearbeitung reingebracht, die wirklich ungut ist.

Da sinkt dann bei Leuten wie mir das Systemvertrauen. Was mich wirklich stört, ist an vielen Stellen eine Unernsthaftigkeit, als seien objektive Daseinsprobleme wie das Artensterben irgendwie nicht so wichtig. Es liegt auch eine Unernsthaftigkeit darin, dass man mit einem objektiven Problem konfrontiert ist und es eigentlich die Aufgabe wäre, dieses Problem überhaupt erst mal zureichend zu beschreiben. Stattdessen wird es entweder verkleinert oder zur »Rettung des Planeten« aufgedonnert. Es gibt eine Leichtfertigkeit in Bezug auf die sehr schlichte Betrachtung: Was reguliert denn eigentlich unseren wirtschaftlichen Stoffwechsel? Wenn der immer weiter wächst, steht das in einem systemischen Widerspruch zu allen Bemühungen, ökologische Probleme zu verkleinern. Oder nehmen wir ein anderes Feld, die Digitalisierung. Auch hier herrscht eine Unernsthaftigkeit in Bezug auf die Kategorien, die du bereits angesprochen hast, Vertrauen und Privatheit. *Who cares?*

Privatheit wird von der Politik wie eine gestrige Kategorie behandelt. Dabei sollten wir ihre Zerstörung sehr ernst nehmen, im wörtlichen Sinn. Das kannst du so im Grunde genommen auf alle relevanten Arenen der politischen Auseinandersetzung beziehen. Genau darum geht es meines Erachtens, sich zu vergewissern, was die Handlungsmöglichkeiten sind, was die Erweiterungs-, Verbesserungs-, Zivilisierungsmöglichkeiten auf dem Level des bisher unzureichend Erreichten sind. Dafür musst du aber das unzureichend Erreichte zur Kenntnis nehmen und präzise beschreiben.

Woran es uns in der politischen Philosophie, in der politischen Analyse, vor allem in der Klima- und Umweltpolitik mangelt, ist ein Gespür für Komik.

Mir liegt übrigens noch ein völlig anderer Punkt am Herzen, ohne den man aus meiner Sicht nicht auskommt, wenn man Dinge besser machen möchte. Woran es uns in der politischen Philosophie, in der politischen Analyse, vor allem in der Klima- und Umweltpolitik mangelt, ist ein Gespür für Komik. Im wirklichen Leben gibt es ja unglaublich komische Situationen, und die sprengen die Hermetik des angeblichen So-Seins. Plötzlich hat das So-Sein noch eine ganz andere Seite.

Ich weiß nicht, ob du die Markus-Lanz-Folge gesehen hast, in der Christian Lindner, Luisa Neubauer und David Hasselhoff als Gäste eingeladen waren. Hasselhoff ist Schauspieler und Sänger und hat 1989 vor einer halben Million Menschen in Berlin an der Mauer *Looking For Freedom* gesungen. Kennen wir alle, lachen viele drüber. In dieser Markus-Lanz-Folge gab es eine absolut bizarre Situation. Da ging es um diesen Tweet von Lindner, ...

... als er in Bezug auf die streikenden Schüler geschrieben hat, der Klimawandel sei »eine Sache für Profis«.

Genau, da sitzt dann Herr Lindner in der Runde und belehrt superarrogant, wie ich finde, mit seiner auswendig gelernten Rhetorik Frau Neubauer ...

Ich streiche alles weg, was du jetzt über Herrn Lindner sagst, weil es ausreicht, wenn du dich nicht mit ihm persönlich, sondern mit den Inhalten von Christian Lindner auseinandersetzt.

Nein, an dieser Stelle nicht, weil diese Überheblichkeit und dieses Nicht-zur-Kenntnis-Nehmen, dass es vielleicht auch Argumente oder Einwände legitimer Art gibt, symptomatisch ist. Das ist dieses Von-oben-herab-Dekretieren, wie es auch in seinem Tweet zum Ausdruck kommt. Frau Neubauer hört also zu, versucht, sich irgendwie schon innerlich zu munitionieren, und Lindner doziert weiter. Er dekretiert. Plötzlich meldet sich David Hasselhoff zu Wort. Man ahnt nichts, hat keine Idee, was David Hasselhoff jetzt zu sagen hätte, und der sagt zu Christian Lindner: Wissen Sie, diese Art von Politikern, die Sie repräsentieren und die Sie hier darstellen, sind genau das Problem für die gegenwärtig existierenden Demokratien. Sie interessieren sich in keiner Weise dafür, welche Argumente diese junge Frau hier vorzubringen hat. Sie texten die zu mit vorgefertigten Sachen.

Dann Totale auf Christian Lindner, der ist völlig aus seinem Skript. Und dann toppt Hasselhoff das Ganze, indem er noch sagt: »Und unser Präsident in den Vereinigten Staaten ist genau dieselbe Sorte. Sie glauben noch nicht mal die Tweets, die Sie selber schreiben. Sie glauben an keiner Stelle den Inhalt, den Sie da kommunizieren. Sie platzieren das für das Morgenmagazin, damit Sie der Erste sind, der in den Agenturmeldungen vorkommt. Leute wie Sie untergraben die Fundamente unserer Demokratie.« Das war der Hammer, David Hasselhoff, Hammer! Das war wie eine paradoxe Intervention, wie ein Kunstprojekt. Schau dir das mal in der Mediathek an. Christian Lindner, das fand ich das Interessanteste, hat damit überhaupt nicht umgehen können. Er hat die Fassung verloren, nicht, weil ihm das einleuchtete, was David Hasselhoff gesagt hat, sondern weil er kein Skript mehr für diese Situation hatte.

Man kann, wenn man diese Geschichte ins Grundsätzliche überträgt, noch einen anderen Politikertypus skizzieren, der sich in diesem demokratischen Diskurs herausgebildet hat. Einen Politiker, der sich alles anhört und zum jeweiligen Moment des Gespräches sagt: »Ich muss über das, was Sie gerade sagen, nachdenken.« Um am nächsten Tag beim nächsten Gesprächspartner mit derselben Methode weiterzumachen. Diesen »sensiblen Beliebigkeitspolitiker«, der seine Ecken und Kanten nicht wegretuschieren muss, weil er nie welche hatte und auch einen bestimmten Teil unserer Bevölkerung repräsentiert. Haltung ist in diesem politischen Milieu kompostierbar. Dieser Typus hat mit Christian Lindner allerdings nichts zu tun. Man kann ihm vieles vorwerfen, aber nicht, dass er ein abgerundeter Teflon-Politik-Repräsentant ist.

Haltung ist in diesem politischen Milieu kompostierbar.

Da bin ich ganz bei Ihnen, Herr Friedman.

Vielleicht reizt das so viele Menschen an Christian Lindner, auch dich. Einerseits ermöglicht die Demokratie Ecken und Kanten, sie erwartet ein

Profil, eine Haltung. Daraus entsteht ein Streitgespräch. Ich kann versuchen, die These und die Begründung zu demaskieren. Ich kann mich auf die Suche machen, den Punkt zu finden, an dem eine Argumentation nicht stringent ist. Das wäre eine politisierte Debattenkultur. Sie schält den Dissens heraus, macht sich auf den Weg, findet Kompromisse, baut Brücken.

Gut, aber jetzt kann man mal eine Gegenfigur dazu einbauen, die brauchen wir an dieser Stelle. Das ist David Hasselhoff, das Unerwartbare. An einer anderen Stelle ist Greta Thunberg das Unerwartbare.

Greta Thunberg wäre deswegen kein Problem für Christian Lindner gewesen, weil auch sie im politischen Raum zu Hause ist.

Hasselhoff ist ein »Schlagerfuzzi«, und der benennt plötzlich Dinge, die sich gar nicht so einfach wegdiskutieren lassen. So gesehen ist Hasselhoff Aufklärung.

Wirklich?

Da sitzt ein Typ in so einer Talkshowrunde, den man vom Framing her überhaupt nicht politisch zuordnet. Der soll, wenn er dann gefragt wird, etwas zu Schlagern oder seinem neuen Hit sagen, aber doch bitte nichts zu den gerade verhandelten Themen. Aber er tut genau das, und dann noch auf eine wirklich nicht dumme, sondern präzise Art und Weise. Das finde ich interessant, weil es der Rollenerwartung überhaupt nicht entspricht. Dann passiert genau das, was ich als Sozialpsychologe wahnsinnig interessant finde: Lindner ist jemand, der professionell agieren kann und das sehr souverän macht, wenn der Rahmen seines Auftritts klar definiert ist. Aber plötzlich völlig hilflos ist und überhaupt nicht mehr agieren kann, wenn sein Rahmen wegfällt. Das hat etwas Sprengendes. Da wird plötzlich deutlich, unter welchen Bedingungen ansonsten Normalität funktioniert.

Aber wenn wir das weiter diskutieren, muss ich festhalten, dass auch dein Blick auf David Hasselhoff – und so fingst du an, ihn zu beschreiben – nichts anderes ist als genau dieselbe Repräsentanz der Abwertung des Schlagersängers. Auch ein Framing. Du sagst: »Stell dir mal vor: Wer hat Lindner gestellt? Ein Schlagersänger!« Deine Argumentation trägt eine doppelte Ebene von Vorurteilen, von Klischeerollen in sich.

Na klar, volle Granate!

Ja, aber diese Granate symbolisiert, dass du dich ertappt fühlst.

Wieso denn das?

Weil du sagst: David Hasselhoff hat es gebracht! Ein »Schlagerfuzzi«!

Aber wir haben doch nur ein Bild von David Hasselhoff!

Ja, und genau um diese Bilder streiten wir im ganzen Buch. Wir diskutieren darüber, dass Vorurteile zerstörerisch sind. Folge ich deinen Bildern, sind »Schlagerfuzzis« politisch unterkomplex. Wie kommt man auf so eine Sicht der Dinge? Was für eine Verallgemeinerung. Wenn ich ein Schlagersänger wäre und deinen Klischees nicht entspreche, dann ist das doch dein und nicht mein Problem. Hier noch ein paar andere Musiker: Peter Maffay oder Herbert Grönemeyer oder Helene Fischer.

Bei Maffay oder Grönemeyer irritiert uns das nicht. Bei Helene Fischer schon. Und bei David Hasselhoff besonders.

Uns? Dich irritiert es. Der Überraschungseffekt in der Geschichte ist der »Schlagerfuzzi«. Wenn ich jetzt Schlagersänger wäre, würde ich sagen: Das ist ein diskriminierender Blick.

Aber bitte, Michel! Ich würde doch mir selbst niemals unterstellen, dass ich frei bin von solchen Kategorisierungen.

Kommen wir zu Christian Linders Argumentation zurück: Die Fridays-For-Future-Bewegung sollte das Thema den Profis überlassen. Das ist kein Argument, sondern ein Systemdenkfehler.

Aber so ist das doch viel witziger. Wir haben ein Potenzial bei David Hasselhoff gesehen, das wir ihm vorher nicht unterstellt haben.

Wir haben aber auch gesehen, dass jemand, auch wenn man es ihm nicht zugebilligt hat, ein Profi sein kann. Der Typus Christian Lindner ist für die Demokratie konstruktiver als der politische Typus des »sowohl als auch« und »Ich habe immer volles Verständnis für alle und alles«.

Das ist eine völlig andere Ebene. Ich bin auf die David-Hasselhoff-Geschichte gekommen, da ich zeigen wollte, dass eine bestimmte Form von Witz, von Absurdität hilfreich sein kann, auch für die Demokratie. Das ist auch ein Modus der Selbstdistanzierung, eine bestimmte Form von Ironiefähigkeit, von Kenntnisnahme und Abfeiern des Unerwartbaren. Im Grunde genommen ist mein Stereotyp Schlagerfuzzi durch David Hasselhoff selbst dekonstruiert worden und das ist doch super. Gleichzeitig ist es unheimlich komisch.

Was für dich witzig ist, ist aber auch eine Sublimierungsstrategie.

Wie das denn?

Weil es deine Stereotypisierung *ad absurdum* führt und du dich damit von ihr zu befreien versuchst. Ich habe diese Sendung übrigens auch gesehen und fand diese Szene überhaupt nicht witzig. Vielleicht liegt das an meinem Humor?

Ich versuche es noch mal mit einer anderen Geschichte, die für mich noch interessanter gewesen ist und die sich nicht in der medialen Öffentlichkeit abgespielt hat. Ich finde sie unfassbar komisch und unglaublich erkenntnisreich, und zwar beides in genau gleichem Maße. Ich war in Graz zu einer Tagung zur Gemeinwohlökonomie eingeladen. Das ist, despektierlich gesagt, so eine Gutmenschen-Geschichte, Unternehmen sollen nicht nur monetär bilanzieren, sondern auch eine Gemeinwohlbilanz vorlegen. Mir liegt das Thema am Herzen, deshalb hatte ich zugesagt, einen Vortrag zu halten. Am Ende der Tagung bin ich abends mit ein paar Leuten noch in die Kneipe, wir haben getrunken und geplaudert, bis irgendwann Sperrstunde war.

Da wir noch gerne ein letztes Bier trinken wollten, sind wir weiter durch Graz gezogen. Eine einzige Kneipe ist noch offen, Wirt hinter der Theke, an der drei Typen hängen, die keinen Bock haben, nach Hause zu gehen. Ich komme mit meiner kleinen Gruppe von Gutmenschen-Ökos da rein, wir setzen uns hin und bestellen was. Der Ober-Typ von den dreien, die an der Theke sitzen, wendet sich plötzlich zu uns um und sagt: »Was seid ihr denn für welche? Was macht ihr hier?« War ja klar, wir waren offensichtlich nicht aus Graz, wir gehörten da nicht hin. »Wir sind hier auf einer Tagung.« Schon eine interessante Situationsbeschreibung, darauf er: »Worum geht es denn da?« – »Gemeinwohlökonomie«. Mit jeder Erklärung wurde es schlimmer, das Ganze nahm keinen guten Verlauf.

Dann passiert es. Einer am Tisch zeigt auf mich und sagt: »Hier, der da, der schreibt übrigens Bücher, das ist ein ganz berühmter Autor.« Und ich denke: »Oh, nein, bitte nicht, das hätte jetzt nicht gesagt werden dürfen.« Daraufhin sagt der Typ: »Bücher? Was schreibst denn du für Bücher? Was steht dadrin?« Dann sage ich: »Mein letztes Buch heißt: Selbst denken.« Er: »Wie selbst denken? Was steht da denn drin?« Und ich denke, es ist eh alles verloren, wir werden gleich verprügelt, und sage: »Da steht drin, dass du nicht selber denkst, sondern dass du gedacht wirst.« Totale Stille, irgendwo fällt eine Stecknadel. Ich habe gedacht, der haut mir jetzt sofort eine rein, jetzt geht es richtig los. Schweigen. Stille. Alle schauen sich an. Und dann guckt der Typ seine Kumpels an und sagt: »Das stimmt!« Und seine Kumpels schauen ihn an und denken: Was ist denn jetzt los? Dann sagt der Typ: »Was guckt ihr mich denn an? Das stimmt doch, der Typ hat doch total recht! Ihr erzählt mir die ganze Zeit, was Sache ist. Meine Frau erzählt mir die ganze Zeit, was ich anzuziehen habe, mein Chef erzählt mir die ganze Zeit, was ich zu tun habe. Der Typ hat total recht!«

Das war absolut abgefahren. Dann haben wir erst mal angestoßen, »Raimund – Harald« und so weiter. Wir hatten einen wunderbaren Abend. Der Typ ist eigentlich genau dasselbe Modell, das war völlig unerwartbar. Ich dachte, ich gehe mit ausgeschlagenen Zähnen nach Hause, niemals hätte ich gedacht, dass der sich sagen lässt, er würde nicht denken, sondern er wird gedacht. Das ist eine harte Ansage. Und er war so cool, so intelligent, against his *peer group*. Das ist etwas, was mir Hoffnung gibt, woraus ich Nektar sauge in meiner Befindlichkeit in der Welt, dass es solche Leute gibt. Die sind immer da, wo ich sie nicht vermute. Das finde ich super.

Und dort, wo man sie vermutet, sind sie oft nicht da.

Ja, da sind sie dann nicht. Sie sind klemperermäßig immer nicht da, wo man sie vermutet.

Ich verstehe genau, was du beschreibst.

Victor Klemperer, der jetzt assoziativ ins Spiel kommt, hat in einem Tagebucheintrag von 1942 darüber räsoniert, wie es denn mal sein wird, wenn das NS-Regime an sein Ende gekommen ist. Er überlegt sich, was man dann hinterher mit den Leuten macht. Und schreibt, all diese kleinen Parteigenossen und die Arbeiter, die muss man laufen lassen, weil die nicht über sich hinauskonnten. Aber seine Kollegen, die Intellektuellen, die Professoren, die muss man an die Laterne hängen und so lange hängen lassen, wie es die Hygiene irgend zulässt. Und das ist genau die Erkenntnis, dass diejenigen, auf die man sich verlässt, die Unverlässlichsten überhaupt sind.

Diejenigen, auf die man sich verlässt, sind die Unverlässlichsten überhaupt.

Das ist auch meine Oskar-Schindler-Erfahrung. Und das ist genau das, was wir auch hier in Teilen der intellektuellen Welt erleben konnten. Denk nur an Günter Grass, der uns als das Modell des Nachkriegsintellektuellen begleitet hat, der für zwei Generationen zum intellektuellen

Gottvater geworden ist und beginnend mit seinem Buch *Die Blechtrommel* ein moralisches Vorbild wurde, wie man über die Nazigeneration schreibt und denkt, und schließlich im Jahr 2006 bekannt gemacht hat, dass er selbst der Waffen-SS angehört hat. Grass merkte nicht einmal seinen Lebenswiderspruch, spürte nicht einmal, dass er das leibhaftige Beispiel für die Doppelmoral wurde.

Und sich dabei immer noch toll fand. Die Inkarnation der Selbstgerechtigkeit.

Lass uns auch an Martin Walser denken. Wenn man Martin Walser 1998 in der Paulskirche gehört hat und erlebt hat, wie die gesamte Elite der Republik, und zwar unabhängig davon, ob sie sich als aufgeklärt liberal, links oder konservativ bezeichnet, reagierte, nämlich zu einem Beifallssturm aufstand, stimmt einen das besorgt und nachdenklich. Auch traurig. Walser hatte in seiner Dankesrede zum Friedenspreis gesagt: »Wenn mir aber jeden Tag in den Medien diese Vergangenheit vorgehalten wird, merke ich, dass sich in mir etwas gegen die Dauerpräsentation unserer Schande wehrt. Anstatt dankbar zu sein für die Dauerpräsentation, fange ich an, wegzuschauen.« Und er sprach im Zusammenhang mit Auschwitz von einer »Moralkeule«. Heute nennt er die Rede »leichtsinnig«. Leichtsinnig? Martin Walser leichtsinnig in der Paulskirche? Im öffentlichen Raum wird auch von prominenten Repräsentanten das eine oder das andere leichtsinnig formuliert. Werden sie hinterfragt, sprechen sie von Missverständnissen oder gar böswilligen Unterstellungen. Es gibt eine Hardcore-Version, die sich in der AfD widerspiegelt. Unabhängig davon gibt es seit Jahrzehnten eine Soft-Version, die sich in der Alltagsargumentationskultur wiederfindet.

Interessant ist, dass wir zum Beispiel jetzt bei der Vergabe des Literaturnobelpreises an Peter Handke denselben Diskurs hatten. Handke mag ein interessanter Autor sein, aber er affirmiert einen Diktator, und hat ein, um es milde zu sagen, seltsames Verhältnis zu einem Völkermord.

Es geht hier um einen Genozid, um das Massaker von Srebrenica von 1995, als serbische Soldaten in diesem bosnischen Ort Srebrenica mehr als 7000 muslimische Jungen und Männer ermordeten. Daraufhin erfolgte die erste militärische Intervention einer deutschen Regierung ohne UN-Mandat unter der Regierung Schröder/Fischer. Peter Handke ist ein unverantwortlicher politischer Irrläufer.

Der Nobelpreis für Handke und dessen Unterstützung des serbischen Machthabers Slobodan Milošević waren auf der letzten Frankfurter Buchmesse das große Thema. Ich erinnere mich an diverse Auseinandersetzungen darüber, ob man das Politische vom Ästhetischen trennen könne. Das Werk ist nicht identisch mit dem Autor. Das stimmt ja zweifellos, aber es geht ja hier um die Vergabe eines Preises, und da wird der Autor geehrt. Das Nobelpreiskomitee stellt nicht in Rechnung, dass hier jemand einen Diktator verehrt und den Völkermord affirmiert hat, eine sehr empfindsame Dichterseele obendrein. Wenn man mag, kann man Handke lesen. Aber ehren? Der Literaturwissenschaftler Albrecht Koschorke hat übrigens ein Buch über dichtende Despoten herausgegeben, sehr lesenswert.

Wir besprechen ein typisches Dilemma. Ähnlich wie im Fall Günter Grass, bei dem man sich die Frage stellen musste: Ist die Person das Problem und wie weit überträgt sich dieses Problem auf seine künstlerische Arbeit?

Der Fall Grass ist deshalb so interessant, weil er für sich in Anspruch genommen hat, für »das Andere« zu stehen, für das Kritische. Aber die Geschichte hatte eine Einleitung. Bevor sein autobiografisches Werk *Beim Häuten der Zwiebel* erschien, in dem er seine SS-Mitgliedschaft thematisiert, veröffentlichte er seine Novelle *Im Krebsgang*, die vom Untergang des deutschen Flüchtlingsschiffes Wilhelm Gustloff im Januar 1945 erzählt. Das konnte man als Apologie, als vorgeschobene Rechtfertigung lesen. Das war ein absolut skandalöses Buch. Grass hat sich selber zum Opfer einer Geschichte gemacht, in der der zentrale Topos ist, schuldlos schuldig geworden zu sein.

Das Skandalöse an diesem Vorgehen ist, dass Grass der Öffentlichkeit erklärt hat: Ich wollte darüber sprechen, habe aber nicht gekonnt, weil ich Angst hatte, dass die »Gesinnungspolizei« mich vernichtet hätte. Dabei gehörte er doch selbst für Jahrzehnte zu Recht zu denen, die gegen die Filbingers oder Kiesingers mit aller Härte argumentiert hatten. Die gegen alle vorgegangen sind, die mit einer »gefärbten Biografie« ihre braunen Flecken wegretuschierten. Bei so viel Heuchelei seitens Günter Grass wundert es einen nicht, warum es in dieser Republik so viele Rückschläge gegeben hat.

Doch, da war immer was! Darauf wollte ich gerade hinaus. Ich erinnere noch mal an Haffner. Etwas, was du nicht verifizieren kannst, wo du aber einen bestimmten Geruch wahrnimmst. Man spürt etwas. Man spürt auch etwas in der Inanspruchnahme dieser Rolle des kritischen Literaten, des Promoters der SPD und von Willy Brandt. Da ist was Unangenehmes gewesen. Grass hatte nur einen Programmpunkt und der hieß Grass.

Das ist nicht nur bei Künstlern nicht unbedingt selten.

Kommt mitunter vor, doch bei Grass war mir spätestens seit der eben erwähnten Novelle völlig klar, was das Narrativ ist, das da verfertigt wird und das er in seiner Person auch verkörpert hat. Das konnte man da schon riechen, ohne es natürlich verifizieren zu können. Hattest du dafür ein Sensorium?

Nein.

Kein bisschen, auch nur intuitiv?

Nein, ich habe da keinen Subtext wahrgenommen. Mir geht es vor allem darum, dass in diesem Land bis tief in die siebziger Jahre hinein gelehrt wurde, nicht zu viel zu fragen. Das repräsentiert sich auch in den Elitenbiografien. Da reichte eine sehr oberflächliche weiße Weste aus.

Wir reden über Zeitenwende, da ist es doch interessant zu sehen, dass in einem ganz bestimmten Zeitraum drei Männer aus der älteren Generation – Grass, Walser und Sarrazin – Äußerungen öffentlich formulieren, die sie zehn oder zwanzig Jahre vorher so nicht ausgesprochen hätten. Also müssen alle drei wahrgenommen haben, dass sich die Zeiten geändert haben, es nun möglich geworden ist. So nimmt ein Sozialdemokrat an, er könne jetzt Positionen formulieren, die man eigentlich im rechtsradikalen Raum eingeordnet hat oder noch weiter rechts davon. Obwohl er das linke Milieu repräsentiert, kann er das durchhalten.

Damit kommt man durch, genau.

Er ist bis jetzt damit durchgekommen. Diese Zeitenwenden beginnen immer im inneren Milieu. Wenn dort solche Signale gesetzt werden, werden sie dann im externen Milieu widergespiegelt.

Die Grass-Geschichte genauso wie die Walser-Geschichte haben den Raum des Sagbaren inklusive der kompletten Rhetorik des Tabubruches noch einmal weiter aufgemacht. Eine weitere Stufe der Enthemmung, Entsicherung war von nun an möglich.

Ich möchte in dem Zusammenhang nur noch einmal darauf hinweisen: Es gab nach der Rede ein Gespräch zwischen Ignatz Bubis und Martin Walser, in dem von Walser eine noch viel skandalösere Aussage gemacht wurde. Walser teilte Bubis mit, dass Bubis überhaupt nicht verstünde, um was es hier gehe, wenn man über Auschwitz rede, sondern er, Martin Walser, sei doch eigentlich derjenige, der die Deutungshoheit hat. Das war viel grundsätzlicher. Spätestens in diesem Moment hätte man ihm die Satisfaktionsfähigkeit absprechen sollen. Ignatz Bubis, der sich Jahrzehnte für die Bundesrepublik Deutschland und die Demokratie eingesetzt hatte, sagte, auch im Zusammenhang mit dem Walser-Paulskirche-Skandal, dass er nichts erreicht habe. Viele reagierten darauf, indem sie sein deprimierendes Fazit auf seine Krankheit zurückführten. Dabei meinte er dies wortwörtlich.

Aus dem Kontext heraus erscheint das völlig plausibel, das hat er so gemeint, natürlich.

Was, wenn, wie Bubis sagte, nichts erreicht wurde?

Das ist gerade zwei Jahrzehnte her. Wenn wir wissen, dass diejenigen, die damals in der Paulskirche applaudiert haben, teilweise bis heute zur Elite gehören, dann stellt sich die Frage: Was, wenn Bubis recht hatte? Was, wenn, wie er sagte, nichts erreicht wurde? Wenn das tiefere Verständnis für »Die Würde des Menschen ist unantastbar« nicht so gefestigt ist, wie man annimmt? Haben wir denn zwanzig Jahre später mehr erreicht? Zwanzig Jahre später ist jüdisches Leben gefährdeter und, institutionell politisch repräsentiert, verachteter. Die Aussage des AfD-Vorsitzenden Gauland »Hitler und die Nazis sind nur ein Vogelschiss in über tausend Jahren erfolgreicher deutscher Geschichte«, beinhaltet gleichzeitig die Aussage, Auschwitz war ein Vogelschiss. Das alltägliche Erleben von geistiger, verbaler wie tatsächlicher Brandstiftung hat sich, weil die realen Situationen deutlich andere sind, brutal gesteigert. Diese Entwicklung zeigt eine desaströse Konstanz. Der Hass ist noch alltäglicher, noch salonfähiger geworden.

Jüdisches Leben ist in Deutschland noch schwieriger geworden als zu Bubis' Zeit. Nicht nur für Juden, sondern auch für viele andere Minderheiten. Ich erinnere mich, dass ich nach den Pogromen in Mölln und Solingen, in Rostock und Hoyerswerda ein Interview mit Ignatz Bubis geführt habe. Ich habe ihn in der Sendung gefragt: »Was passiert, wenn der Rechtsradikalismus, diese Nazi-Bewegungen und diese Gewaltexplosionen, sich steigern?« Und er antwortete: »Ach, wissen Sie, Herr Friedman, für uns Juden wird das passieren, was die Antisemiten uns sowieso unterstellen: Wir gehen in unser Land zurück, nämlich Israel. Die Türken gehen zurück in die Türkei.« Dann machte er eine lange Pause und fuhr fort: »Aber wo werden die Deutschen hingehen?«

11

DAS NACHGELIEFERTE GEWISSEN UND DIE SCHWEIGENDE MITTE

HW: Ich möchte noch einmal aus Sebastian Haffners *Geschichte eines Deutschen* zitieren: »Man begann mitzumachen, zunächst aus Furcht. Nachdem man aber einmal mitmachte, wollte man es nicht mehr aus Furcht tun. Das wäre ja gemein und verächtlich gewesen. So lieferte man die zugehörige Gesinnung nach. Das ist die seelische Grundfigur des Sieges der nationalsozialistischen Revolution.«

Mir scheint das sehr erhellend, weil Haffner sieht, dass es bei Konsensverschiebungen nicht um Dinge wie »Gehorsam« oder »Anpassung« oder »Konformität« geht, übrigens auch nicht um »Gruppenzwang«. Das sind alles keine Erklärungen, sondern nur Namen für etwas, was man dann immer noch nicht versteht. Gerade in der Moderne, in der Menschen sich zuallererst als Individuen sehen möchten, führt es zu einem Dissonanzgefühl, wenn man nur »mitmacht«, gar bei etwas, zu dem man gar nicht steht. Darum gibt es einen Prozess, in dem man sich zum Mitmachen entscheidet – indem man das, bei dem man mitmacht, zu seiner eigenen Sache macht! Unklar bleibt immer, wie eigentlich dieses »sich fügen«, dieses »sich anpassen« an Verhältnisse funktioniert – und zwar gerade in jenem entscheidenden Moment, in dem das Bewusstsein dafür vorhanden ist, worum es geht. Gewalt gegen Juden? Eigentlich müsste ich jetzt etwas anderes tun. Aber ich entscheide mich dafür, das Gegenteil von dem zu machen, was ich »eigentlich« tun müsste – weil es sicherer ist, ich keine Probleme kriege oder was auch immer.

Das Gefühl, gegen die eigene Überzeugung gehandelt zu haben, ist unangenehm, schwer auszuhalten. Und wenn der Grund dafür einfach und schmählich nur Angst oder Konfliktscheu waren, wird sozusagen retroaktiv ein anderer Grund erfunden: Nein, ich handele nicht aus Angst, sondern aus der Überzeugung, das ist richtig, und deshalb mache ich mit. Da wird ein erheblicher Aufwand betrieben, um das moralisch und psychologisch in irgendeiner Weise möglich zu machen, um die Dissonanz zu bewältigen. Ich habe mich damit in meiner Studie zu den Tätern im Rahmen der Einsatzgruppenmorde auseinandergesetzt und zu zeigen versucht, dass dieser psychologische Aufwand auch dort getrieben wird, wo Reservepolizisten plötzlich massenhaft wehrlose Opfer erschießen sollen. Was tun sie? Sie fangen an, Arrangements herzustellen, in denen ihnen ihr Töten als moralisch besser erscheint als das von anderen. Das heißt, sie legen dem, was sie »eigentlich« nicht tun wollen, einen eigenen Sinn bei, und genau deshalb können sie es tun und rechtfertigen. Die menschliche Fähigkeit und vielleicht auch die kulturelle Fähigkeit, mit dem »eigentlich« zu operieren, ist unendlich groß. Man könnte auch sagen, die moralischen Überzeugungen wandeln sich mit den Umständen, und vielleicht hat das irgendeinen evolutionären Vorteil. Aber diese moralische Flexibilität ist natürlich sehr von Nachteil, wenn es um zivilisatorische Grenzen geht, die nicht überschritten werden sollen. Das »eigentlich« ist im entscheidenden Moment das Relais, das die Grenzüberschreitung subjektiv ermöglicht. Deshalb zerbrechen Täter in der Regel nicht an ihren Taten.

Die moralischen Überzeugungen wandeln sich mit den Umständen.

MF: Dass Täter aus psychologischer Sicht nach Erklärungen, Argumenten und Begründungen suchen, um ihr Gewissen zu erleichtern, ist aus psychologischer Sicht nachvollziehbar. Dass der Mensch dazu neigt, die »Flexibilität des Gewissens«, die aus dem Unerträglichen das Erträgliche werden lässt, die Verantwortung und Schuld in Gleichgültigkeit umwandelt, ist das eine. Die rechtlich-politische Ethik sollte eine Flexibilität, wenn überhaupt, nur in äußerst engen Grenzen mitverhandeln. In unserem Diskurs geht es um den gesellschaftspolitischen Raum. Dieser ist durch unsere Werte, die Moral und die Ethik, auf die wir uns einigen, definiert. Unser Koordinatensystem wird in einem nie endenden Diskurs über dieses Ergebnis immer wieder aktualisiert. Die Grenze jeder Flexibilität erscheint mir aber mit dem Gedanken, dass die Würde und das Leben eines jeden Menschen unantastbar sind, formuliert.

Die Motive, warum ein einzelner Soldat oder KZ-Aufseher Zivilisten, Männer, Frauen und Kinder im »Dritten Reich« umgebracht hat, mögen auf psychologischer Ebene von Interesse sein. Sie können allerdings niemals das Verbrechen gegen die Menschlichkeit relativieren. Dass es dafür keine Exkulpation geben darf, dass eine rechtlich deutliche Einordnung für die Strafen stattzufinden hat, dass ein gesellschaftspolitischer Konsens, dass die Menschen, die dies taten, brutale Mörder waren und wir dies auch in unserer Gegenwart so einordnen, für unseren gegenwärtigen gesellschaftspolitischen Diskurs unverzichtbar ist. Damit machen wir auch für heute sichtbar, dass der »Flexibilität des Gewissens« etwas entgegengesetzt werden kann, nämlich die Grundlagen dieses Gewissens, die Werte, die Orientierungen, die Grundrechte. Ich nenne es das »Gewissensfundament«. Der Grundsatz, dass das menschliche Leben nicht für einen Dritten zur Disposition steht, ist unantastbar.

Es geht darum, Gegengewichte zum flexiblen Gewissen im gesellschaftspolitischen Diskurs, aber auch im individuellen Erfahrungsschatz aufzubauen. Und es geht um eine zivilgesellschaftliche Stärkung, die diese Art von Flexibilität entweder stigmatisiert, was ein pädagogisch nicht besonders wertvolles Instrumentarium wäre, oder darum, gesellschaftspolitische Rahmenbedingungen zu schaffen, in denen diejenigen, die dagegen intervenieren wollen, sich gestärkt genug fühlen, es auch zu tun. Wir versuchen, diese zivilisatorischen Verhaltensweisen zu fördern, indem wir Preise dafür verleihen. Von Auszeichnungen für Zivilcourage bis hin zum Bundesverdienstkreuz. Aber in der Alltagsrealität wird diese Form von »Mut« selten belohnt. Die Gefahr für die Demokratie ist, dass

Menschen Angst haben, sich zu engagieren, Konflikte zu erleben und zu ertragen. Eine noch größere Gefahr aber ist, dass es bei vielen die Gleichgültigkeit ist, die die Menschen hindert, sich für Freiheitsrechte zu engagieren oder dort, wo sie gefährdet sind, zu intervenieren. Handlungsweisen, die nicht gelernt und eingeübt sind, haben einen viel höheren Angstfaktor. Wir müssen alltäglich lernen, Widersprüche auszuhalten und auszuhandeln. Darum plädiere ich dafür, dass wir vor allen Dingen auch im Bildungssystem die Widerspruchskultur mit Kindern und Jugendlichen in Alltag umsetzen.

Die Gefahr für die Demokratie ist, dass Menschen Angst haben, sich zu engagieren.

Na ja, am Ende läuft das auf die Paradoxie hinaus, Kinder zu abweichendem Verhalten zu erziehen. Ich habe meinem Sohn zum Beispiel beigebracht, bei Rot über die Ampel zu gehen.

Interessant, dass das dein Beispiel für Widerspruchskultur ist. Hier ist einfach eine Regel missachtet worden.

Nein, Urteilskraft. Mir geht es um Urteilskraft. Wenn kein Auto kommt und man keine anderen Kinder mit seinem Verhalten beeinflusst, kann man ruhig gehen.

Ich habe meinen Söhnen beigebracht, dass sie Erwachsenen mit einem deutlichen Nein widersprechen können. Allerdings müssen sie ihre Position mit Argumenten begründen.

Die Fähigkeit zu abweichendem Verhalten geht doch weit über den Regelverstoß hinaus. Es geht um eigenständige Urteilskraft. Die Regel ist als Regel für das Allgemeine in Ordnung. Wenn es Gründe gibt, kann man sie aussetzen.

Ich habe noch jüngere Kinder und musste mit ihnen erst einmal üben, dass sie bei Grün über die Straße gehen und nicht bei Rot. Aber auch ich unterliege der Begründungspflicht ihnen gegenüber. Deswegen argumentiere ich, dass es sich hierbei um eine Risikominimierung handelt. Aber ich verstehe dein Beispiel. Der Leitsatz ist, dass Widerspruch geübt werden muss, dass Angst durch Übung überwindbar ist. Aber darauf bestehe ich: Das allein reicht nicht. Es muss gleichzeitig gelernt werden, dass es ein qualifizierter, also begründbarer Widerspruch sein muss.

Wobei du natürlich mit deiner kognitiv orientierten Strategie in einen performativen Widerspruch gerätst. Jemanden zum Widerspruch aufzufordern, ist paradoxal, er folgt dir, wenn er dir widerspricht.

Das stimmt. Er könnte aber auch sagen: Nein, mach ich nicht, weil ... So gesehen ist dein Argument dann schon wieder obsolet.

Es bleibt ein performativer Widerspruch. Das ist wie Erziehung zum Ungehorsam.

Eine Erziehung, welcher Art auch immer, die es ermöglicht, dass der Mensch von Kindheit an den Widerspruch übt, den Autoritäten nicht folgt, nur weil sie Autoritäten sind, führt zu Mündigkeit. Führt zu weniger Angst. Natürlich sind die Schwellen unterschiedlich hoch, je nachdem, ob man sich traut, einer Person zu widersprechen oder einer Gruppe gegenüber Zivilcourage zu zeigen. Zur Streitkultur gehört auch zu lernen, dass die eigene Intervention zu einem weiteren Widerspruch von anderen führen kann, dem man sich dann erneut stellen muss.

Die Regel ist als Regel für das Allgemeine in Ordnung. Wenn es Gründe gibt, kann man sie aussetzen.

Spannend ist doch, warum manche Menschen widersprechen oder warum sie anders handeln als die Mehrheit. Nach der Täterstudie habe ich mich mit der Frage beschäftigt, was bei Oskar Schindler und den anderen, leider wenigen Helfern und Rettern der Auslöser für ihr abweichendes Verhalten war. Da ist die Begrifflichkeit wichtig, weil das, was Schindler und die anderen Helfer und Retter gemacht haben, zeitgenössisch gesehen, abweichendes Verhalten war. Es ist wichtig zu verstehen, warum einige Menschen sich dafür entscheiden, sich gegen die gültigen gesetzten Normen zu verhalten, denen ihre komplette soziale Umwelt folgt. Warum die Schindlers sich anders als alle anderen verhalten haben, ist das große Rätsel.

Individualpsychologisch-biografisch kommt man bei dieser Frage – ähnlich wie bei den Tätern – nicht besonders weit, weil die Helferpersönlichkeiten so divers sind wie alle anderen auch. Einige sind Spieler und lieben das Risiko, andere lehnen das Regime ab und suchen Möglichkeiten der Subversion, andere haben eine enge persönliche Beziehung zu einer verfolgten Person, aber manche geraten auch nur aus Zufall in die Situation, helfen zu sollen. Besonders interessant ist – das kann man in der Helferforschung gut nachzeichnen –, dass die Initiative sehr oft von den Verfolgten selbst ausgegangen ist. Das bricht nicht nur das Klischee von den wehrlosen, passiven Opfern, sondern zeigt auch, dass Retter ohne vorgängiges »eigenes« Motiv zu Rettern werden können.

Gemein ist allen Helferinnen und Rettern, dass es jeweils irgendein Moment gab, durch das sie sich veranlasst gefühlt haben, vom Pfad abzuweichen. Und das ist der entscheidende Punkt: In dem Augenblick, in dem ich mich abweichend verhalte, bin ich in einem totalitären System plötzlich aufseiten der potenziellen Opfer und nicht mehr aufseiten der Mitmacher. Das erklärt, warum wir regelrechte Helferkarrieren nachzeichnen können: Da fängt jemand wider Willen an, eine Person für ein, zwei Nächte zu verstecken, und ein paar Monate später versteckt er sieben, acht Menschen auf Dauer unter abenteuerlichsten Umständen. Der erste Schritt vom Pfad weg erhöht die Wahrscheinlichkeit, dass die nächsten Schritte weiter in die eingeschlagene Richtung gehen. Das ist etwas ganz Wichtiges. Was Psychologen »Motive« nennen, ist häufig überhaupt nicht ausschlaggebend für das Handeln und man kann – jetzt kommt wieder die moralische Flexibilität, nun aber positiv – mühelos von seinen »eigentlichen« Motiven abweichen. Der amerikanische Soziologe Erving Goffman, ein weiterer meiner intellektuellen Überväter, hat mal gesagt, dass es mehr Situationen gibt, die ihre Handelnden finden, als Handelnde, die ihre Situationen finden.

Das können wir in all diesen Geschichten, bei Mördern wie bei Rettern, wiederfinden. Entscheidend für das Hilfeverhalten sind diese Näheverhältnisse, diese eine konkrete Person, alle anderen – »die Juden«, »die Flüchtlinge«, ... – bleiben abstrakte Größen. Die soziale Verbindlichkeit in der direkten Kommunikation wirkt häufig so stark, dass Menschen Dinge tun, die sie unter anderen Bedingungen niemals tun würden. Wenn es den konkreten Bezug gibt, fangen manche an, Himmel und Hölle in Bewegung zu setzen.

Das würde ich gerne noch ein bisschen vertiefen. Die These lautet: Je näher Menschen sich sind, desto eher wächst die Wahrscheinlichkeit für solidarisches Verhalten. Während des Nationalsozialismus ist diese Annahme deutlich gescheitert. Es waren die Nachbarn, die Arbeitskollegen, die Schulfreunde, die bedroht wurden und verschwanden. Es war sogar in der Regel dieses Umfeld, das, je länger die Nazis das Signal gaben, dass Juden Freiwild sind, sich austobte und denunzierte. Das »flexible Gewissen« des Einzelnen bekam durch die gemeinschaftliche und gesellschaftspolitische Stimmung ein Signal, mit »gutem Gewissen« andere Menschen zu berauben, zu schlagen, zu betrügen, zu denunzieren, ja sogar zu töten. Das Synchronisieren des »flexiblen Gewissens« des Einzelnen und der machtpolitischen Stimmung der vielen führte zu enthemmten Gewaltexzessen. Die Lehre, die man daraus ziehen muss, lautet: Man muss dem eliminierenden Element des Rassismus eine eindeutige und klare Position entgegenstellen. Dort, wo gesellschaftspolitische Entwicklungen signalisieren, dass Menschenverachtung akzeptierbar ist, tobt der Hass enthemmter.

Aber ich meine etwas anderes. Ich meine eine soziale Nähe, die gar nicht angebahnt ist, die nicht diese Vorgeschichte hat, wie diese Kitschnummer »Aus Nachbarn wurden Feinde«. Aus wem denn sonst? Jan Philipp Reemtsma hat dazu mal einen tollen Aufsatz geschrieben: Wer wäre denn prädestinierter, zum Feind zu werden, als der Nachbar?

Wie gefährlich ein Nachbar sein kann, hat Udo Jürgens in seinem Chanson *Das ehrenwerte Haus* prägnant beschrieben.

Wenn einem in einem Mietshaus oder in der Straße der Nachbar schon seit Jahren auf die Nerven geht – wunderbar, wenn ich ihn wegen etwas anzeigen kann oder einfach nur denunzieren darf. Reemtsma hat das zu meiner großen Freude am Beispiel von Donald Duck und seinem Nachbarn Zacharias Zorngiebel gezeigt, die sich mit Hingabe bekämpfen. Es gibt in weiten Bereichen des Gewaltdiskurses diese hilfreiche Operation der Verrätselung: Wie konnten sie nur, sie waren doch Nachbarn? Klar: Sie wollten es, weil sie Nachbarn waren!

Aber mir ging es bei der sozialen Nähe um ein anderes Phänomen. Selbst wenn Menschen sich nicht kennen und wenn diese soziale Beziehung keine Vorgeschichte hat, gibt es bestimmte Formen der unmittelbaren Verbindlichkeit. Grundwissen beim Trampen: Versuche, dem Fahrer in die Augen zu schauen! Und ungewöhnliche und besonders extreme und gefährliche Situationen können sehr schnell sehr starke Verbindungen zwischen Menschen schaffen.

Das ist eine Beobachtung, die ich teile. Ich würde trotzdem gerne weiter den Fokus auf die Gleichgültigkeit richten und noch einen Schritt weitergehen. Wir müssen darüber sprechen, wie schnell Menschen sich gegen andere Menschen in solchen Situationen wenden. Beides setzt die Entpersonifizierung von Opfern voraus, die Anonymisierung. Die Person ist kein Mensch mehr. Sie verwandelt sich vom Subjekt ins Objekt. Ein Phänomen der Gegenwart ist dafür ein gutes Beispiel: Bei Massenschlägereien oder Verkehrsunfällen erleben wir die radikale Barbarei des Glotzens.

Nicht nur des Glotzens, sondern des Aufnehmens, Dokumentierens. Das wird dann ins Netz gestellt und generiert Likes.

Ist dieses Verhalten ein Ausdruck von Neugier? Oder von Gleichgültigkeit? Von Empathielosigkeit bis hin zum Autismus? Oder sogar von Entmenschlichung und Barbarei? Und was bedeutet das, wenn es sich im politischen Raum abspielt, wenn das Einzelverhalten kollektiv wird und das Kollektiv dieses Verhalten belohnt?

Nimm dieses fürchterliche Phänomen der Zuschauer bei den Massenerschießungen der Einsatzgruppenmorde. Die SS hatte große Probleme, die Leute vom Zuschauen abzuhalten. Sie kamen scharenweise, um sich anzuschauen, wie Menschen getötet wurden. Übrigens nicht nur deutsche Wehrmachtssoldaten, sondern auch heimische Zivilisten, nicht nur Männer, sondern auch Frauen. Wenn ich Zuschauer bin, dann bin ich in einer Gruppe, die systematisch verschieden ist von denjenigen, denen da etwas geschieht. Gutes Gefühl, wenn man nicht zu den Opfern gehört.

Das ist ein spannendes Beispiel, man muss es aber ergänzen. Nehmen wir eine Situation, wie sie heute geschieht. Was passiert, wenn zehn Gaffer da stehen und der, auf den eingeprügelt wird, sie anschaut und sie um Hilfe bittet? Der Zuschauer wird spätestens jetzt zum Beteiligten. Was passiert, wenn unter den zehn Gaffern einer reagiert und sagt: Wir können doch nicht zusehen, wie dieser Mensch geschlagen wird, wir müssen etwas tun! Und er damit die anderen neun anspricht.

Wenn der dich konkret anspricht?

Ja, er sagt: Hilf mir bitte!

Wenn er die Gruppe als Ganzes ansprechen würde, wenn er sagen würde: Helft mir!, hat er keine Chance. Das ist das sogenannte Bystander-Phänomen. Wenn du allein mit einer Situation konfrontiert bist, in der jemand Hilfe braucht, hilfst du. Wenn außer dir noch sieben andere da sind, die nicht helfen, hilfst du auch nicht. Warum? Weil die Situation neu und verunsichernd ist, du hast kein Skript, kein Rezeptwissen. Dann dienen die anderen als Informationsträger, wie verhalten die sich? Wenn keiner etwas macht, scheint es richtig zu sein, nichts zu machen. Also bleiben alle stehen, bestätigen sich gegenseitig im Falschen.

Und trotzdem gibt es immer wieder den einen oder die eine, die doch etwas macht. Wir kennen alle das Milgram-Experiment, das die Bereitschaft durchschnittlicher Personen testen sollte, autoritären Anweisungen auch dann Folge zu leisten, wenn sie in direktem Widerspruch zu ihrem Gewissen stehen. In diesem Versuch sollte ein »Lehrer« – die eigentliche Versuchsperson – einem »Schüler« bei Fehlern vermeintlich einen Stromstoß versetzen. Ein Versuchsleiter (ein Schauspieler) gab dazu Anweisungen. Wir wissen, wie viele dem gefolgt sind. Wenn aber einer in der Gruppe Zweifel hatte und die laut formulierte, war nur noch die Hälfte bereit, den Anweisungen Folge zu leisten.

Das ist etwas anders, das kann ich erklären. Ich habe mich ausführlich mit diesem Experiment beschäftigt. Wichtig ist, dass Milgram die Versuchsanordnung variiert hat. Die Standardbedingung war so, dass die Versuchsperson allein in das Labor gekommen ist und dort einer anderen – nur vermeintlichen – Versuchsperson vorgestellt wurde, die aber in Wahrheit ein Schauspieler war. Dann wurde scheinbar gelost, wer Lehrer und wer Schüler wird. Und dann muss der »Lehrer« dem »Schüler«, der in einem anderen Raum sitzt, Fragen stellen und ihn mit Stromstößen »bestrafen«, wenn die Antwort falsch ist. Die Stromstärke wird mit jeder falschen Antwort um 15 Volt erhöht, bis hin zur absolut tödlichen Dosis, die immerhin zwei Drittel der Versuchspersonen zu geben bereit waren. Es gibt aber auch eine Versuchsanordnung, in der sich beide Teilnehmer bereits kannten und zusammen ins Labor gekommen sind. Nun wurde tatsächlich gelost, einer wurde »Lehrer«, der andere »Schüler«. In dieser Situation sank die Gehorsamkeitsrate auf null. Und auch als der Versuchsleiter gesagt hat, das

Experiment erfordere, dass sie jetzt weitermachen, haben sie sich geweigert, dem anderen Schmerzen zuzufügen. Das ist die Wirkung sozialer Nähe.

Und es gab eine weitere Versuchsanordnung mit zwei Versuchsleitern, die sich stritten. Das führte dazu, dass die Versuchspersonen die Strafen aussetzten oder nur so taten, als würden sie strafen, weil plötzlich das Regelwerk und die Verbindlichkeiten nicht mehr klar waren.

Wir sprechen so oft darüber, dass man »eigentlich reagieren, dass man handeln müsste«. Dass Zivilcourage gefragt ist. Allerdings ist sie immer noch zu wenig in unserer Alltagskultur verankert. Dass zeigt sich schon daran, dass man heute bereits eine beherzte Intervention als Zivilcourage definiert. Der Bundespräsident hat eine Rede gehalten, in der er behauptete, es gebe eine Mehrheit von Menschen in Deutschland, die Gewalt eindeutig verurteilen, und die schweigende Mitte wäre zu lange ruhig gewesen. Warum eigentlich?

Was sollte die schweigende Mitte denn sonst sein – laut?

Ja! Diese schweigende Mitte ist entscheidend mitverantwortlich für das Zerbröseln von Prinzipien der Demokratie. Übrigens wird damit suggeriert, dass zwischen »Mitte« und »Schweigen« ein unmittelbarer Zusammenhang besteht. Stimmt das wirklich? Können die, die nicht schweigen, dann nicht zur Mitte gehören? Und, wenn die Mitte eine schweigende ist, wie soll erkennbar werden, welche Haltungen, Überzeugungen diese Mitte eigentlich hat? Und was ist das überhaupt, »Mitte«? Und noch eine Frage: Heißt diese Metapher nicht eigentlich »schweigende Mehrheit«? Warum ersetzt der Bundespräsident »Mehrheit« durch »Mitte«? Ist diese in Deutschland so hochgeschätzte Mitte *a priori* Mehrheit? Warum nicht eine Minderheit?

Diese schweigende Mitte ist entscheidend mitverantwortlich für das Zerbröseln von Prinzipien der Demokratie.

Niemals, auch per definitionem nicht. Aber dieser Bundespräsident ist ohnehin ein Meister des uneigentlichen Sprechens. Er benennt nie etwas konkret, sondern hat immer so rhetorische Figuren wie »Wer da aber glaubt, dass ..., der meint auch ...« und dann kann jeder eintragen, was ihm beliebt, wie bei einem Lückentext. Vielleicht hat er mal einen Rhetorikkurs besucht, wo man ihm gesagt hat, dass das staatstragend sei. Es ist aber das Gegenteil, wenn es um die Benennung gesellschaftlicher Probleme und ihrer Verursacher geht.

Der Bundespräsident hat weiter gesagt: »Aber genau diese Mehrheit muss jetzt laut werden. Wir dürfen nicht zulassen, dass Kommunalpolitiker in unserem Land zu Fußabtretern der Frustrierten werden.« Was für ein Denkfehler. Denn gerade weil die Mehrheit geschwiegen hat, ist sie mitverantwortlich und hat durch ihr Schweigen zugelassen, dass, so der Bundespräsident, »Kommunalpolitiker in unserem Land zu Fußabtretern der Frustrierten werden« konnten. Die frustrierten Pöbler, die nicht schwiegen, wären vielleicht zum Schweigen gebracht worden, wenn die Mitte – Mehrheit – keine schweigende gewesen wäre. Wenn der Begriff »Mitte« positiv gemeint, Schweigen aber negativ konnotiert ist, dann ist Mitte nicht mehr positiv, sondern endgültig problematisch.

Der normale Terminus ist »die schweigende Mehrheit«. »Die schweigende Mitte« ist eine neue Kreation, die gab es so noch gar nicht.

Was für eine Strategie steckt hinter dem Ersetzen der »schweigenden Mehrheit« durch die »schweigende Mitte«. Ein Freud'scher Fehler? Oder absichtliche Verschiebung?

Das ist das uneigentliche Sprechen. Niemand ist gemeint, weshalb sich auch niemand gemeint zu fühlen braucht. Und »die Mitte« hat ohnehin gerade Konjunktur. Das ist jetzt der Topos schlechthin, bei der CDU und bei der SPD sind jetzt alle Mitte. Auch die Grünen sind schwer Mitte. Und die AfD will auch Mitte sein.

Die Mitte ist eigentlich ein Synonym für Unsichtbarkeit, erlaubte Beliebigkeit, flexibles Gewissen.

Das ist eine interessante Konstruktion: Die Mitte sind die Unbeteiligten. Die Mitte ist fern von allem, sei es, beleidigt, geschlagen, geprügelt, ausgegrenzt, vernichtet zu werden, sei es beleidigend, prügelnd, ausgrenzend zu sein. Die Mitte ist auch orientierungslos, denn sie versteht gar nicht, was da links und rechts vor sich geht. Deshalb schweigt sie in der Steinmeier'schen Konstruktion. Und nun soll ausgerechnet sie laut werden. Ah ja.

Die Mitte ist, weil sie entleert ist, unsichtbar. Eine Projektionsfläche für alles und nichts. Das Maximum an Beliebigkeit, abgerundet bis zur Unkenntlichkeit. Sie funktioniert einfach, weil sie gleichzeitig alles und nichts und gleichgültig ist. Und die, die ihr angehören, funktionieren nach demselben Prinzip. Ein funktionierendes Leben ist aus der Definition der Mitte ein unauffälliges, chamäleonartiges Leben.

Und wenn du zur Mitte gehörst, bist du unbeteiligt an Ereignissen, die in irgendeiner Weise nicht sein sollten oder die eine Störung darstellen.

Und vor allem bist du keine Störung. Deine Freiheit, deine Individualität hält sich an die Grenzen der Mitte. Dafür wirst du belohnt. Heterogenität wird in Grenzen zugebilligt. Die Fremdbestimmung hat im Verhältnis zur Selbstbestimmung deutlich mehr Macht, wenn man sich in den Raum der Mitte begibt. Eine erhöhte Sehnsucht nach Selbstbestimmung führt zu Konflikten innerhalb der Mitte.

Der Mitte wird immer noch eine Homogenität zugeschrieben, die es so nicht gibt.

Deswegen versuche ich, das noch mal zu thematisieren. Diese sogenannte Mitte ist erst einmal eine scheinbar sympathische Beschreibung. Sie ist übrigens auch für People of Color, für Menschen mit unterschiedlicher sexueller Orientierung, für Menschen mit Migrationshintergrund, sogar für Juden zugänglich geworden. Allerdings nur, wenn diese Personen ihre vielen Identitäten in Grenzen halten, die die Mitte bestimmt hat. Emanzipationsprozesse, Selbstbestimmungsprozesse sind innerhalb der Mitte nur bis zu einem ganz bestimmten Punkt möglich. Moderne Gesellschaften, auch in der Bundesrepublik Deutschland, haben eine Veränderung erlebt. Viele Subkulturen sind heute emanzipierte, qualitativ und quantitativ am gesellschaftlichen Leben teilnehmende soziokulturelle Realitäten geworden, ohne zur Mitte zu gehören. Dadurch verliert die »Mitte« ihre Bedeutung, und viele Menschen, die in dieser Mitte vieles von sich aufgegeben haben, erleben sich als Verlierer. Ein Teil dieser Verlierer, die es schwerlich aushalten, dass Minderheiten selbstbewusst und emanzipatorisch ihren Platz in der Gesellschaft einfordern, verstärken ihre Ressentiments und Aggressionen und finden sich bei der AfD wieder. Auf der anderen Seite erlebt die Mehrheit der »schweigenden Mitte«, dass die wirkliche Bedrohung nicht die Schwulen, die Juden, die Migranten, die Muslime sind, sondern auch ebenjene Teile der »schweigenden Mitte«, die schon immer schlafende Rechtsextremisten waren, die jetzt, nachdem sie aufgewacht sind, zu einer Bedrohung der Demokratie und damit von ihnen selbst geworden sind.

Der Mitte wird immer noch eine Homogenität zugeschrieben, die es so nicht gibt.

Vor allem unterstellt sie, dass alle, die zur Mitte zählen, schwer in Ordnung sind.

Die Mitte an sich ist immer noch ein großer Raum. Gleichzeitig ist sie aber auch ein begrenzter Raum mit seinen ganz bestimmten, begrenzten Verhaltensregeln. Jetzt erwarten wir von dieser Mitte, dass sie sich im politischen Raum, dass sie sich gegen einen Teil der eigenen Mitte-Mitmenschen positioniert, gegen diejenigen, die Demokratie gefährden und diejenigen, die immer noch zu den Schweigenden gehören. Dies ist insofern ambivalent und paradox, als die antidemokratischen Ereignisse aus dieser Mitte stammen. Der Rechtsextremismus und der Rechtsterrorismus sind nicht ein Phänomen der Springerstiefel allein. Er wird getragen und unterstützt durch »Menschen wie du und ich«. Und diese schweigende Mitte ist ja gar nicht so schweigend, vor allem dann nicht, wenn sie an den Rändern mal besonders laut auf den Tisch haut und gegen multikulturelle Gesellschaften agitiert. Wäre doch dieser Teil der schweigenden Mitte schweigend geblieben, dann wären zum Beispiel Herr Doktor Gauland, Herr Professor Meuthen und Herr Oberstudienrat Höcke nicht auffällig geworden.

Weiterhin interessant ist diese ostentativ vorgetragene Hilflosigkeit. Was soll denn das bedeuten? Der Bundespräsident spricht mit den Angegriffenen und adressiert die schweigende Mitte.

Wie geht man denn gegen Hass und Hetze vor, die der Mitte der Gesellschaft entspringen? Und wie kann zum Beispiel das Bundeskriminalamt handeln, wenn es keine Möglichkeit gibt, Täter zu identifizieren, weil sie sich so unauffällig in der Mitte aufhalten? Da wird es konkret.

Die Ambivalenz der »schweigenden Mehrheit«, ihre Unbestimmtheit, ist ein Kernproblem. Herr Doktor Gauland, Herr Professor Meuthen, Herr Oberstudienrat Höcke kommen aus dieser Mehrheit. Andererseits sind es Hunderttausende aus dieser Mitte, die bei Demonstrationen gegen Rassismus auf die Straße gehen. Andererseits sind es wiederum Millionen aus dieser Mitte, die die AfD wählen. Andererseits sind es wiederum Hunderttausende aus dieser Mitte, die Flüchtlinge aktiv unterstützen. Andererseits sind es viele, die zu alldem überhaupt keine Meinung haben. Das alles zeigt, dass es diese eine Mitte gar nicht gibt, sondern dass es viele Mitten gibt. Auf welche dieser Mitten man sich allerdings verlassen kann, ist schwer vorherzusagen. Ich jedenfalls bin sehr skeptisch, ob man sich auf diese »schweigende Mitte« verlassen kann.

Ich jedenfalls bin sehr skeptisch, ob man sich auf diese »schweigende Mitte« verlassen kann.

Ich auch, ich würde ihr auch nicht trauen. Zumal die, die dann in dieser großen Zahl zu solchen Demonstrationen gegen Rassismus gehen, nicht die Mitte sind.

Und ich traue der sogenannten Mitte nicht, weil gemäß dieser Konstruktion alle gut sind. Bis auf die, die nicht gut sind, aber das sind ja zum Glück die anderen.

Ich erwarte vom Bundespräsidenten im Jahre 2020 weitaus mehr Radikalität. Wenn er seine Analyse ernst meint, dass Deutschland »Probleme mit Hass« hat, und dann formuliert, dass die »schweigende Mitte« laut werden müsse, muss er die öffentliche Anklage formulieren, dass die »schweigende Mitte« nicht nur die Lösung, sondern auch ein Teil des Problems ist. Das gilt übrigens auch für die politische Klasse. Vielleicht auch für den Bundespräsidenten selbst. Wären sie rechtzeitig so laut geworden, wie er das erwartet, wäre der gegenwärtige Zustand der Demokratie jedenfalls ein deutlich besserer, als er heute ist. Ich bin über diese Aussagen verwundert.

Verwundert über die Unangemessenheit oder die Nichtadäquanz? Das ist genau das. Das ist eine Ridikülisierung der Situation. Er nimmt das nicht ernst.

Oder empfindet er es als seine Aufgabe, es zwar ernst zu nehmen, aber die Ernsthaftigkeit nicht zu übertreiben, damit sich in Deutschland nicht das Gefühl vertieft, dass der Rechtsextremismus eine große, wirkliche Bedrohung ist, der in Teilen der »schweigenden Mitte« eine Unterstützung hat?

Das trifft alles zu. Immer wenn etwas passiert ist oder sich ein soziokulturelles Binnenverhältnis in der Gesellschaft in eine negative Richtung zu verändern beginnt, dann gibt es diese Selbstvergewisserung: Es gibt so viele Gute! Leider tun sie nichts.

Ich bin sicher, dass Bundespräsident Steinmeier sich nicht zur »schweigenden Mitte« zählen, aber zur Mitte bekennen würde. Fehleinschätzung? Interessant ist, dass sein Vorgänger, Altbundespräsident Gauck, in diesen Monaten ein Buch geschrieben hat, in dem er den Toleranzbegriff dahin gehend ausweitet, dass man nicht alle Wählerinnen und Wähler der AfD als Rechtsextremisten identifizieren dürfe, sondern ihren Motiven mit mehr Toleranz begegnen solle. Warum eigentlich?

Joachim Gauck spielt in dem ganzen Diskurs eine unglückliche, um nicht zu sagen ungute Rolle. Seine Toleranz gegenüber dem rechten Rand wird von vielen als gefährlich empfunden, die selbst potenzielle Opfer rassistischer Gewalt sind. Außerdem bedient sein Toleranzgebot das Narrativ, dass »die besorgten Bürger« ausgegrenzt sind, nicht gehört werden. Und das alles noch mit diesem protestantischen Moralismus unterlegt, bei dem in jeder Silbe die zweifellose Gewissheit mitschwingt: Ich habe ja so recht! Uh.

Wir haben jetzt eine weite Reise gemacht. Ich würde gerne noch einmal auf den Ausgangspunkt zurückkommen. Mich interessiert schon mein Leben lang die Frage: Wo und wann wird das, was man eigentlich als »gut« bezeichnet oder als gutes Verhalten erwartet, wirksam? Was sind die Mechanismen, die anders sind als diejenigen, wie Steinmeier sie konstruiert? Das hat eben nichts oder nicht allzu viel mit Übungen in moralischer Überzeugung zu tun. Es hat nichts mit sozialer Herkunft zu tun. Es hat nichts mit Geschlecht zu tun. Es hat übrigens auch nichts mit dem Bildungsgrad zu tun, sondern es muss so etwas wie eine moralische Intelligenz geben. Eine Klugheit in Bezug auf das, was anderen nicht schadet.

Wo und wann wird das, was man eigentlich als »gut« bezeichnet oder als gutes Verhalten erwartet, wirksam?

Wir brauchen dringend mehr emotionale Intelligenz. So wichtig kognitive Intelligenz ist, so sehr ist menschliches Verhalten durch Emotionen determiniert. In Deutschland, wo nach 1945 eher die Tiefkühltruhe als die Heizung den emotionalen Alltag geprägt hat, eher die Kultur des Schweigens als des Miteinanderredens herrscht, eher die Kultur der Konfliktvermeidung als die Streitkultur gefragt ist, in einem Land, in dem Immanuel Kant mit seiner Vernunftphilosophie eine dominierende Rolle spielt, ist dieses Defizit nicht verwunderlich. Man muss sich nur an den Satz erinnern: Es war das Land der Dichter und Denker, das zum Land der Mörder und Henker wurde. Kant lesen und verstehen scheint also doch nicht zu reichen. Ohne Sigmund Freud geht es eben doch nicht.

Den Begriff der sozialen Intelligenz finde ich eigentlich noch besser als den der emotionalen Intelligenz.

Es gibt mehrere Formen von Intelligenz. Ich glaube, dass durch die kognitive und die emotionale Intelligenz erst überhaupt so etwas wie soziale Kompetenz und Solidarität möglich wird. Denn eine Solidarität nur aus dem Gefühl heraus ist beliebig und genauso wenig zielführend wie die, die nur rational begründet ist. Wenn wir es für die Zukunft nicht schaffen, diese Kompetenzen zu steigern und damit Ansprüche wie Solidarität und Menschenwürde umzusetzen, werden wir scheitern.

Ich war vor einiger Zeit auf Lesbos, um ein Flüchtlingslager zu besuchen. Ich habe dort sehr viele junge Leute getroffen, die für NGOs arbeiten. Als ich mit diesen engagierten Leuten gesprochen habe, habe ich genau diese soziale Intelligenz spüren können. Sie alle einte eine unpathetische und trotzdem emotional engagierte Haltung. Es waren Menschen, die konstruktiv und intelligent die Situation dort verbessern wollten. Sie waren das Gegenmodell zur Flüchtlingspolitik der Europäischen Union und der Bundesrepublik Deutschland.

Das ist es. Intuitiv zu wissen, dass man handeln muss, sich persönlich engagieren muss.

Soziales Engagement ist, wie das Wort schon ausdrückt, nur möglich, wenn es eine innere emotionale Beziehung zur Handlung gibt. In diesem Zusammenhang muss unbedingt darauf hingewiesen werden, wie viele Menschen sich ehrenamtlich für andere Menschen einsetzen. Sie gehören zu den Grundsäulen einer demokratischen Gesellschaft. Sie versuchen, die Lebensqualität für Menschen, denen es nicht gut geht, zu verbessern.

In Deutschland sind es etwa 40 Prozent der Menschen, die sich ehrenamtlich engagieren. Selbst wenn man eine gewisse Zahl von Karteileichen abzieht, ist das eine unglaubliche Ressource für das Gemeinwohl und die Demokratie. Studierende von mir haben eine konkrete Utopie namens 80/20 entwickelt. Das heißt: Nur noch vier Fünftel der vorhandenen Ausbildungs- und Arbeitszeit werden für Ausbildung und Arbeit eingesetzt, ein Fünftel für gemeinwohlbezogene Tätigkeiten. Vom Kindergarten an bis zum Ruhestand. Das wäre genial, weil es die soziale Durchlässigkeit in der Gesellschaft radikal erhöhen würde. Extrem wichtig für die Demokratie.

Und was die soziale Intelligenz angeht: Die bildet sich nicht in Sonntagsreden, die ergibt sich in sozialer Praxis. Es gibt dann diese Sätze: »Das kann man doch mit Menschen nicht machen. Das tun wir nicht.«

Das ist das Interessante. Dass es diese basalen oder gar nicht reflexionsbedürftigen Selbstverständlichkeit-Setzungen gibt. Das ist das eigentliche Fundament des Sozialen. Es gibt eine Form von normativer Einbettung der eigenen Person und des eigenen Handelns, die Sätze hervorruft wie »Das machen wir nicht« oder »Das lassen wir nicht zu«. Da muss man nichts lange erklären, das ist irgendwie klar.

12

WELCHE BÜRGERINNEN UND BÜRGER BRAUCHT DIE DEMOKRATIE?

HW: Ich finde es kolossal beeindruckend, wie sich die Mehrheitsbevölkerung sowohl in der Corona-Krise als auch in der sogenannten Flüchtlingskrise verhalten hat. Es ist etwas seltsam, dass die Politik dieses proaktive, sehr einsichtsvolle und engagierte Verhalten nicht als Ressource für eine funktionierende Demokratie versteht. Gerade in einer Situation, in der wir viele Erosionsprozesse verhandeln, zeigt die Mehrheitsbevölkerung, dass man sich auf sie in Krisensituationen verlassen kann. Das bedeutet auch eine Chance für eine Modernisierung der Demokratie im 21. Jahrhundert.

Etwas mehr als die Hälfte der Bevölkerung ist sicherlich bereit, Fortschritt, Modernisierung und Reformen umzusetzen.

MF: Ich teile deine Analyse. Etwas mehr als die Hälfte der Bevölkerung ist sicherlich bereit, Fortschritt, Modernisierung und Reformen umzusetzen. Das ist sicherlich nicht nur eine naive Hoffnung. Ob diese Bereitschaft sich allerdings hält oder zunimmt, ist offen.

Mir geht es um konkrete Möglichkeiten und Ressourcen. Deshalb haben wir damals die gemeinnützige Stiftung FuturZwei gegründet, um Chancen aufzuzeigen und »Geschichten des Gelingens« zu erzählen. Auch wenn die Themen Ökologie und Klima im staatlichen Handeln noch nicht genug Priorität haben, gibt es eine Reihe von Akteuren zivilgesellschaftlicher Art oder Unternehmen, die gute Sachen machen, *against all odds*. Solche Leute, solche Aktivitäten, so ein gesellschaftlich proaktives Handeln kann man promoten, damit sie überhaupt wahrgenommen werden und damit sie auch einen Stellenwert in der politischen Debatte bekommen. Darum geht es.

In absoluten Zahlen sind es nicht so wenige, die interessante Dinge tun, sei es in der klassischen ehrenamtlichen Arbeit, sei es im Engagement in NGOs, die ja auch in politische Handlungsfelder hineinreichen, sei es als Privatmenschen, die Unternehmen leiten, sei es als Genossenschaften, die neu gegründet werden, sei es als Menschen, die auf Demonstrationen gehen, sei es als Menschen, die Demonstrationen organisieren. Neben den guten Bürgern, die ihren Job machen und die Gesellschaft stützen, ist das eine Ressource, die mich beruhigt.

Ich will noch eine Gruppe ergänzen, die du nicht genannt hast: Menschen, die bereit sind, in die Politik zu gehen. Für sie habe ich den größten Respekt. Es ist außerordentlich schwer – ob ehrenamtlich oder hauptamtlich –, dort zu bestehen. Unsere gewählten Repräsentanten sind die Säulen der Demokratie.

Absolut, genau. Wenn man das in der Summe betrachtet und dann noch ergänzt, was wir jetzt in der Corona-Krise sehr klar gesehen haben, unter anderem die fantastische Arbeit im systemrelevanten Bereich der Pflege, ist das kolossal beeindruckend. Auch die Selbstverständlichkeit, mit der das geschieht. Da macht niemand Dienst nach Vorschrift. Wenn du auf einer Intensivstation im Krankenhaus bist, dann weißt du, das funktioniert alles genau deshalb, weil Menschen engagiert und mit eigenem Urteil ihren Job machen. Ich würde sagen, wir leben in einem extrem gut funktionierenden Land, in einer extrem gut funktionierenden Gesellschaft.

Ich würde das »extrem« rausnehmen. Es reicht, dass wir eine gut funktionierende Gesellschaft haben, aber die Tatsache, dass es antidemokratische Kräfte gibt ...

Hör doch mal damit auf!

... rechtfertigt das »extrem« nicht.

Aber darüber rede ich jetzt gar nicht. Mich interessieren im Moment nicht die Idioten, von denen hat jede Gesellschaft unausweichlicherweise einen bestimmten Prozentsatz. Das ist so.

»Idioten« ist ein verharmlosender Begriff, wie Irre, wie Verrückte, wie Sadisten und Verbrecher. Dazu gibt es viel zu viele davon. Viel zu viele davon sind an der Macht. Und sie wissen, was sie tun.

Ja, aber aus meiner Sicht sind es Idioten. Doch mich interessiert an dieser Stelle etwas anderes: Worauf können wir bauen, wenn wir die Perspektive haben, dass diese Demokratie nicht nur zu retten, sondern dass sie auch modernisierungsfähig ist? Was können wir dazu beitragen, damit wir im 21. Jahrhundert eine gute Gesellschaft haben, die die normativen Ansprüche erfüllt, die wir hier diskutieren?

Es gibt auch diese Art nicht verabredeter oder informeller Bündnisse, das Gefühl, mit anderen, die auch guten Willens sind, an etwas teilzuhaben. Das sind die Personengruppen, die wir eben genannt haben, die bilden die Voraussetzungen der freiheitlichen Gesellschaft. Über die müssten wir viel mehr sprechen als über die Idioten. Sonst kommt es, wie immer in öffentlichen Debatten, zu Verzerrungen. Es ist für die politische Kultur, für die politische Kommunikation, für die Handlungsfähigkeit und für die Wiedergewinnung von Zukunft ein Problem, wenn immer diejenigen im Mittelpunkt stehen, die das Gegenteil davon wollen.

Die Beobachtung ist richtig, dass diejenigen, die jeden Tag und anonym und unauffällig diese Gesellschaft stützen, nicht genug Aufmerksamkeit bekommen. Eine demokratische Zivilgesellschaft lebt von der millionenfach gelebten Zugewandtheit. Wir sind angewiesen auf diese Kooperation und Empathie, sie sind das Fundament unserer Gesellschaft.

Aber worüber wir auch sprechen müssen, im Individuellen wie im Kollektiven, sind Dilemmata. Es entstehen konträre Interessen und tiefe Konflikte, die aufeinanderprallen. Wir müssen noch besser darin werden, diese zu beschreiben und auszuhalten und sie in den Diskurs zu integrieren. Was passiert, und es passiert eigentlich dauernd, wenn verschiedene Grundrechte aufeinanderprallen und Entscheidungen getroffen werden, die diese Grundrechte zurückfahren?
Meine Hoffnung ist, dass wir es schaffen, im Alltag trotz unterschiedlicher Positionen eine intensive Streitkultur zu erarbeiten, die ein Miteinander gewährleistet.

Es ist doch erstaunlich, dass auch ein so komplexes Ziel wie *flatten the curve* mit so viel Zustimmung aufgenommen und auch erreicht wurde. Das zeigt doch eine sehr entwickelte Form von Gesellschaft, wenn das möglich ist.

In dieser Extremsituation zeigte diese Gesellschaft, dass sie dazu fähig ist, aber die Transmission für die nächsten zehn, 20 Jahre, ist die Herausforderung, über die wir sprechen. Meine These ist: In den letzten 20 Jahren hat sich die Fähigkeit verstärkt.

Diesen Befund müssen wir stark machen. Denn die Menschen werden nicht hinreichend anerkannt und unterstützt in ihren proaktiven Bemühungen. Ab und an bekommt mal jemand das Bundesverdienstkreuz und es gibt ein paar Initiativen, die zivilgesellschaftliches Engagement würdigen, vom alternativen Nobelpreis bis zu den »Helferherzen« von »dm«. Aber das ist insgesamt wenig. Besonders dann, wenn wir dazu eine publizistische Kultur haben, die das gar nicht oder kaum zur Kenntnis nimmt. Nur *bad news* sind *good news,* und es kommt darauf an, dass man irgendwas Skandalisierungsfähiges macht.

Ich habe mal mit dem Journalisten Markus Feldenkirchen bei Markus Lanz diskutiert und dann kam er mit der Nummer: Journalismus ist, den Finger in die Wunde zu legen. Dann habe ich gesagt: Aber was machst du, wenn gar keine Wunde da ist? Aufklärung muss auch ohne Wunde funktionieren. In gesellschaftlichen Situationen, in denen es darauf ankommt, Demokratie zu stärken, muss man sie auch stärken. Auch das ist eine Aufgabe, die Journalismus hat. Oder der gleichermaßen hirnrissige, zu Tode zitierte Satz von Hajo Friedrichs, dass Journalismus sich nicht gemein machen dürfe.

Du hältst Hajo Friedrichs für hirnrissig?

Nein, der Satz ist hirnrissig. Eigentlich müsste ich es noch präziser sagen: Er wird auf hirnrissige Art und Weise zu Tode zitiert, denn in bestimmter Hinsicht stimmt er ja. In einer Hinsicht stimmt er aber nicht. Die Bedingung für funktionierenden Journalismus ist ja, dass es ein demokratisches Gemeinwesen gibt, das Meinungsfreiheit garantiert. Und genau damit hat sich Journalismus gemein zu machen! Wenn Demokratie angegriffen wird, muss Journalismus sich mit den Verteidigern der Demokratie gemein machen.

Warum gibt es eigentlich keine affirmative Intellektualität? Ist »kritisch sein« ein Selbstzweck?

Dann kommt strafverschärfend die Sache mit den sozialen Netzwerken und den automatischen Skandalisierungsalgorithmen noch dazu. Das wäre mal eine Aufgabe für *public intellectuals,* das, was existiert und funktioniert, tatsächlich auch zu stärken. Warum gibt es eigentlich keine affirmative Intellektualität? Ist »kritisch sein« ein Selbstzweck? Demokratien scheitern ja nicht an zu vielen Feinden, sondern an zu wenig Freunden und Freundinnen. Diejenigen, die in der Position sind, die demokratische Gesellschaft zu fördern und zu unterstützen, haben eine Verantwortung, das auch zu tun.

Zwei Punkte würde ich gerne ergänzen. All diese Gruppierungen und Individuen, die du beschreibst, sind unersetzbar und unerlässlich. Aber sie müssen, wenn wir diese Phänomenologie in unserem Kontext diskutieren, ins Politische übergehen. Abgesehen von den Politikern befinden

sich alle, auch die NGOs, in einem vorpolitischen Raum. Der ist unersetzbar, aber er muss ins Politische wirken. Diese Transmission war in den letzten Jahren nicht stark genug, mit einigen Ausnahmen wie zum Beispiel bei der Anti-Atomkraft-Bewegung und bei Fridays for Future.

Es braucht eine neue, eine stärkere Politisierung.

Ich teile deinen Befund, dass es in der deutschen Gesellschaft außerordentlich viel vorpolitische Arbeit gibt. Ich bezweifele nur, ob die Transmission ins Politische intensiv genug ist. Der zweite Punkt ist, dass die gewünschten Reformen, Veränderungen über einen breiten Konsens in der Wählerschaft erarbeitet werden müssen. Es braucht die demokratische Legitimation durch Wahlen. Das sind definitiv zwei Schwachpunkte. Es braucht eine neue, eine stärkere Politisierung; wir haben schon zu viel Zeit verloren.

Genau, das ist wichtig. Verantwortung für das demokratische Gemeinwesen zu tragen, ist etwas, was man nicht delegieren kann.

Die Idee einer repräsentativen Demokratie, in der die Parteien eine hohe Verantwortung übertragen bekommen, halte ich für zukunftsfähig. Unter zwei Bedingungen: Erstens, viel mehr Bürgerinnen sind bereit, politische Ämter und damit Verantwortung zu übernehmen. Zweitens, die Gesellschaft politisiert sich deutlich stärker als in den letzten Jahrzehnten und mischt sich entsprechend in den Meinungsbildungsprozess ein.

Du kannst das auch so formulieren: Die Bürgerinnen und Bürger sind der Souverän. Man übergibt der Politik ein Mandat, aber man darf sie damit nicht alleinlassen.

In einer Demokratie sind Bürgerinnen und Bürger immer politisch. Dieser Verantwortung kann man sich nicht entledigen. »Mensch sein heißt, verantwortlich sein«, sagt Saint-Exupéry. Sich der politischen Verantwortung zu entziehen, bedeutet nicht, keine Verantwortung für das tragen zu müssen, was andere dadurch entscheiden können. Mit der Stimmabgabe allein kann man sich für den Rest einer Legislaturperiode von der Verantwortung des Citoyens nicht entlasten.

Genau, du kriegst keinen Krankenschein für Desinteresse. Vor diesem Hintergrund müsste man überprüfen, an welchen Stellen die Gegenwartsgesellschaft tatsächlich aktiv entwicklungsfähig war und ist. Wo sind wir viel weiter als noch vor 20 oder 30 Jahren? Wo wir nicht weiter sind, sondern weiter zurück, haben wir schon vielfach beschrieben. Aber es gibt auch Elemente, wo große Fortschritte erzielt worden sind. Nehmen wir das Geschlechterverhältnis, nehmen wir die Diversität, nehmen wir den alltäglichen Sprachgebrauch, wo es eine höhere Sprachsensibilität gibt.

Große Modernisierungserfolge haben stattgefunden. Wir erleben viele Verbesserungen, die noch vor Jahren und Jahrzehnten undenkbar waren. Beim Thema Geschlechtergleichstellung geht der Wandel allerdings eher im Schneckentempo voran. Dort, wo bereits Fortschritte erreicht sind, muss man allerdings sensibel aufpassen, dass andere nicht wieder Stoppschilder aufstellen.

Völlig richtig. Aber das ist am Ende dann wieder die Aufgabe des sich verantwortlich fühlenden Bürgers, auch im Fall von uns beiden, dann Dinge entsprechend zu versuchen. Wir haben damals die »Initiative Offene Gesellschaft« gegründet, weil wir den guten Bürgerinnen und Bürgern eine Stimme geben wollten. Wir haben gesagt, wir haben keine schweigende Mehrheit, sondern eine beschwiegene Mehrheit, weil die Aufmerksamkeit sich sehr stark auf die Neurechten richtete und eben nicht auf die liberalen Bürgerinnen und Bürger. Pulse of Europe hatte eine ähnliche Intention, nämlich deutlich zu machen, dass es bei allem wiederkehrenden Nationalismus eine Bürgergesellschaft gibt, die europäisch orientiert und auch bereit ist, dafür auf die Straße zu gehen.

Leider waren diese Bewegungen nicht so erfolgreich wie gewünscht, aber das kann auch daran liegen, dass es damals noch nicht so viele solcher Initiativen gegeben hat, die sich wechselseitig stützen konnten. Das ist das, was ich mit nicht verabredeten Bündnissen meinte. Und hinzu kam, dass die Deutungseliten es abgetan haben, beziehungsweise die erste Reaktion dann die ist: Das sind doch irgendwelche Rechtsanwälte, die sonntags Langeweile haben. Diese Initiativen werden nicht genug geschätzt.

Aber gerade Pulse of Europe hatte die Aufmerksamkeit. Fridays for Future haben sie. Diese Gruppierungen haben genau die Ressource Aufmerksamkeit genutzt. Aber haben sie genug Frustrationstoleranz? Frustrationstoleranz spielt eine große Rolle, im individuellen wie im politischen Raum, wenn man Veränderungen durchsetzen will. Gerade in einer Phase, wenn es um neue Impulse im politischen Raum geht. Ich jedenfalls vermisse Pulse of Europe. Es ist still um sie geworden.

Alle Menschen, die in einer Demokratie leben dürfen, haben Handlungsmöglichkeiten. Diese Handlungsmöglichkeiten sind unterschiedlich groß. Das ist für mich ein entscheidender Aspekt. Größere Handlungsmöglichkeiten ziehen ein anderes Maß an Verantwortlichkeit nach sich. Ich will dir mal ein Beispiel sagen: Ich war vor ein paar Jahren in einer Jury des Drogeriemarktes »dm«, die Preise für zivilgesellschaftliches Engagement vergab. Da wurde eine Frau als Preisträgerin vorgeschlagen, die Kissen bestickt, und zwar so, dass die Kissen kleine Geschichten erzählen. Dafür benutzte sie alte Stoff- und Garnreste. Was war der Sinn der Sache? Sie hat diese Kissen für die Kinderkrebs-Station gemacht. Du hast auf den ersten Blick drauf geguckt und hast gedacht: Was, die bestickt Kissen? Und wenn du die Geschichte dazu gehört hast, warst du begeistert, weil du sofort das Kind vor Augen hattest, dass mit so einem Kissen Fantasiereisen macht. Großartig! Und dann tauchte das Problem auf, dass dieser wunderbaren Frau ein Geldpreis nichts genutzt hätte, weil sie Hartz-IV-Empfängerin war und ihr das Preisgeld sofort angerechnet worden wäre.

Wenn du also auf gesellschaftliche Realverhältnisse schaust, dann siehst du aufs Unfairste beschränkte Handlungsmöglichkeiten, und trotz aller Beschränkungen machen Menschen wie diese Frau die tollsten und wichtigsten Sachen. Privilegierte Leute wie wir haben im Vergleich unglaublich große Handlungsmöglichkeiten. Desto größer muss dann auch die Verantwortung und die notwendige Frustrationstoleranz sein.

Ja, aber wir müssen von dem »du und ich« wegkommen. So großartig die vielen persönlichen Initiativen auch sind, verändern wird sich eine Gesellschaft erst dann, wenn diese Initiativen strukturelle Realitäten werden, institutionalisierte Realitäten werden.

Noch ein anderes Beispiel: Mein Freund Martin Roth, der leider viel zu früh gestorbene große Museumsmann, hat in den letzten Jahren immer darauf bestanden zu sagen: Wenn wir solche Situationen haben wie eine Erosion von Demokratie, wie Angriffe auf Demokratie, dann sind wir als Kulturschaffende verpflichtet, vom *business as usual* abzugehen und die Rolle, die uns gesellschaftlich zugeschrieben worden ist und die uns privilegiert, auch anders auszufüllen. Er hat das vor dem Hintergrund der Kulturpolitik der Weimarer Republik gesagt, über die er seine Dissertation verfasst hat.

Ich finde diesen Punkt zum Beispiel auch für Verlage interessant oder für Universitäten. In solchen Zeitenwende-Situationen gibt es auch eine größere Verpflichtung für korporative Akteure, von *business as usual* abzugehen. Wenn ich Schrauben produziere, ist das etwas anderes, als wenn ich Bücher oder Fernsehsendungen produziere. Der Bereich der kulturellen Produktion ist in Zeitenwenden in intensiverer Weise in der Verantwortung als unter scheinbar flottierenden Normalverhältnissen.

Es gibt in der Demokratie kein *business as usual*. Nie.

So wird ein Schuh draus: Es gibt in der Demokratie keine Pause für die Demokratie.

Deswegen ist der Begriff, den Olaf Scholz in der Corona-Zeit entwickelt hat, von der »neuen Normalität« so irreführend. Auch wenn er dem Bedürfnis der Menschen entgegenkommt, dass es Normalität gibt, entspricht das nicht der Realität.

Da hast du völlig recht, wobei ich psychologisch sagen würde, man hält einen Zustand der Daueranspannung nicht aus und dauerangespannte Menschen sind vielleicht auch unsympathisch. Aber als analytische Differenz ist das wichtig. Das ist eben auch der Belastungsfaktor in einer Demokratie oder der Belastungsfaktor der Freiheit, es ist immer Zumutung.

Der Beginn des 21. Jahrhunderts zeigt den Menschen, dass *business as usual,* wie man es 30 bis 50 Jahre gelebt hat, endgültig vorbei ist. Mit dem Zusammenbruch der Sowjetunion und einer Illusion von Befriedung in Europa fängt der Irrtum an. Mit der Entwicklung der Europäischen Union gibt es einen positiven Effekt: Es ist gut, es wird besser – so die Erzählung. Aber *business as usual?* Im Jahre 2001 mit 9/11 und den islamistischen Terroranschlägen in Amerika wird dem vermeintlichen Glückszustand von Normalität die tiefstmögliche Erschütterung angetan. Die Sehnsucht der Menschen, das Leben planbar, vorhersehbar werden zu lassen, und dass auch Gesellschaften und Staaten langfristig planen können, ist zwar eine nachvollziehbare Hoffnung und Sehnsucht, aber eine nicht zu erfüllende. Diese Sehnsucht wurde mit der substanziellen Erschütterung der Finanz- und Staatsschuldenkrise *ad absurdum* geführt. Und nun Corona! Der Modernisierungsdruck der Gegenwart ist so groß wie schon seit Langem nicht. Die Zerstörer der demokratischen Grundwerte versuchen, daraus politisches Kapital zu schlagen.

Der Modernisierungsdruck der Gegenwart ist so groß wie schon seit Langem nicht.

Man muss Raum schaffen fürs Handeln. Wobei du dann – noch mal zurück zu den vorherigen Diskussionen – eine Reihe von Faktoren hast, die den falschen Eindruck suggerieren, es ginge immer um die Erhöhung von Geschwindigkeit, es ginge immer um Solutionismus. Bevor das Problem überhaupt definiert ist, soll die Lösung schon vorliegen. Vielleicht muss man zur Kenntnis nehmen, dass es historische Situationen gibt, in denen es tatsächlich darauf ankommt, erst einmal die Räume und die Zeiten zu schaffen, um sich zu fragen: Was geht denn eigentlich hier vor? Was wäre denn eigentlich ein angemessenes Handeln? Und um jetzt noch einen Schlusspunkt zu setzen für das Thema: Das war aus meiner Sicht das Interessanteste an der Corona-Krise, die ja stillgestellte Zeit war, in der jede Form von Erwartung unmöglich war.

Ich habe in der ersten Zeit des Shutdowns dauernd Anrufe von Medien bekommen, ich möge doch mal sagen, wie es nach der Krise weitergeht. Ich habe immer gesagt: Weiß ich nicht, weiß auch sonst keiner. Das Interessante wäre doch zu fragen: Was sehen wir denn jetzt in diesem Vakuum, in dem der Druck des Normalbetriebs suspendiert ist? Der existiert jetzt gar nicht, weil wir gar keine Erwartungen entwickeln können. Das ist uns so fremd! Aber andererseits ist genau das als historisches Lernen natürlich eine irre Chance.

Absolut ja.

13

WIR MÜSSEN MEHR STREITEN

MF: Streiten ist wunderbar anstrengend. Sich und andere infrage zu stellen, bedeutet, sich streiten zu müssen. Denken und verstehen setzt Streit voraus. Streit braucht die Kultur des Streitens, über die man übrigens intensiv streiten muss. In Deutschland ist Streit als Begriff eher negativ konnotiert.

HW: Genau: »Kinder, streitet euch nicht!«

Das hat aber auch mit der Schweigespirale nach 1945 zu tun. Streiten bedeutet auch, Fragen zu stellen. Das war für die intergenerationelle Diskussion nach 1945 problematisch. Angst, dass das Unausgesprochene durch Streit an die Öffentlichkeit kommt, verhinderte das Gespräch. Das Schweigen machte das Erlernen einer Streitkultur schwierig bis unmöglich. Das formale Bildungssystem in den fünfziger bis siebziger Jahren förderte keinen Unterricht und kein Selbstverständnis zwischen Lehrern, Lehrerinnen, Schülern und Schülerinnen, das Streit ermöglichte. An den Universitäten auch nicht. Das Autoritäre setzte sich weiterhin durch. Streitkultur ist eine große Gefahr für das Autoritäre. Mit den 68ern änderte sich das. Allerdings ist die Zerstörung des Autoritären nicht durch einen dialogischen Streit entstanden, sondern durch einen aggressiven monologischen Ansatz der jungen Generation.

»Kinder, streitet euch nicht!«

Ich komme aus Frankreich. Einem Land und einer Kultur, in der Streiten positiv besetzt ist. Streiten ist das Suchen und Finden von verschiedenen Perspektiven mit verschiedenen Begründungen. Streit lässt Zweifel zu. Wie ich finde, ein positives Gefühl. Zweifel ermöglicht eine intensive Auseinandersetzung und die Dekonstruktion des Herrschenden. Im englischsprachigen Raum sind debating clubs eine klassische Tradition. Nicht nur an den Eliteuniversitäten wie Oxford. Gerade die altehrwürdigen debating clubs zeichnen sich dadurch aus, dass sie Regeln formuliert haben, wie man streitet, die für alle gleich gelten. Streiten bedeutet auch, dass man über alles streiten kann. Dass es keine alleinige »Wahrheit« gibt, die man nicht in Zweifel ziehen kann.

Ja, ich glaube, die wirkliche Differenz hast du schon benannt. Streit kann man als Methode verwenden, um zu besserer Erkenntnis zu kommen, und auch im Sozialisationsprozess, um argumentieren zu lernen. Dazu ein Beispiel: Mein Sohn hat an der Humboldt-Universität in Berlin studiert und dann in Paris an der Sciences Po. Und das Erste, was er in Paris sagte, war: »Hier reden die mit mir. Hier werde ich gezwungen, Argumente durchzuhalten, Entgegnungen zu formulieren.« Während sich an der Humboldt niemand für die Studierenden interessiert hat. Das illustriert den Unterschied noch mal ganz schön. Ich glaube, ein negativer Effekt, den wir aus der defizitären oder nicht vorhandenen Streitkultur hier haben, ist simulierter Streit, Typ Talkshow, der dann unglückseligerweise vom Publikum mit Politik verwechselt wird.

Die geheime Agenda einer Talkshow ist: Alle sollen dümmer rauskommen, als sie reingegangen sind, während die geheime Agenda einer funktionierenden Streitkultur ist, alle sollen klüger rausgehen, als sie reingegangen sind. Ich glaube, das ist die Differenz. Vielleicht ist ja daraus auch ableitbar, wieso es auch in den Bereichen, die sich kritisch verstehen, meist nicht um Streit geht, sondern um die Markierung von Positionen und die Sammlung von Gruppen, die diesen Positionen zustimmen.

Ich glaube nicht an »geheime Agenden« und empfehle Differenzierung statt Verallgemeinerung, wenn man über Talkshows diskutiert. Aber lass uns wieder ins Grundsätzliche zurückgehen. Streiten bedeutet, bis an die Grenzen gehen zu wollen oder sie sogar zu überwinden. Mit Argumenten, die meine erschüttern. Das ist gleichzeitig auch eine Kränkung.

Nur durch Übung und die Erfahrung, dass daraus Erkenntnis gewonnen werden kann, kann ich die persönliche Ebene überwinden. Die Anstrengung, die Lust, die aus dem Streit entstehen kann, muss gelernt und kulturell bestätigt werden.

Was ist die kulturelle Erwartungshaltung an Streitkultur in dieser Republik? Wird Streit hier heute eher als Bedrohung oder als Bereicherung empfunden? Haben wir gelernt, intensiv miteinander zu streiten, ohne es persönlich zu nehmen, dass man Widerspruch ertragen muss? Können wir spielerisch streiten? Was mich an der Konzeption der debating clubs, die ich eben schon angesprochen habe, so begeistert, ist die Tatsache, dass die Studierenden ein Thema vorgelegt bekommen und in Pro und Contra eingeteilt werden, ohne dass ihre persönliche Position eine Rolle spielt. Sie müssen also lernen, eine Position zu begründen, gut zu begründen, obwohl es nicht ihre eigene ist. Damit lernen sie eine der wichtigsten Schlüsselkompetenzen des Streits: nämlich, sich in die Perspektive des anderen hineinzuversetzen und nicht ausschließlich aus der eigenen heraus zu argumentieren. Ich bin froh, dass wir diese Idee seit einigen Jahrzehnten auch in Deutschland erleben können und eine Initiative wie »Jugend debattiert« großen Zuspruch erfährt. Junge Menschen lernen, dass es auf der kognitiven Ebene zwar »Gewinner« und »Verlierer« gibt, aber sie dies nicht persönlich nehmen müssen.

Die Lust, die aus dem Streit entstehen kann, muss gelernt und kulturell bestätigt werden.

Es gibt ja auch das Aperçu: Wieso soll ich sachlich bleiben, wenn ich auch persönlich werden kann? Das beschreibt das ja ganz schön. Aber wir würden ja eine Streitkultur in dem von dir beschriebenen Sinn den Notwendigkeiten einer funktionierenden demokratischen Kultur hinzurechnen. Das ist eine Conditio sine qua non.

Gelebte Streitkultur ist der Sauerstoff des Demokratischen. Das Demokratische gibt den maximalen Freiheitsrahmen und schützt die Pluralität des Meinungsspektrums. Die Meinungsfreiheit gehört zu den elementarsten Grundrechten. Je pluraler die Gesellschaften werden, desto mehr müssen wir lernen, dass unsere Perspektive nur eine von vielen ist. Kulturelle, religiöse, gesellschaftspolitische Sozialisationen bedingen unterschiedliche Blicke und Wertungen auf die Welt, in der wir leben. Eine zivilisatorische Herausforderung ist es, Menschen zu respektieren, die aus anderen Lebenswelten kommen und die deswegen zu anderen Ergebnissen kommen als wir selbst. Je multikultureller Gesellschaften sind, desto komplexer sind diese Verhandlungen.

Vielleicht ist auch ein anderer Aspekt in dem Zusammenhang interessant. Es gibt diese Sloterdijk'sche Definition von Demokratie, die ich eigentlich sehr gut finde: der wohlmeinende Streit um die beste Lösung in Bezug auf das Gemeinwohl. Vielleicht müssten wir tatsächlich über die Kategorie »Gemeinwohl« auch noch einmal sprechen. Das ist eine ausgesprochen schwach definierte Kategorie, auch philosophisch gesehen. Wenn wir zum Beispiel an die ökonomische Praxis denken, ist die Maximierung des Individualwohls die entscheidende Kategorie. Die Frage ist: Brauchen wir für eine Gesellschaft, wie wir sie uns vorstellen, eine stärkere Orientierung auf das Gemeinwohl?

Ich will ganz gerne noch einen Satz zur Streitkultur sagen. Streit ist ein dynamischer Prozess. Wer nicht streiten will, wiegt sich in der falschen Hoffnung, im Besitz der Wahrheit zu sein. Für die politische Debatte bedeutet diese Haltung, autoritäre und homogene Haltungen zu vertreten, in denen das Restaurative eine große Rolle spielt. In dieser äußerst dynamischen Zeit der Veränderungen, in der viele Menschen spüren, dass der Status quo keine Zukunft haben wird, klammern sie sich an politische Konzepte, die ihnen versprechen, dass sich nichts ändern wird, alles beim Alten bleiben wird. Das Gemeinwohl, das du eben angesprochen hast, ist für mich ein unbestimmter Begriff, den man leicht missbrauchen kann. Was ist damit eigentlich gemeint? Wer definiert ihn? Wer gehört dazu? Und warum?

Zugegeben, der Begriff ist problematisch. Trotzdem kommt man in einer Demokratie nicht ohne eine Voraussetzung für das unterstellte gemeinsame Interesse aus. Es muss ein gemeinschaftliches Interesse daran geben, dass man in einer Demokratie leben will und dass man bereit ist, die Verantwortung dafür zu tragen.

Was das mit Gemeinwohl zu tun hat? Vielleicht ist Gemeinwohl ein schlechter Begriff. Aber er macht deutlich, dass man als Bürger eine bestimmte Verantwortung gegenüber der Gesellschaft hat.

Interessen sind nachvollziehbar und konkret und begründbar. Das Wort »Gemeinwohl« ist moralisch aufgeladen. Sicher, es bedarf eines gemeinsamen Interesses, dass wir in einem demokratischen Land leben wollen. Ob das etwas mit Gemeinwohl zu tun hat, weiß ich nicht. Doch ich würde gerne den Begriff der Verantwortung noch einmal hervorheben. Denn Freiheit und Verantwortung sind Zwillinge. Das eine geht nicht ohne das andere. Eines der Defizite, die ich in den vergangenen zwanzig Jahren wahrnehme, ist, dass die Bedeutung der Verantwortung zurückgegangen ist. Unsere Systeme verwässern Verantwortungsebenen und führen dazu, dass sich Menschen weniger ihrer Verantwortung stellen müssen. Politische Rücktritte sind seltener geworden. In den Führungsetagen von DAX-Unternehmen übernehmen Spitzenmanager nicht nur nicht die Verantwortung, sondern lassen sich trotz ihrer Verantwortungslosigkeit hoch entlohnen.

Freiheit und Verantwortung sind Zwillinge.

Wir leben in einer Hyper-Konsumgesellschaft, in einer Gesellschaft mit funktionierenden Infrastrukturen, mit funktionierenden Versorgungsinstitutionen, das bedeutet immer eine Befreiung von den Zumutungen, die möglicherweise das einzelne Subjekt belasten. Das macht es dem Einzelnen einfach, die Verantwortung abzugeben.

Freiheit muss man ja auch haben wollen, insofern ist die Zwillingshaftigkeit der beiden Begriffe genau hier wieder deutlich, weil in diesem Wunsch nach Versorgung oder, viel stärker, in dem Anspruch auf Versorgtheit natürlich auch eine Entlastung von Freiheit liegt. Oder noch schärfer, wie Hannah Arendt sagen würde, eine Entlastung von den Zumutungen der Freiheit. Das ist für die ganze Fragestellung nach der Gefährdung von Demokratie ein existenzieller Punkt: Freiheit muss man ertragen können wollen! Ich war ja früher mal an der Uni Witten-Herdecke und der Leitspruch dieser Universität lautet »Zur Freiheit ermutigen«. Das fand ich immer gut.

Freiheit ist nicht nur Entlastung, sondern Freiheit ist auch Belastung. Und das ist auch die direkte Verbindung zur Verantwortung. Beides bedingt einander, und je freier eine Gesellschaft ist, jetzt werde ich mal idealistisch, desto höhere Verantwortung bürdet sie auch den Einzelnen auf, sich für diese Freiheit jederzeit zu engagieren. Das kannst du an vielen Phänomenen durchbuchstabieren, die deutlich machen, was passiert, wenn die Zumutung der Freiheit und die Zumutung der Verantwortung abgelehnt werden. Da gibt es dann Angela Merkel als Figur, auf die man beides projizieren kann. Das macht Mutti dann schon oder, wenn es anders läuft, dann ist Merkel schuld. Diese Pegida-mäßigen Protestbewegungen, die haben ja keine politische Programmatik, sondern sie sind eher wie trotzige aufstampfende Kinder, die sagen: Ich will aber! Es hat übrigens auch etwas damit zu tun, dass die DDR-Führung stets darauf geachtet hat, dass »geliefert« wurde, was der Genosse Honecker irgendwann mal versprochen hatte.

Freiheit ist auch Belastung.

Deshalb hatte der Duktus des Pegida-Protestes bei aller Aggressivität etwas Infantiles, aber Kindlichkeit und Aggression schließen sich ja nicht aus. Diesen Duktus fandest du in diesen Anti-Corona-Demonstrationen auch wieder. Das ist keine Form von Protest, der ein entwickeltes kommunistisches Weltbild hätte oder ein entwickeltes faschistisches Weltbild oder irgendetwas, das eine Zielperspektive, wie meschugge auch immer, hätte. Das ist in dem

Sinn eine Protestform, die wir erst seit wenigen Jahren kennen. Kinderprotest von Erwachsenen. Und die echten Kinder gehen mit wissenschaftlichen Begründungen auf die Straße.

Wie Erwachsene. Noch ein Gedanke zur Verantwortung. Die westlichen Gesellschaften, aber vor allen Dingen die Bundesrepublik Deutschland, haben sich in den letzten 20 Jahren in Ich-AGs verwandelt. Ich-AG bedeutet: Ich möchte, dass es mir gut geht. Ich benutze die Möglichkeiten dieses freiheitlichen Lebens, um das zu erfüllen, ohne dass ich in eine Wir-Konzeption eintreten muss, in der es viele Wirs gibt. Und daraus folgt eine Reduktion an Verantwortungskorrelationen.

Das Interessante ist, dass immer Meinungsfreiheit reklamiert wird, aber darunter verstanden wird, dass man der Meinung, die irgendwie herausgeschrien wird, nicht widersprechen darf. Das ist dasselbe Missverständnis.

Die Generation der heute zwischen Mitte 20- und Ende 40-Jährigen hat in großen Teilen diese Form von Ich-AG gelebt. Sie haben ein Minimum an Konflikten, die sie aufgreifen, und ein Maximum an Konflikten, die sie implodieren lassen. Diese Feststellung ist wichtig, um zu verstehen, wie sich das frühere Schweigen heute gewandelt hat in eine Scheu, sich auseinanderzusetzen. Zudem wird auch wie in allen anderen Themen die Wirtschaftlichkeit des Streites berechnet. Lohnt es sich, zu streiten? Sind die Kosten höher als der Nutzen?

Lohnt es sich zu streiten?

Und damit sind wir wieder bei den Zwillingen Freiheit und Verantwortung, denn die Voraussetzung, das realisieren zu können, ist Urteilskraft. Aber Urteilskraft ist das Produkt einer Befindlichkeit in einem gesellschaftlichen und kulturellen Verflechtungszusammenhang, in dem man sich entwickeln kann im emphatischen Sinne – so, wie wir es im Zusammenhang mit der Bildung diskutiert haben.

Mir fällt jetzt der Begriff »starke Bildung« ein, der ist vielleicht ganz gut. Starke Bildung ermöglicht Autonomie, und erst als autonome Persönlichkeit kann ich Urteilskraft haben. Was dann noch als Begrifflichkeit dazukommen müsste, wäre Herbert Marcuses »repressive Toleranz«. Meine Autonomie und Urteilskraft müssen hinreichen, damit ich falschen Entwicklungen nicht zustimme.

Freiheit und Verantwortung sind aber in gesellschaftspolitischen Prozessen mit Ethikkonzepten zu verbinden. Diese Ethikkonzepte sind neu zu verhandeln, da wir dynamische Gesellschaften sind. Wir müssen uns immer wieder fragen, wollen wir das, was wir bisher wollten? Und wenn ja, wie wollen wir es leben? Und wenn nein, was wollen wir dann? Die Fähigkeit und die Bereitschaft, solche Debatten im politischen Raum zu führen, setzt aber auch *leadership* voraus, also Persönlichkeiten und Institutionen, die die Kraft haben, sich in Zweifel ziehen zu lassen, weil sie der Überzeugung sind, dass sie das überstehen, und mehr noch, weil sie das für ihre eigene Modernisierung brauchen.

Lustig: Raul Hilberg hat mir mal in einem Brief geschrieben: »Ich wünsche Ihnen eine starke Universität.« Ich habe damals nicht wirklich verstanden, was er damit gemeint hat.

Eigentlich wäre es jetzt der ideale Zeitpunkt, um zu streiten. Das Parteiensystem wird nicht mehr durch zwei gleich starke Blöcke repräsentiert: konservativ und sozialdemokratisch. Die darin enthaltenen Weltbilder haben sich differenziert und dank dieser Pluralisierung sind mehr Debattenplattformen entstanden. Die Verstopfung, die durch die Stammwählerschaft entstanden war, hat sich pulverisiert.

Das ist auch ein demografisches Phänomen.

Die Vorhersehbarkeit des Stammwählers, der unabhängig davon, was immer auch in dieser Welt passierte, seiner Partei die Stimme gegeben hat, ist aufgelöst. Die SPD ist deswegen kurz vor dem Konkurs. Aber auch die CDU hat jetzt nicht mehr die Sicherheit, die sie einmal hatte.

Meistens wird bei der Analyse des Niedergangs der Volksparteien übersehen, dass das wirklich ein Kohortenphänomen ist. Den

Schwund der Stammwählerschaft der Sozialdemokraten kannst du genau eins zu eins an den Sterbestatistiken ablesen. Da können die im Grunde gar nichts gegen machen, außer sich als Partei komplett neu zu erfinden. Was sie aber nicht können, weil sie selbst Teil des Problems sind.

Aber welche konstruktiven Elemente, welche konstruktiven dynamischen Prozesse liegen darin? Es kann theoretisch so offen, breit und plural diskutiert werden wie eigentlich noch nie. Das heißt, die Bürger und Bürgerinnen müssten jetzt Lust haben, sich zu überlegen: Wenn wir jetzt ein bisschen Bewegungsfreiheiten haben, wie wollen wir im politischen Raum damit umgehen? Unabhängig von potenziellen Parteizugehörigkeiten oder Wahlrealitäten muss diese Streitkultur gefördert werden. Wenn das nicht stattfindet und mehrere kleine Parteien, die relativ beliebig nur aufgrund einer machtarithmetischen Situation zusammengekommen sind, Politik gestalten werden, dann wird diese Politik die beliebigste von allen. Es wird der allerkleinste gemeinsame Nenner sein, der kaum mehr Gestaltungswert hat, sondern primär Machtwert.

Das ist richtig. Oder aber es geschieht wie während der Corona-Krise eine Verwissenschaftlichung von Politik, eine expertokratische Variante dessen, die natürlich auch jeden Einzelnen von der Zumutung von Freiheit und Verantwortung suspendiert. In einer Ausnahmesituation ist es hochrational, so zu entscheiden und zu handeln. Gleichzeitig hat man es aber mit dem Problem zu tun, dass du niemals Politik von Wissenschaft abhängig machen kannst.

Darüber sind wir uns einig, wobei der Begriff des Rationalen der Wissenschaft nicht allein zugeordnet sein darf. Ich gehe davon aus, dass Menschen, die entscheiden müssen, die Verantwortung tragen, neben ihren emotionalen Impulsen und Affekten versuchen, rational Wissen in Anspruch zu nehmen. Würden wir das nicht tun, würden Menschen dauernd über die rote Ampel laufen und sich gefährden.

Oder Aluhüte tragen ... Die Monate des Shutdowns kann man als ein großes Sozialexperiment betrachten, das zeigt, was passiert, wenn du eine moderne demokratische Gesellschaft und ihre politischen Entscheidungen von wissenschaftlichen Daten abhängig machst. Ich finde das Experiment total interessant. Wie gesagt, es war rational betrachtet sehr sinnvoll, unter unmittelbarem Handlungsdruck virologisch vernünftig zu handeln, aber in politische Entscheidungen gehen natürlich normalerweise weit mehr Variablen ein, und das ist in der Demokratie auch gut so.

Demokratie ist eine direkte Auseinandersetzung zwischen dem Volk und den gewählten Repräsentanten. Natürlich können sich diese von Wissenschaftlern oder Experten beraten lassen. In der Corona-Situation haben wir als Bürger auch das dringende Bedürfnis, uns von der Wissenschaft informieren zu lassen. Aber die letzte Verantwortung trägt die Politik. Nur sie ist legitimiert. Was nach ein paar Wochen allerdings passierte, war – das finde ich dann wieder ein positives Zeichen für Demokratie – die Rückkehr der politischen Auseinandersetzung. Du bist der Politiker, ich bin das Volk, wir müssen untereinander und miteinander streiten, ringen, und ich sage dir, ob das, was du tust, aus meiner Sicht stimmt, nicht stimmt, richtig, falsch ist. Ob du dich jetzt auf Expertisen von Wissenschaftlern berufst oder nicht, ist nicht das einzige Element unserer gemeinsamen Dynamik.

Die Verwissenschaftlichung gesellschaftlicher Aushandlungsprozesse wird auf Dauer im Kern immer totalitär. Das ist, glaube ich, der interessante Punkt an der Sache. Empirisch war es ja zu sehen, wenn du eine Dominanz der Virologen und Epidemiologen hast, wird es weniger um die sozialen Effekte des Lockdowns – wie häusliche Gewalt, Vereinsamung oder Suizid – gehen als um Ausbreitungszahlen und Reproduktionsfaktoren. In medizinischen Teildisziplinen geht es nun mal nicht um das, was Gesellschaft ausmacht.

Ob Wirtschaftswissenschaftler dafür mehr Verständnis haben, wage ich zu bezweifeln.

Immerhin war Michael Hüther vom DIW einer der Ersten, der auf die prekäre Situation der Kinder hingewiesen hat. Aber unabhängig davon: Es war in dieser Versuchsanordnung deutlich, dass die Virologen und Epidemiologen plötzlich einen Universalvertretungsanspruch zugesprochen bekommen haben, obwohl sie disziplinär zwangsläufig total *narrow* sind. Hochspannend fand ich auch die Verwechslung von Informatikern und Mathematikern, die in der Epidemiologie Modellierungen machen und Ausbreitungsmuster berechnen, mit Medizinern. Oder die Beförderung eines SPD-Gesundheitspolitikers zu einem führenden Epidemiologen, der selbst in jedem Gespräch mindestens einmal Harvard erwähnen musste.

Man kann aber auch entlastend dazu sagen: In Situationen, in denen Lebensgefahr besteht – das gilt auch übrigens in der Intensivmedizin –, konzentriert sich der Experte nur auf die Rettung und lässt die Randaspekte weg. In so einer Situation umgibst du dich auch nur mit Leuten, die genau an diesem Punkt arbeiten. Wenn ich eine Krebsoperation habe, die lebensgefährlich ist, ist der Zahnarzt, der gerade meine Wurzelbehandlung machen muss, wirklich völlig unwichtig, geschweige denn der Notar, der mit mir gerade einen Eigentumswohnungsvertrag machen möchte. Das, was ich allerdings positiv finde, ist, dass wir jedenfalls aus dieser Phase herausgekommen sind und demokratische Impulse sofort wieder wach wurden. Die Verschwörungsfantasten lasse ich mal außen vor.

Ja, die lassen wir mal weg. Aber ich würde gern noch einen Punkt ergänzen, den ich interessant finde, nämlich die *compliance* der Bürgerinnen und Bürger. Dass die übergroße Mehrheit nicht wegen äußerer Reglementierung, sondern wegen Einsicht dem Shutdown zugestimmt und sich entsprechend verhalten hat, ist eine Ressource für die Demokratie. Diese Einsichtsfähigkeit der ganz normalen Leute, die auch von ihrem eigenen partikularen Profit oder Wohl abstrahieren können und sagen: Das ist jetzt eine Scheißsituation, müssen wir machen.

14

EINE GEBRAUCHSANWEISUNG FÜR DIE DEMOKRATIE

HW: Wir haben eine Menge Probleme und Faktoren benannt, die unsere freiheitliche Demokratie unter Druck setzen. Aber wir wollen sie nicht nur verteidigen, wir wollen sie verteidigen, indem wir sie modernisieren. Wir wissen auch positiv, was wir brauchen: eine starke Zivilgesellschaft, eine starke Streitkultur, eine starke Bildung, eine starke Nachhaltigkeit. Weißt du, was wir machen können? Wir können das, was wir jetzt gerade besprechen, tatsächlich als eine Form von Gebrauchsanweisung schreiben, als Demokratie-Manual.

MF: Einverstanden. Wie soll das aussehen?

Ich fange mal an. Gerade jetzt, im Juni 2020, gehen enorm viele junge Menschen gegen Rassismus und Gewalt auf die Straße. Für mich sieht das außerhalb der USA nach einer Fortsetzung von Fridays for Future mit anderem Thema aus. Der Mord an George Floyd in Minneapolis ist nicht der Grund für die hiesigen Demonstrationen, sondern der Anlass. Eine politische Generation sucht und findet ihre Anlässe, sich über sich selbst zu vergewissern und sich zu formieren. Das ist eine Ressource für die Demokratie. Also: Kämpfe gegen Ungerechtigkeit. Auch wenn sie dich selbst scheinbar nicht betrifft.

Würdest du das bitte noch erläutern?

Wir haben über die altersdemografische Schieflage diskutiert. Die ist weder gut für die Demokratie noch für die nachrückende Generation. Jetzt könnte man wohlfeil sagen: Unterstützt die junge Generation! Das ist aber zu wenig. Wir müssen für sie kämpfen. Es gibt ja politische Instrumente, genau das zu tun. Das Wahlalter absenken, Gewichtungsfaktoren einbringen, um die Repräsentation der jungen Altersgruppen zu erhöhen. Mit unseren Mitteln dafür sorgen, dass ihre Gedanken und Forderungen besser gehört werden. Es gibt ein großartiges Buch eines ganz jungen Autorenkollektivs, das heißt *Ihr habt keinen Plan, darum machen wir einen. 10 Bedingungen für die Rettung unserer Zukunft.* So etwas müssen wir promoten, weil wir die besseren Möglichkeiten dazu haben als sie.

Du hast recht. Uns sind Dinge in unserer Gegenwart aufgefallen, die so defizitär waren wie ein Auto, das nur noch ein paar Tropfen im Tank hat. Das ist übrigens eine schöne Metapher: Achtung, wir fahren auf Reserve! Diese Dinge haben wir subjektiv benannt, diskutiert und interpretiert. Aber man darf am Ende nicht plötzlich wieder plakativ werden.

Aber wir können uns auch nicht auf die wohlfeile Intellektuellenposition zurückziehen, dass wir jetzt alles ganz schön analysiert haben und den Rest überlassen wir dem Publikum. Das ist die Spannung, in der wir stecken. Lass uns die Anstrengung der Aufforderung tatsächlich zumuten, Hinweise geben, wie man handeln kann. Man könnte zum Beispiel sagen:

Tretet in die Parteien ein!

Das würde ich auch jederzeit sagen: Tritt in eine Partei ein! Das ist keine Lebensentscheidung, man kann auch wieder austreten. Aber es ist eine von vielen sinnvollen Möglichkeiten der politischen Einflussnahme.

Jetzt noch mal: *Empower* die nachfolgende Generation!

Ich hoffe, dass die junge Generation sich auch selbst *empowern* kann und nicht darauf angewiesen ist, dass die alte sie unterstützt. Ich hoffe auch, dass die junge Generation die alte noch mal *empowert,* denn wenn das jemand braucht, dann sind es die Älteren.

Ja. Andererseits sind die Handlungsmöglichkeiten, die die Älteren haben, wesentlich größer als die, die die Jüngeren haben. Insofern ist es super, wenn sie die unterstützen.

Nächstes Thema: Stärke die Guten, kommunikativ oder publizistisch.

Da würde ich sofort intervenieren: Der Begriff »die Guten« erschreckt mich. Gut und Böse sind philosophische Kategorien, die ich *a priori*, gerade in einem demokratischen Diskurs, nicht als erste verwenden würde.

Also: Stärke publizistisch diejenigen, die wir als politische Subjekte für die freiheitliche Demokratie, wie sie uns vorschwebt, als systemrelevant betrachten.

A priori ist publizistische Arbeit kritische Begleitung von jedem. Das Besondere der jungen Generation ist es, dass sie diesen Anspruch selbst erfüllen kann, weil große Teile der zukünftigen Kommunikation unmittelbar in den sozialen Medien stattfinden werden.

Aber ich rede doch jetzt gar nicht nur von den Jungen. Ich rede doch von allen, wie zum Beispiel meine Kissen stickende Hartz-IV-Empfängerin.

Wir Menschen werden lernen müssen, dass Kommunikation nicht mehr allein abhängig ist von der Gutwilligkeit, Bereitschaft und dem Engagement derjenigen, die die Kommunikationsmittel haben. Es kann natürlich nicht schaden, wenn die sich mitengagieren.

Dann nenne ich noch mal einen Imperativ für diejenigen, die publizistisch tätig sind: Vermeidet Skandalisierung!

Da würde ich dir jederzeit zustimmen. Das gilt übrigens nicht nur für diejenigen, die in den Medien arbeiten, sondern das ist ein zivilisierendes Ausrufezeichen. Die Skandalisierung ist immer die Banalisierung, kombiniert mit Personifizierung. Und führt gleich zum nächsten Stichwort, der Unterstellung von Spaltung.

Als Ergänzung: Und der Unterstellung, es gäbe immer Schuldige.

Und der Erregungszustand führt dazu, dass weitere Skandale, Schuldige und Spalter notwendig sind, bis ein erneuter Erregungszustand entstanden ist, der nicht mehr zu toppen ist. Von da ab ist Gewalt kaum mehr zu verhindern.

Beruhige dich!

Ist das nicht das Problem? Dass viel zu viele so beruhigt sind? Ich freue mich auf beunruhigte Menschen!

Quatsch! Wir brauchen Zeit. Wir brauchen Räume, in denen man nicht getrieben ist von der immer weiter gepushten Tagesaktualität, vom Inferno der Nachrichten. Und vom Inferno der postulierten, aber empirisch gar nicht gegebenen permanenten Handlungsnotwendigkeit. Man muss auch lassen können.

Ich wiederhole: Menschen haben in der Gegenwart einen Grund für Beunruhigung. Erst recht Demokraten. Sie sollten beunruhigt darüber sein, dass diejenigen, die das System Demokratie verändern wollen, machtrelevanter geworden sind. Sie müssen aus dieser Beunruhigung einen Puffer schaffen, damit man beruhigt über Zukunftskonzepte nachdenken kann.

Man braucht die Beruhigung, um den Raum des Nachdenkens zu haben. Wenn ich das getrieben mache, kommt nichts Gutes dabei raus.

Es sind zwei Bilder von beunruhigt.

Wenn du ökologisch denkst, musst du sozial denken.

Wenn du sozial denkst, musst du ökologisch denken, denn es gibt keine soziale Gerechtigkeit, global sowieso nicht, wenn die Umwelt nicht als eines der prioritären sozialpolitischen Themen verstanden wird. Eine Welt, in der die Umwelt zerstört ist, wird nicht sozial sein können.

Genau, eine in diesem Sinne zerstörte Welt wird es nicht für alle leisten können, einen Impfstoff gegen Corona zu produzieren.

Eine Umwelt, die zerstört ist, wird die Menschen, unabhängig von Corona und Viren, endgültig ums Leben bringen.

Richtig.

Bildungsgerechtigkeit ist der Glaubwürdigkeits-Lackmustest der Demokratie.

Einfacher formuliert: Die Gesellschaft muss gewährleisten, dass alle jungen Menschen exakt die gleichen Bildungschancen haben.

Warum sagst du »exakt«? Das könnte man rausnehmen.

Kann man rausnehmen.

Wer von sozialer Gerechtigkeit spricht und Bildungsgerechtigkeit nicht garantiert, ist ein Heuchler. Man muss auch nicht sagen »Heuchler«. Du weißt, was ich meine.

Schreibe nie ein Buch zusammen mit jemandem, der ein eingebautes Widerspruchsmotiv hat.

Ja! Aber manchmal führt das dazu, dass man besser wird.

Ja, das könnte sein.

Rassismus, Antisemitismus, Menschenhass sind portionierter Mord.

In gesellschaftlichen Umbruchphasen, in Phasen von Zeitenwenden, kommt uns allen eine stärkere Verantwortung für die Demokratie zu.

Wer die Anfangspunkte der Gewalt nicht bekämpft, trägt Verantwortung für den Endpunkt der Gewalt, der zum nächsten Anfangspunkt der Gewalt führt, bis irgendwann ein Endpunkt zu einem Schlusspunkt wird. Er ist Mittäter.

Trauen Sie nie der Stabilität von Überzeugungen, schon gar nicht Ihrer eigenen.

Menschenhass hat keine Begründung.

Keine weitere Ergänzung.

Dem Menschenhass nichts entgegenzusetzen, ist immer auch eine Selbstgefährdung.

Und etwas Beschämendes.

Eine Verweigerung von Verantwortung.

Einer meiner Lieblingssätze aus einer dieser »Welches Land wollen wir sein«-Debatten ist von einem älteren Herrn, der sich meldete und sagte: »Ich bringe Flüchtlingen bei, wie man Fahrräder repariert. Warum? Weil ich es kann.« Daraus folgt: Wenn ich etwas kann, beinhaltet das eine Verantwortung.

Ich kann frei sein, weil es die Demokratie gibt. Und die Demokratie gibt es, weil ich widersprechen kann, weil ich in einer Demokratie widersprechen kann, ohne deswegen Angst zu haben.

Nicht handeln führt auch zu Konsequenzen.

Ich nehme dich für dein Nichthandeln in die Verantwortung.

Genau. Nehmen wir Paul Watzlawicks Satz: »Man kann nicht nicht kommunizieren.« Wir können sagen: Man kann in einer Demokratie nicht nicht handeln.

So kann man in einer Demokratie nicht nicht gehandelt haben.

E

EPILOG: MAKING OF *ZEITENWENDE*

HW: Eine Krise, die geschehen ist, als wir uns zum Gespräch getroffen haben, ist wie ein gigantisches Experiment, und während dieser Krise über das Geschehen zu schreiben, ebenfalls. Sie hat einerseits Dysfunktionalitäten in unserer Gesellschaft freigelegt, andererseits auch Chancen eröffnet. Eben deswegen, weil es ein vakuumöser Ruheraum ist, Chancen dafür eröffnet, zu sehen, was eigentlich verbessert werden muss, oder so ähnlich …

MF: Nein, das machst du noch mal in besser.

Tut mir leid.

Sag es knapper, besser. Was ist die Chance? Ist das eine Chance? Das weiß ich nicht. Aber so, wie du es jetzt erzählt hast, habe ich erstens gar nichts verstanden. Das liegt an meinem IQ. Zweitens ist es zu lang.

Wir haben in der Krise ein gigantisches Experiment erlebt, indem wir gelernt haben, wie gesellschaftliche Dysfunktionalitäten stärker sichtbar werden als unter gewöhnlichen Bedingungen.

Nein, der Satz ist immer noch nicht gut.

Fuck it! Wir haben eine Krise erlebt, die unendlich viele Lerngeschichten beinhaltet, die wir auswerten können, um die politischen Zwecke zu verfolgen, die wir in unserem Gespräch formuliert haben. Jetzt sage ich es noch mal, pass auf: Gesellschaften lernen wider Willen. Deshalb ist die Corona-Krise ein Archiv von Lerngeschichten.

Versuch's bitte noch einmal, aber diesmal wirklich besser.

Mensch, Alter ...

Nein, im Vergleich zu allem ...

Ja, dann mach du doch!

Geh doch mal weg von der Krise. Wir kommen schon noch mal darauf zurück. Wir wissen doch, dass es verdammt schwer ist, über die Corona-Krise schon irgendetwas sagen zu wollen. Dafür wissen wir zu wenig. Es gibt zu wenig Lerngeschichten.

Ich möchte das mit den Lerngeschichten festhalten.

Wenn du über Lerngeschichten schreiben willst, gebe ich dir einen freundschaftlichen Rat: Schreib einen Roman!

Jetzt bin ich beleidigt, ich mache nicht mehr mit.

L

AUSGEWÄHLTE LITERATUR

Gordon Allport: *Die Psychologie des Vorurteils.* Köln 1971

Götz Aly: Hitlers Volksstaat: *Raub, Rassenkrieg und nationaler Sozialismus.* Frankfurt/M. 2006

Zygmunt Bauman: *Dialektik der Ordnung. Die Moderne und der Holocaust.* Hamburg 2012

Ernst Bloch: *Das Prinzip Hoffnung.* Frankfurt/M. 1985

Jochen Böhler: *Auftakt zum Vernichtungskrieg: Die Wehrmacht in Polen 1939.* Frankfurt/M. 2006

Christopher Browning: *Ganz normale Männer. Das Reserve-Polizeibataillon 101 und die »Endlösung« in Polen.* Reinbek 1993

Michaela Christ: *Die Dynamik des Tötens: Die Ermordung der Juden von Berditschew. Ukraine 1941–1944.* Frankfurt/M. 2011

Carolin Emcke: *Gegen den Hass.* Frankfurt/M. 2016

Jörg Friedrich: *Der Brand. Deutschland im Bombenkrieg 1940–1945.* München 2004

André Glucksmann: *Hass: Die Rückkehr einer elementaren Gewalt.* Zürich 2005

Daniel Goldhagen: *Hitlers willige Vollstrecker: Ganz gewöhnliche Deutsche und der Holocaust.* Berlin 1996

Sebastian Haffner: *Anmerkungen zu Hitler.* Frankfurt/M. 1981

Sebastian Haffner: *Geschichte eines Deutschen. Erinnerungen.* Berlin 2014

Hans Jonas: *Das Prinzip Verantwortung. Versuch einer Ethik für die technologische Zivilisation.* Frankfurt/M. 1979

Walter Kempowski: *Das Echolot. Ein kollektives Tagebuch.* München 1993–2005

Victor Klemperer: *Ich will Zeugnis ablegen bis zum letzten: Tagebücher 1933–1945*. Berlin 1995

Viktor Klemperer: *LTI: Notizbuch eines Philologen*. Stuttgart 2018 (1947)

Konstantin Kaminski / Albrecht Koschorke: *Despoten dichten: Sprachkunst und Gewalt*. Konstanz 2011

Jaron Lanier: *Zehn Gründe, warum du deine Social Media Accounts sofort löschen musst*. Hamburg 2018

Alexander und Margarete Mitscherlich: *Die Unfähigkeit zu trauern. Grundlagen kollektiven Verhaltens*. München 2007 (1967)

Herfried Münkler / Marina Münkler: *Abschied vom Abstieg. Eine Agenda für Deutschland*. Hamburg 2019

Monika Schwarz-Friesel: *Judenhass im Internet: Antisemitismus als kulturelle Konstante und kollektives Gefühl*. Berlin 2019

W.G. Sebald: *Luftkrieg und Literatur*. München 1999

Edward Snowden: *Permanent Record. Meine Geschichte*. Frankfurt/M. 2019

Harald Welzer / Sabine Moller / Karoline Tschuggnall: *Opa war kein Nazi. Nationalsozialismus und Holocaust im Familiengedächtnis*. Frankfurt/M. 2002

Harald Welzer: *Täter. Wie aus ganz normalen Menschen Massenmörder werden*. Unter Mitarbeit von Michaela Christ. Frankfurt/M. 2005

Ders.: *Klimakriege. Wofür im 21. Jahrhundert getötet wird*. Frankfurt/M. 2008

Ders. / Sönke Neitzel: *Soldaten. Protokolle vom Kämpfen, Töten und Sterben*. Frankfurt/M. 2011

Ders.: *Wir sind die Mehrheit. Für eine Offene Gesellschaft*. Frankfurt/M. 2017

Ders.: *Alles könnte anders sein: Eine Gesellschaftsutopie für freie Menschen*. Frankfurt/M. 2019

Shoshana Zuboff: *Das Zeitalter des Überwachungskapitalismus*. Frankfurt/M. 2018

DANK

Wir danken,

und zwar sehr herzlich: Nina Sillem für das äußerst hilfreiche und präzise Lektorat, Martin Breitfeld für die jederzeitige kundige Unterstützung, Harriet Lang für die sagenhaft schnellen und guten Transkriptionen und klugen Kommentare, Regina Schmeken für die außergewöhnliche Gastfreundschaft, Bernhard Thome für das grandiose Essen und allen, die wir während der Entstehung dieses Buches um Hinweise, Gedanken und Support gebeten haben.

Frankfurt und Berlin im Juli 2020
Michel Friedman & Harald Welzer